Anna Mandus

Oppikoppi

Auf Safari in Namibia

Gibt es ein Rezept, um sich innerhalb von 24 Stunden in Namibia zu verlieben? Man nehme eine Wander-Safari zu Namibias touristischen Highlights. Hinzu füge man eine jobmüde Journalistin, zwölf Mitreisende, von denen mindestens einer ein Geheimnis hat, und einen zu allem entschlossenen Reiseleiter. Als Nächstes werden Löwen, Hippos und unzähmbare Touristen dazugegeben. Danach Buschmänner, Wilderer und Waisenkinder vorsichtig unterheben. Abgeschmeckt wird das Ganze mit einer Messerspitze Drama und einer Prise Romantik.

Das Ergebnis ist eine unterhaltsame Safari durch den namibischen Busch, auf der der Leser nicht nur Namibias Naturschönheiten kennenlernt. Anna Mandus hat viele Anekdoten über die Menschen und Tiere Namibias und ihre Besucher aus Europa unter die Geschichte gemischt und bietet so eine kurzweilige und informative Reiselektüre oder das richtige Rezept für eine Sehnsuchtsreise auf dem eigenen Sofa.

Hannah Schreckenbach

HERZENSHEIMAT GHANA

Erinnerungen an ein Land im Umbruch

PALMATO Publishing Hamburg

ISBN 978-3-946205-23-4

Originalausgabe

Lektorat: Maren Jessen
Umschlaggestaltung: Paperlux, Hamburg
Layout, Satz und Produktion: Albrecht-Q GmbH, Hamburg
Druck und Verarbeitung: CPI books GmbH, Leck
Papier: 80 g/qm Munken Premium Cream FSC®

Informationen über das aktuelle Programm
von Palmato Publishing unter
www.palmato-publishing.com

In liebevoller Erinnerung
an den viel zu früh verstorbenen Christian Lokko,
meinen ghanaischen Gefährten, mit dem ich so viele
Höhen und Tiefen in seinem Land geteilt habe.

GHANA

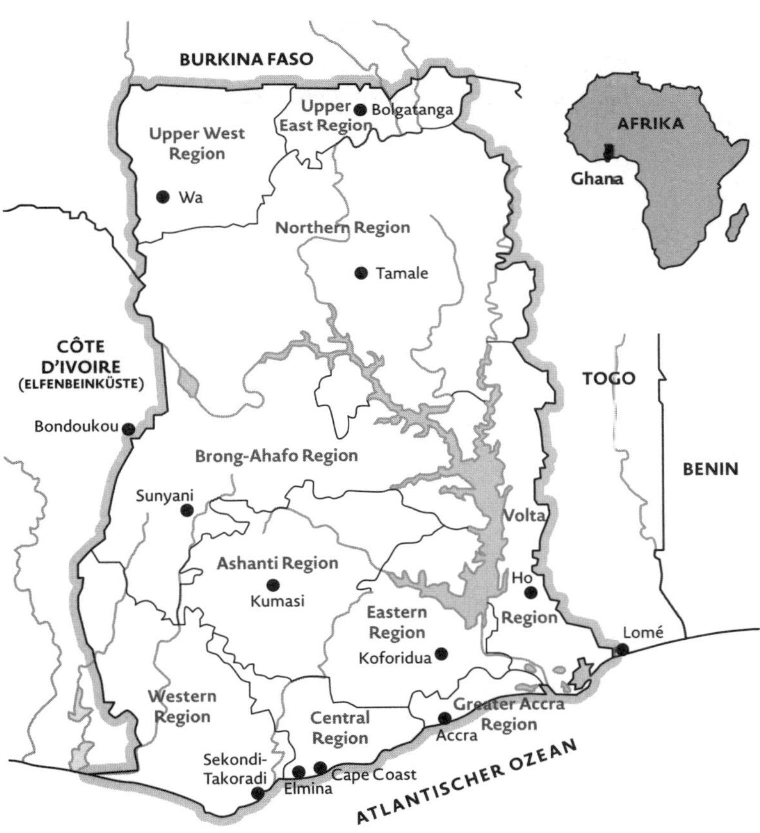
BURKINA FASO
Upper East Region
Bolgatanga
Upper West Region
Wa
Northern Region
Tamale
AFRIKA
Ghana
CÔTE D'IVOIRE (ELFENBEINKÜSTE)
Bondoukou
TOGO
BENIN
Brong-Ahafo Region
Sunyani
Volta
Ashanti Region
Kumasi
Ho
Region
Eastern Region
Koforidua
Lomé
Western Region
Central Region
Greater Accra Region
Accra
Sekondi-Takoradi
Elmina
Cape Coast
ATLANTISCHER OZEAN

INHALT

VORWORT

Von Mark Kwami

Als ich vor einigen Monaten von Hannah Schreckenbach gebeten wurde, ein Vorwort für ihr Buch „Herzensheimat Ghana“ zu schreiben, fühlte ich mich geehrt. Ich kenne Hannah seit meiner Kindheit, als ich auf dem Universitäts-Campus in Kumasi, als Sohn eines ghanaischen Vaters und einer deutschen Mutter aufwuchs. Mein Vater war damals der Vice-Chancellor der Universität und meine Mutter war mit Hannah befreundet. Für meine Geschwister und mich war sie die vertraute deutsche Bekannte, die in dem Haus mit den bunten Schmetterlingen auf der Wand lebte. Hannah hatte nämlich eine Wand ihres Bungalows - eines von vielen gleichförmigen und eintönigen, für die Universitätsangestellten bereitgestellten Häusern – mit fröhlichen bunten Schmetterlingen bemalt. Ihre Umwelt zu beobachten und in Skizzen und Bildern festzuhalten, war ihr immer wichtig, und so hatte sie ihren Bungalow mit ihrer farbenprächtigen Malerei ganz nebenbei in ein Wahrzeichen des Campus verwandelt.

Mich sprach das an, denn schon als Kind habe ich mich für die Künste interessiert. Hannah inspirierte mich und weckte meine Neugier. Als 14- oder 15-Jähriger habe ich mich, sooft ich konnte, hineingeschlichen, wenn die Abschlussarbeiten der Studenten präsentiert wurden, um die Architekturskizzen und -zeichnungen zu bewundern. Von ihrem Lehrbuch „Construction Technology for a Tropical Developing Country“ war ich fasziniert und

wollte damals unbedingt ebenfalls Architekt werden. Auch wenn ich mich später entschieden habe, Industriedesign zu studieren, ist sicher damals in Kumasi von Hannah ein wichtiger Impuls ausgegangen, einen kreativen Beruf zu ergreifen.

Hannah Schreckenbach hat in ihrer Arbeit, sowohl in der Lehre wie auch in der Entwicklungszusammenarbeit, immer versucht aufzuzeigen, welche Potentiale in dem reichen kulturellen Erbe Afrikas stecken, wie zum Beispiel in der Lehmbautradition. Diese böte Lösungsansätze für eine moderne afrikanische Architektur und Bauweise; eine, die nicht nur den Westen nachahmt, sondern die besser an die sozialen, klimatischen und ästhetischen Gegebenheiten Afrikas angepasst ist. Solche lokalen Problemlösungen könnten zudem in anderen Teilen der Welt anwendbar sein, und so könnte Afrika Ideengeber zur Lösung globaler Herausforderungen werden. Auch ich teile diese Sichtweise und versuche, sie heute in meiner Arbeit als Design- und Unternehmensberater in Afrika und in meiner Lehrtätigkeit in Dessau, im Fach „Social Impact Design" für Masters Studenten aus aller Welt, einzubringen.

Hannahs Buch „Herzensheimat Ghana" erzählt vom Leben in Ghana in den späten Sechziger- bis in die frühen Achtzigerjahre des 20. Jahrhunderts und hat damit das Ghana meiner Kindheit und meiner Schulzeit festgehalten. Auf lebendige und humorvolle Weise beschreibt Hannah die bewegte Zeit in der Geschichte eines Landes, als es sich aufmachte, sich von den Ketten der Kolonisation zu befreien und selbstbestimmt die Verantwortung für seine politische, wirtschaftliche und kulturelle Entwicklung zu übernehmen. Sie beschreibt die Begeisterung

und Zuversicht kurz nach der Unabhängigkeit, aber auch die Ernüchterung und Verzweiflung der Menschen, als das Land Ende der Siebziger- und Anfang der Achtzigerjahre politisch und wirtschaftlich immer mehr in den Abgrund abzurutschen drohte. Man kann aus diesem Augenzeugenbericht einen Eindruck davon bekommen, wie schwer dieser Abnabelungsprozess für viele afrikanische Länder war und immer noch ist.

Was bedeutet dieses Buch für mich? Für mich und für viele andere Ghanaer in Deutschland, ihre Kinder und Partner ist das Buch ein Blick zurück in die Vergangenheit. Eine Zeit der Hoffnung und des Aufbruchs. Es beschreibt ein afrikanisches Land, in dem auf europäischem Niveau gelernt und studiert wurde und das über eine hoch entwickelte Kunst und Kultur verfügte. Vor allem ermöglicht uns Hannahs Buch, ein Land voller Gastfreundlichkeit, Schönheit, Lebensfreude und Humor kennenzulernen.

Im vergangenen Jahr wurde ich zu einer Rede des frisch gewählten neuen Präsidenten Ghanas, Nana Akufo-Addo, in der Konrad-Adenauer-Stiftung in Berlin eingeladen. Über dem Rednerpult hing ein Banner mit der Aufschrift „Ghana – A Rising Star in Africa". Am Anfang seiner Rede bemerkte der Präsident ironisch und selbstkritisch, dass diese Aufschrift wohl als Kompliment gedacht sei. Er sehe es jedoch nicht gerade als Kompliment, wenn ein sechzigjähriger Staat als „Rising Star" bezeichnet würde. Mit sechzig müsse man doch schließlich viel reifer und weiter sein. Doch, so fügte er humorvoll hinzu, die Hoffnung, sterbe bekannterweise zuletzt.

Wer „Herzensheimat Ghana" liest, spürt sie, diese Hoffnung, die immer gewürzt ist mit einer Dosis Humor. Das

Buch zeugt von Hannah Schreckenbachs großen Respekt und ihrer Wertschätzung für die Menschen Ghanas, ihre Kultur und Tradition. Es liefert detailreiche Beschreibungen des Landes und der Alltagskultur auf eine sympathische und unterhaltsame Weise. So hat man das Gefühl, auf eine Reise mitgenommen zu werden, und das mit einem permanenten Lächeln im Gesicht. Es zeugt zudem von ihrer Gabe, ohne Vorurteile zu beobachten, sich auf das Land und seine Menschen einzulassen und in erster Linie verstehen zu wollen. Hannah blickt durch ihre ghanaische oder afrikanische Brille, wie sie es nennt, anstatt aus einer westlichen oder europäischen Perspektive zu urteilen und wohlmeinende Ratschläge zu geben, wie es so viele selbst ernannte Afrikaexperten heute gerne tun.

Sankofa, ein Vogel, der seinen Hals krümmt und zurückblickt, ist eines der bekanntesten Adinkra-Symbole aus Ghana. Hinter diesem Symbol steckt das Sprichwort: Es ist nie verkehrt, zurückzublicken und aus der Vergangenheit zu lernen. Leider hat sich Ghana in den letzten dreißig Jahren sehr verändert und nicht immer so, wie Hannah oder ich es uns gewünscht hätten. Auch dies lässt sich mit einer ghanaischen Redensart erklären – No Condition Is Permanent. Alles verändert sich, und auch Ghana wird sich weiter verändern. Es ist aber dem Land und seinen Menschen zu wünschen, dass bei diesen Veränderungen die großen Potentiale des Landes genutzt werden und so ein Ghana entsteht, das insbesondere der überwiegend jungen Bevölkerung Perspektiven und Chancen bietet, damit sie nicht gezwungen ist, ihr Glück in anderen Ländern zu suchen.

Doch obwohl Veränderung unvermeidlich und Ghanas einzige Chance auf eine erfolgreiche Zukunft ist, wünsche

ich diesem wundervollen Land, das auch meine Herzensheimat ist, vor allem eines: Dass es nie seinen Charme verliert, den Hannah in ihrem Buch so eindrucksvoll eingefangen hat.

Mark Kwami,
Berlin im Herbst 2018

EIN GRUSS AUS ACCRA

Von Ablade Glover

Es ist mir eine Freude und eine Ehre, ein kurzes Vorwort für Hannah Schreckenbachs Buch „Herzensheimat Ghana“ zu verfassen, in dem sie Eindrücke und Erfahrungen aus ihren zweiundzwanzig Jahren in meinem Heimatland Ghana wieder zum Leben erweckt. Zweiundzwanzig Jahre, einen gewaltigen Teil ihres gesamten aktiven und produktiven Berufslebens hat sie hier verbracht. Unglaublich! Und viele hätten vermutet, dass sie sich nach all dem Chaos und Aufruhr in Ghana eine verdiente Pause gönnen würde, besonders jetzt als Rentnerin. Aber nein, stattdessen erzählt sie uns ihre Ghana-Geschichten in diesem wundervollen Werk. Wir können uns nur vor Hannahs Energie verneigen, ihre Begeisterung bewundern und ihr zu diesem Buch gratulieren.

Hannah kam am 25. September 1960 in Ghana an, als sich das Land im vierten Jahr seiner Unabhängigkeit befand. Das war schon an sich ein mutiger Schritt. Doch gegen Ende der Sechziger begannen politisch stürmische Zeiten. Es war der Anfang der politischen Turbulenzen, die Ghana in den folgenden Jahren bis 1982 erschütterten. Eine Reihe von Militärputschen ließen das Land nicht zur Ruhe kommen. Einem Ausländer muss Ghana zu dieser Zeit einfach „durchgedreht“ vorgekommen sein. Wie es Hannah gelang, diese schwierigen Zeiten zu überstehen, und wie sie es schaffte, den politischen Tsunami zu managen, wird in diesem Buch beschrieben. Ich denke, nur ein

entschlossener, zielstrebiger und fokussierter Mensch konnte die Monsterwelle reiten, die Ghana damals durchschüttelte.

Trotz dieser politischen Umwälzungen gelang es Hannah, ihre Nische in Ghana zu finden. Sie arbeitete zunächst fünfzehn Jahre lang für das Public Works Department (PWD, heute AESC) in Accra als „Senior Architect" mit direkter Verantwortung für die Planung und Durchführung allgemeiner und besonderer Projekte im Bauministerium. Ich traf Hannah zum ersten Mal 1972, als sie die Kunsthochschule auf dem Campus der Universität in Kumasi besuchte, in der ich arbeitete. Hannah wurde 1975 Mitglied der Universität als Senior Lecturer im Fach Baukonstruktion in der Fakultät für Architektur und Stadtplanung. In den folgenden Jahren haben wir uns wirklich kennengelernt und oft im Club des Senior Staff lange Gespräche geführt oder Billiard und Snooker gespielt – obwohl das eigentlich nicht Hannahs Lieblingsspiele waren. Gegen Ende ihrer Zeit an der Universität wurde Hannah als Vertreterin der Lehrerschaft in die University Teachers Association of Ghana (UTAG) gewählt, eine Vereinigung, die als regierungskritisch galt. In schwierigen Auseinandersetzungen mit der jeweiligen Regierung half sie, bessere Bedingungen für die Dozenten durchzusetzen.

Als ihr letztes Jahr als Dozentin an der Universität 1981 zu Ende ging, hätte man denken können, es sei nun genug und Hannah würde sich in den Ruhestand verabschieden. Aber nein! Sie blieb auf dem Campus und arbeitete, unterstützt durch die Gesellschaft für Technische Zusammenarbeit (GTZ) für die Architekturfakultät an dem Lehrbuch „Construction Technology for a Tropical Developing

Country". Erst Ende 1982, nach dessen Fertigstellung, kehrte sie in ihre Heimat zurück. All dies zeigt den Charakter und die Bedeutung dieser besonderen Frau, die zu einer Leitfigur für viele wurde und der ich mit diesen kurzen Zeilen meinen Tribut zollen möchte. Hannah darf nicht vergessen werden, wenn wir die Geschichte unserer Zeit schreiben. Sie war ein Phänomen und ich verneige mich vor ihrem Mut, ihrer Beharrlichkeit und ganz besonders vor ihrem bedingungslosen Einsatz für Ghana. Gott segne Dich, Hannah!

Professor Dr. Ablade Glover, FRSA, FGA
Director, Artists Alliance Galerie, Accra, Ghana

DIE ERSTE STROPHE

> *Worte sind der Duft des Herzens*
> *(Sprichwort aus Kenia)*
>
> Die Worte meiner Geschichten sind mit Herzblut geschrieben. Der Duft meines Herzens ist vermischt mit glücklicher Erinnerung, Freude, Wärme und Liebe. Auch mit Bitternis und Trauer. Und mit dem besonderen Aroma feuchter und trockener afrikanischer Erde.

Nach der Wiedervereinigung unserer geteilten deutschen Heimat und meiner Rückkehr in die vertrauten Gefilde der Kindheit entschied ich mich, das „Erlebnis Ghana" niederzuschreiben. Bis ich damit anfangen konnte, sind jedoch viele Jahre vergangen. Das westafrikanische Land hat sich in der Zwischenzeit in vielerlei Hinsicht verändert. Und das nicht nur zum Guten. Aber wenn ich die Augen schließe und an meine dort verbrachten Jahre denke, ist alles so, als wäre es erst gestern geschehen. Von 1960 bis 1975 erlebte ich meine „Planen-und-Bauen-Zeit" in der Hauptstadt Accra und über 12 Monate lang auch in Tamale, in der Savanne im Norden des Landes, als zuständige Architektin für viele Bauprojekte im Ministerium für Bauen und Wohnen der Republik Ghana. Von 1975 bis Ende 1982 folgten weitere sieben Jahre, in denen ich als Dozentin an der Universität für Wissenschaft und Technik in Kumasi gewirkt habe. Das war die „Zeit der Lehre und Forschung", mit der mein Ghana-Leben zu Ende gegangen ist.

Als ich 1960 ghanaischen Boden betrat, war mir vieles gänzlich unbekannt und daher völlig neu für mich. Jeder Tag war randvoll von Erlebnissen. Und ich immer mittendrin. Die Luft war feucht und sehr warm, irgendwie auch viel schwerer, als ich sie von zu Hause her kannte. Es roch anders. Die Farben in der Natur waren kräftiger und knalliger als in der Heimat. Pastelltöne fehlten. Die bunten Baumwolltücher, in denen sich die Frauen in Ghana kleideten, sorgten für eine zusätzliche Farborgie. Dazu kam bei allen Begegnungen während der Arbeit und im Privatleben das freundliche Lächeln, das mir aus den afrikanischen Gesichtern mit den immer blendend weißen Zähnen entgegenstrahlte.

1992, nach dem Tod meiner Mutter, begann ich in mehreren Anläufen mit dem Schreiben über diese Lebensabschnitte, die mich sehr geprägt haben. In ihrem Haushalt hatte ich bei dessen Auflösung alle meine fast einmal wöchentlich aus Ghana an sie geschriebenen Briefe gefunden, die sie fein säuberlich gebündelt und verschnürt aufbewahrt hatte. Zu dieser völlig unerwarteten Sammlung persönlicher Berichte aus Ghana besorgte ich mir daraufhin noch weitere Briefe und Karten von mir, die Verwandte und Bekannte glücklicherweise ebenfalls gesammelt hatten. Zusammen mit den bei meiner Rückkehr aus Ghana mitgebrachten Zeitungsartikeln, anderen Dokumenten und wichtigen Veröffentlichungen besaß ich ein recht umfangreiches Material und hätte mit dem Schreiben beginnen können. Doch schon allein das Sortieren der Briefe, die insgesamt sechs dicke Aktenordner füllten, zog sich über etliche Jahre hin. Denn noch war ich für die GTZ, die damalige Gesellschaft für Technische Zusammenarbeit

(heute GIZ), in Eschborn bei Frankfurt am Main tätig. Die Zeitungsartikel und anderes Informationsmaterial lagen unsortiert in mehreren Umzugskartons. Hinzu gekommen waren im Laufe der Zeit auch noch einige Stehordner voller wichtiger Informationen aus dem Internet, das es während meiner Ghana-Jahre noch nicht gegeben hat. Erst nachdem ich 1994 in meine Heimatstadt Magdeburg zurückgekehrt war, konnte ich mich mit dem mittlerweile gut gefüllten „Ghana-Archiv" näher befassen.

Nach meiner Rückkehr aus Ghana habe ich während meiner Arbeit für die GTZ viele weitere afrikanische Länder kennengelernt, in denen Projekte der Technischen Entwicklungszusammenarbeit von der Bundesrepublik finanziert wurden. Vor allem in englischsprachigen afrikanischen Ländern betreute ich dabei verschiedene Vorhaben im Wohnungsbau und in der Baustoffproduktion. Auch in Ghana. Meine lokalen Projektpartner vor Ort waren meistens Vertreter aus Nichtregierungsorganisationen und in

vielen Fällen Frauen. Das war ein ganz anderes Arbeiten im Vergleich zu meiner Tätigkeit für das Bauministerium in den Jahren 1960 bis 1975, als ich die alleinige Verantwortung für die Planung und Durchführung der mir zugeteilten Bauvorhaben trug. Erst nachdem ich in den Ruhestand gegangen bin, begann ich mit dem regelmäßigen Schreiben über meine Ghana-Zeit, kam damit jedoch nur mühsam voran, weil ich mit anderen Veröffentlichungen beschäftigt war.

Außerdem gab es ein Problem, für das ich erst eine Lösung finden musste: Wie sollte ich über mein pralles zweiundzwanzigjähriges Leben als deutsche Architektin in einem afrikanischen Entwicklungsland berichten? In Form einer Biographie? Als Tagebuch? In einer Auflistung wichtiger Stationen und Ereignisse wie in einer Chronik? So würde vermutlich ein sehr dickes und auf die Dauer wohl auch langweiliges Buch entstehen mit vielen Wiederholungen und Beschreibungen gleicher Orte mit den selben Menschen. Mein Buch sollte aber nach dem Lesen der ersten Seiten neugierig „auf mehr“ machen. Es sollte zum Nachdenken, Verstehen, Mitfühlen und auch zum Schmunzeln anregen. Viele Jahre sind noch vergangen, bis ich endlich die richtige Form für das Schreiben gefunden hatte. Es sollte eine Sammlung von Geschichten werden. Erzählt wie von einem westafrikanischen Griot, einem Geschichtenerzähler, der traditionelles Wissen mündlich überliefert.

In einer letzten Strophe wage ich am Ende noch einen Blick in die Zukunft des Landes, das für 22 Jahre meine zweite Heimat war.

WARUM GERADE GHANA?

Das Sprichwort ist ein Blatt, von dem man Worte isst (Weisheit aus Nigeria)

Meistens sind es Maisblätter oder die vom Bananenbaum, in denen Snacks serviert werden für den kleinen Hunger unterwegs. In den Dörfern und entlang der meisten Hauptstraßen wurden in Ghana – auch heute noch immer – verschiedene hausgemachte, sehr leckere Gerichte angeboten, wie frittierte Kochbananen mit gerösteten Erdnüssen oder Kenkey, die ghanaischen Maisklöße, mit gebratenem Fisch. Man isst vom Blatt.

Die Frage „Warum gerade Ghana?" wurde mir immer wieder gestellt. Den letzten Ausschlag für mein Leben in diesem westafrikanischen Land gab mir Cephas, ein ghanaischer Student aus der Volta Region, den ich bei Wochenendexkursionen des British Council, einer gemeinnützigen Einrichtung zur Förderung internationaler Beziehungen, 1959 in London kennengelernt hatte. Im British Council mit dem schönen Motto *learn, share and connect worldwide* – „lerne, teile und vernetze dich weltweit" – war ich sehr oft Teilnehmerin der vielen angebotenen Veranstaltungen, um sowohl meine Sprachkenntnisse zu verbessernn als auch mehr über Kultur und Geschichte des englischen Inselreiches zu erfahren.

Zwischenstation London

1958 hatte ich in Karlsruhe mein Studium als Architektin und Stadtplanerin an der dortigen Technischen Hochschule abgeschlossen. Ich war 1955 aus der DDR geflohen. Und war dennoch als Flüchtling fremd geblieben in der alten Bundesrepublik. Das mir vom Deutschen Akademischen Austauschdienst (DAAD) für meine Diplomarbeit verliehene Stipendium nahm ich daher dankend zum Anlass, mir im Ausland eine neue Heimat zu suchen. Gleich im September des Jahres fing ich mit England an. Wenn ich allerdings an die Wochen der Vorbereitung für meinen Aufenthalt in London denke, verspüre ich noch immer ein Kribbeln im Bauch. Denn meine damaligen Schulenglischkenntnisse waren äußerst dürftig. Doch die ausgeprägte Eigeninitiative und Innovationsfreudigkeit, die ich in meinem bisherigen Leben entwickelt hatte, verließen mich auch diesmal nicht. Mit Hilfe eines sehr guten Lehrers an einer Londoner Mittelschule beherrschte ich Englisch nach drei Monaten Intensivkurs so gut, dass ich den Vorlesungen an der Universität folgen und den postgradualen Diplomkurs in „Stadt- und Siedlungsplanung" erfolgreich beenden konnte.

Außerdem gelang es mir, in der damaligen Londoner Stadtverwaltung einen Job als Stadtplanerin zu erhalten. Der dortige Kollegenkreis wurde sehr bald zum Freundeskreis. Und ich lernte im Büro bei zwei Teepausen am Tag, wie man englischen Tee korrekt zubereitet: sehr stark und mit Milch und Zucker – vorzugsweise braunem.

Großbritannien war in diesen Jahren weltweit führend in der industriellen Dezentralisierung seiner großen

Städte. Allen voran London. Wer in der Vergangenheit den Londoner „Smog“, einen fast undurchdringlichen, rauchgetränkten, stinkenden gelben und giftigen Nebel kennengelernt hat, weiß, wovon ich rede. Die Industrie, die in Englands Hauptstadt in einem erschreckenden Maße zur Luftverschmutzung beigetragen hatte, wurde in einem Ring außerhalb der Metropole wieder angesiedelt, zusammen mit neuem Wohnraum für die Mehrheit der dort Beschäftigten. Im britischen Königreich wurden schon Ende der fünfziger Jahre moderne Filter- und Abgastechniken entwickelt, sodass die Luft in diesen Satellitenstädten sauber war. Das Land hatte damals für eine frischgebackene Architektin und Stadtplanerin beruflich sehr viel zu bieten. Ich tauchte voll ein in das englische Arbeitsleben und machte dabei die gleichen Erfahrungen wie später auch in Ghana, der ehemaligen britischen Kronkolonie: In der englischen Verwaltung wurde selbstständiges Arbeiten und Handeln erwartet. Man war für die

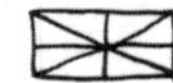

zugeteilten Aufgaben voll verantwortlich, arbeitete dabei jedoch immer im Team mit den Kollegen und Kolleginnen zusammen und sprach sich vor jeder Entscheidung miteinander ab. Und gemeinsam mit meinem immer größer werdenden Freundeskreis genoss ich meine Freizeit mit Twist und Rock'n'Roll tanzen. Außerdem lernte ich den sprichwörtlichen britischen Humor kennen und schätzen, der vor einem selbst nicht haltmacht. Er gehört ganz einfach zum englischen Alltag dazu. Genauso wie die *stiff upper lip* (am besten übersetzt mit „stoischer Gelassenheit"), mit der sich jede noch so heikle Situation meistern lässt.

Erste Begegnung mit Afrikanern

Schon bei den Vorlesungen an der Universität und dann bei den British Council Exkursionen traf ich viele in England studierende Ausländer. Sie kamen zum Teil aus den britischen Kolonien und aus Ländern des *British Commonwealth*. Häufig waren es Studenten, die später für ihre Länder im diplomatischen Dienst arbeiten wollten. Mit den afrikanischen Studenten habe ich mich von Anfang an sehr gut verstanden. Sie waren offen, gingen auf mich zu und waren genauso neugierig auf mich wie ich auf sie. Es war, als ob wir uns schon jahrelang kennen würden. Sie hatten besonders viele Fragen zu meiner geteilten Heimat. Für viele von ihnen war es völlig unverständlich, wie ein Volk, das die gleiche Sprache spricht, die gleiche Geschichte, Herkunft und Kultur hat, sich nun in zwei deutschen Staaten feindlich gegenüberstand. Es wird mir für immer unvergessen bleiben, wie die Afrikaner versucht haben, mich zu trösten, wenn mir beim Erzählen von meinem Zuhause

und der Flucht in die Freiheit die Tränen kamen. Oft haben wir bei den gemeinsamen Ausflügen auch über unsere beruflichen Pläne gesprochen. Und oft schlugen sie mir vor, zum Arbeiten doch in ein afrikanisches Land zu kommen. Erste Kontakte wurden geknüpft. Und ich begann zu träumen. Zurück in die Bundesrepublik wollte ich nicht und in England war ich bisher auch noch nicht richtig „angekommen". Aber wohin sollte meine Reise gehen?

Was mir Cephas bei unseren Treffen über sein Heimatland, die junge Republik Ghana, erzählte, war schließlich ausschlaggebend für meine Wahl. Ghana war als erstes schwarzafrikanisches Land 1957 unabhängig geworden, wenn man Liberia, eine von Afroamerikanern, Nachkommen ehemaliger Sklaven, im neunzehnten Jahrhundert gegründeten Republik, nicht mitzählt. Im März 1960, meinem letzten Jahr in London, war der neue Staat Ghana gerade mal drei Jahre alt. Es hieß, in Ghanas Verwaltung würden innovative Fachkräfte besonders gebraucht. Meinen Einwand „auch Frauen?" wischte Cephas vom Tisch. Für ihn zählte nur, dass die noch in vielen Führungspositionen tätigen ehemaligen britischen und meist schon ziemlich alten Kolonialbeamten so schnell wie möglich abgelöst werden sollten. Er sagte, dass die „Afrikanisierung" der Verwaltung zu den Prioritäten seines unabhängigen Landes gehöre. Zurzeit würden vor allem jungen ausländischen Fachkräften Möglichkeiten zur Mitarbeit in der Entwicklungsplanung Ghanas geboten. Durch deren enge Zusammenarbeit mit zurückkehrenden ghanaischen Fachkräften, die zur gleichen Zeit im Ausland ihr Studium der Architektur oder des Bauingenieurwesens erfolgreich beendet hatten, sollte so das eigene Fachkräftepotenzial

aufgebaut und gestärkt werden. Das war eine sehr frühe „Hilfe zur Selbsthilfe", bevor die offizielle Entwicklungszusammenarbeit sich dieses Motto auf die Fahnen schrieb. Ich brauchte nicht mehr lange zu überlegen. Mein Entschluss stand fest: Ich gehe nach Ghana! Nur so locker, wie ich nach England gezogen war, ging das nicht. Ich hatte zwar viel von Cephas über seine Heimat erfahren, aber noch recht wenig über deren Geschichte und Kultur im regionalen afrikanischen Kontext.

Um in die Vergangenheit Ghanas einzutauchen, begann ich noch in England mit dem Quellenstudium. Ich wollte mehr wissen über das Land, in dem ich arbeiten und leben würde. Vor mir lag eine Mammutaufgabe. Das Internet mit Google und Wikipedia, das man heutzutage mit großer Selbstverständlichkeit zurate ziehen kann, gab es noch nicht. Notwendige Recherchen erwiesen sich als sehr schwierig und langwierig, denn sämtliche Kontakte zu möglichen „Know-How-Quellen" mussten auf meiner alten Reiseschreibmaschine und per Briefpost erledigt werden. Doch jetzt hatte ich ein Ziel vor Augen. Nichts konnte mich mehr von dem eingeschlagenen Weg abbringen. Afrika war in Sicht!

Im August 1960 hieß es, in London Abschied zu nehmen: von vielen Freunden und von den Kolleginnen und Kollegen in der Stadtverwaltung. Der Abschied von den Afrikanern, mit denen ich kreuz und quer durch England gereist war, fiel mir sehr schwer. Cephas, dem ich mein Leben in Ghana verdanke, habe ich leider nie wiedergesehen. Er hat nach dem Abschluss seines Studiums noch einige Jahre in London gearbeitet und seinen Doktor gemacht. Danach brach der Kontakt zu ihm ab.

Nach meiner Rückkehr in die Bundesrepublik packte ich eine Überseekiste und einen großen Koffer. Beide Gepäckstücke wurden per Frachtschiff auf die Reise nach Ghana geschickt. Sie enthielten alles, was ich benötigte und was mir außerdem für mein Leben dort wichtig erschien. Das Flugticket sowie erste wichtige Instruktionen hatte ich bereits von der *Ghana High Commission*, der ghanaischen Botschaft, erhalten. Alle Vorbereitungen waren abgeschlossen. Ich begab mich auf den Weg in meine neue Heimat mit viel Gottvertrauen, großer Neugier auf das, was mich dort erwartete, und dem festen Willen, mich in Ghana zu Hause zu fühlen und mein Bestes zu geben.

GHANAS VERGANGENHEIT

Lehne dich an einen Affenbrotbaum und nach und nach zieht die ganze Welt an dir vorüber (Sprichwort aus Tanzania)

Der Affenbrotbaum in Ghana wurde für mich zum Inbegriff hohen Alters. Die großen, mächtigen und uralten Bäume prägen das Bild der Savanne. Sie sind in Ghana heilig und außerdem der Sitz der Ahnen. Niemand würde dort jemals einen Baobab fällen. Selbst der Blitz bevorzugt andere Bäume zum Einschlagen.

Bevor ich nach Ghana aufbrach, wollte ich nicht nur möglichst umfassend über das gegenwärtige Leben dort informiert sein, sondern auch alles über die Vergangenheit des Landes erfahren. Noch in London wurde ich Dauergast in verschiedenen Bibliotheken und bemühte mich außerdem, ehemalige britische Kolonialbeamte, die in der ehemaligen „Goldküste" gedient hatten, ausfindig zu machen. In der Bundesrepublik und in der Schweiz kontaktierte ich zudem verschiedene Missionsgesellschaften, deren Missionare in Westafrika gearbeitet hatten oder dort noch immer tätig waren. Sie wurden für mich eine reiche Informationsquelle und zu den meisten in Ghana ansässigen Missionaren unterhielt ich während meiner ganzen Jahre in dem Land gute, freundschaftliche Beziehungen.

Das alte Königreich Gana

Beim Lesen der Geschichtsbücher stieß ich auf der Suche nach Ghanas Herkunft auf das alte Königreich Gana (auch „Ghanata“ genannt). Das hatte aber – bis auf den ähnlichen Namen – mit dem heutigen Staat Ghana nichts zu tun. Nachdem ich mich mit diesem frühgeschichtlichen afrikanischen Königreich befasst hatte, wurde mir jedoch schnell klar, warum sich die ehemalige britische Kronkolonie Goldküste den Namen „Ghana“ gegeben hat. Es zeigte mir aber auch, in welchen Dimensionen ich mich allein beim Studium eines einzigen afrikanischen Landes bewegte. Plötzlich stand hinter dem „kleinen“ westafrikanischen Ghana an der Bucht von Guinea der riesige Kontinent Afrika mit seinen vielen alten Kulturen, von denen ich überhaupt keine Ahnung hatte und von dem Ghana nur ein kleiner Teil war, obwohl es in Größe ungefähr die Ausmaße der damaligen Bundesrepublik Deutschland vor der Wiedervereinigung hatte.

Das alte Königreich Gana existierte ungefähr vom 4. bis zum Anfang des 12. Jahrhunderts n. Chr. Dieses große Reich überlappte das heutige nördliche Senegal sowie das südliche Mauretanien und grenzte an Mali. Es lag im Zentrum der wichtigsten alten afrikanischen Handelsrouten für Salz, Lederwaren, Felle und Kupfer aus der Sahara, Gold aus den Goldfeldern am Senegalfluss sowie Elfenbein und Sklaven aus der Savanne und den Waldgebieten im Süden. Das Königreich ordnete und kontrollierte so den Ost-West und Nord-Süd Handel im Nordwesten Afrikas zu seinem Vorteil. Alt-Gana wurde auch als „Gold-

land“ bezeichnet. Es muss um die erste Jahrtausendwende immensen Reichtum besessen haben. Der Abbau von Eisenerz diente bereits zu jener Zeit zur Herstellung von Werkzeugen, Geräten für den Ackerbau und Waffen (Speerspitzen, Lanzen, Dolche und Schwerter). Das Reich verfügte über Armeen von bis zu 200.000 Soldaten. Mit den sich neu bildenden Königreichen in Mali und Songhai und dem Vordringen der Araber von Norden aus Marokko endete die Existenz des alten Königreichs um 1142.

Die ersten Europäer in Westafrika und der Sklavenhandel

1471 erreichten die Portugiesen als erste Europäer die westafrikanische Küste in der Bucht von Guinea. Elf Jahre später bauten sie dort ihr erstes Fort und nannten es *Elmina* (die Mine). Die Ga-Adangbe – eine Ethnie, die aus Nigeria stammte – gründeten daraufhin an der Küste die Siedlung Accrae, um mit den Portugiesen Handel treiben zu können. Andere europäische Händler, die besonders an Gold, Elfenbein und Tropenholz interessiert waren, folgten im Laufe der Jahrhunderte, vor allem, nachdem sich im späten 17. Jahrhundert der bis dahin wichtige Trans-Sahara-Handel nach Süden an die westafrikanische Küste verlagert hatte. Holländer, Engländer, Brandenburger und Dänen tauschten zunächst ihre Waren, insbesondere Schusswaffen, gegen Gold, später richteten sie bevorzugt an dem „Goldküste“ genannten Küstenteil ebenfalls Handelsstationen ein und begannen, auch andere Güter von den Eingeborenen zu kaufen.

Um den sehr lukrativen Sklavenhandel zu schützen, bauten die Europäer außerdem Festungen und Burgen.

Es gab insgesamt 32 solcher Forts und Castles an der Goldküste, dem heutigen Ghana. Die meisten der noch existierenden Anlagen, auch das alte Fort Elmina, stehen mittlerweile unter Denkmalschutz, viele sind nur noch Ruinen. Ich bekam damals beim Lesen eine Gänsehaut: Fort Amsterdam, Fort Batensteyn, Dixcove Castle, Cape Coast Castle, Groß-Friedrichsburg, Christiansborg Castle – das waren nur einige, mit deren Namen man die Nation ihrer Erbauer verbinden konnte. Fast drei Jahrhunderte lang betrieben die europäischen Kolonialherrscher in Westafrika den größten und grausamsten Sklavenhandel Afrikas. Amerika war „entdeckt“ worden. Das neue Land brauchte für seine Tabak-, Baumwoll- und Zuckerindustrie billige Arbeitskräfte. 1505 begannen die Sklaventransporte von der Goldküste aus. Erst gegen Ende des 18. Jahrhunderts beendeten Dänemark und England diesen furchtbaren Menschenhandel.

Christiansborg Castle in Accra

„Goldküste" – die britische Kronkolonie

In der Nähe der europäischen Niederlassungen um die Burgen herum und im Hinterland hatten sich in der Zwischenzeit in den Wäldern Westafrikas starke politische Zentren entwickelt. Allen voran ein 1695 gegründetes Königreich, und zwar das der Asante (von den Europäern „Ashanti" genannt), die zu den Akan-Völkern gehören. Ihr erster König war Osei Tutu mit Sitz in Kumasi, der Hauptstadt der Asante. Seine Königswürde war untrennbar verbunden mit dem heiligen Goldenen Stuhl. Das britische Empire unterstützte zu der Zeit die sogenannte Fante-Konföderation entlang der Küste. Ihr Haupthan-

Fort Metal Cross in Dixcove

delsinteresse war auf Kakaobohnen, Palmöl, Holz und Gold ausgerichtet. Es war aber vorauszusehen, dass ein Vordringen der Engländer in das Hinterland, um an diese Handelsgüter zu kommen, von den Ashantis nicht geduldet würde. Im 19. Jahrhundert gab es deswegen allein acht kriegerische Auseinandersetzungen zwischen dieser Volksgruppe und den Briten.

1874 wurde die Goldküste als britische Kronkolonie proklamiert. Accra wurde 1877 deren Hauptstadt. Im letzten Krieg gegen die Ashantis vor der Jahrhundertwende wurde Kumasi von den Engländern völlig zerstört. Sie hatten versucht, den Goldenen Stuhl zu finden, um die Ashantis von der Würde ihres Königs zu trennen. Doch den echten Goldenen Stuhl fanden sie nie, nur eine wertlose Attrappe. Das Asante Königreich wurde als Protektorat deklariert und Teil der Kronkolonie „Goldcoast". 1902 kamen die nördlichen Territorien der Goldküste hinzu und nach dem Ersten Weltkrieg noch der westliche Teil der ehemaligen deutschen Kolonie Togo. Nach dem Zweiten Weltkrieg läuteten die ersten antikolonialen Befreiungsbewegungen das Zeitalter der Unabhängigkeit Afrikas ein. Viele der europäischen Kolonialmächte waren durch diesen Krieg, der mit über 50 Millionen Toten weltweit endete, ausgeblutet. Vor allem Großbritannien war nicht mehr in der Lage, seine Kolonien weiterhin in der gewohnten Weise zu verwalten. Es hatte mit der Beseitigung der massiven Kriegszerstörungen im eigenen Land und mit dem Wiederaufbau seiner Infrastruktur und Wirtschaft mehr als genug zu tun. Die Zeit für die afrikanische Selbstbestimmung war angebrochen.

Das heutige Ghana wird geboren

1909 wurde Kwame Nkrumah, später der erste Präsident der neuen Republik Ghana, in Nkroful, einem Dorf im Südwesten der Goldküste, geboren. Er graduierte im Achimota College in der Nähe von Accra und ging in den Vierzigerjahren zum Studium nach Großbritannien und in die USA. Er war sehr begabt. Dort begegnete er dem Pan-Afrikanist W.E.B. DuBois und freundete sich mit ihm an. 1945 organisierte DuBois in Manchester den 5. Pan-Afrikanischen Kongress, an dem sich auch Kwame Nkrumah beteiligte. Viele junge und mutige afrikanische Intellektuelle schworen dort, sich gemeinsam und unermüdlich für die Befreiung ihrer Länder von der Kolonialherrschaft einzusetzen. 1948 schloss sich Nkrumah sofort nach der Rückkehr in sein Heimatland Protestbewegungen gegen die britische Kolonialherrschaft an. In der Goldküste entstanden mehrere politische Parteien, die alle das gleiche Ziel verfolgten: das Erreichen der Unabhängigkeit. Nkrumah gründete 1949 eine eigene Partei, die *Convention People's Party (CPP)*. Als er mit der Gewerkschaft einen Generalstreik ausgerufen hatte und die sofortige Unabhängigkeit des Landes von Großbritannien verlangte, wurde er inhaftiert und verbrachte eine Zeit lang im Gefängnis. Jetzt kam Dampf in die politische Maschinerie. 1951 wurde er aus dem Gefängnis entlassen und gewann mit seiner Partei die ersten allgemeinen Wahlen für eine gesetzgebende Versammlung. Ein Jahr darauf wurde er zum Premierminister ernannt. Am 6. März 1957 erlangte Ghana als erste Kolonie in Sub-Sahara-Afrika die Unabhängigkeit. An diesem Tage sagte Kwame Nkrumah seine berühmten Worte:

„Unser geliebtes Land Ghana ist nun für immer frei... Die Unabhängigkeit Ghanas ist jedoch bedeutungslos, wenn sie nicht mit der völligen Befreiung Afrikas verbunden werden kann.“

Hoffnungsvoll blickten die Ghanaer in eine vielversprechende Zukunft. Dass die schon nach wenigen Jahren in eine Diktatur ausarten sollte, in der keinerlei Opposition zu ihrem Osagyefo („Erlöser“) genannten Präsidenten Nkrumah geduldet wurde, der im Land eine afrikanische Variante des Sozialismus verwirklichen wollte, ahnte zu diesem Zeitpunkt noch niemand.

BEAMTIN DES GHANAISCHEN STAATES

Wer auf einen Baum klettern will,
fängt unten an, nicht oben
(Sprichwort aus Ghana)

Für mich bedeutete es sehr viel, dass ich Ghana in den „Kindheitsjahren" als Wegbereiterin dienen durfte. Die ersten Jahre nach der Unabhängigkeit waren Pionierzeit. Dass später versucht wurde, aus dem Vollen zu schöpfen und gleich „oben" weiterzuklettern, anstatt von unten langsam aufwärts, führte zur Katastrophe.

Von der *Ghana High Commission*, der ghanaischen Botschaft in London, erhielt ich im Juni 1960 das Angebot für einen Arbeitsvertrag als Architektin im Public Works Department (PWD) des Ministeriums für Bauen und Wohnen in Accra. Die Dauer des Vertrages betrug drei Arbeitsperioden von jeweils bis zu 18 Monaten Länge. Ich würde als „ausländische" Beamtin in den Staatsdienst des Landes integriert. Mit den gleichen Rechten und Pflichten einer Einheimischen. Zusätzlich zum Vertragsangebot wurde mir auch eine Liste mit den Dingen überreicht, die ich als notwendige Ausstattung mitbringen sollte. Ich akzeptierte das Vertragsangebot sofort mit meiner Unterschrift. Zu der Zeit hatte ich, mit Ausnahme des DAAD, keine Kontakte zu deutschen Stellen gehabt, auch noch nicht zur bundesdeutschen Botschaft in Accra. Das änderte

sich erst, als die Nkrumah Ära auf ihr bitteres Ende zuging und das Zeitalter der militärischen Umstürze in Ghana begann.

Mein erstes Gehalt betrug 1.080,00 Ghana Pfund im Jahr nach Abzug der Steuern. Das Ghana Pfund, die offizielle Währung des Landes ab dem 14. Juli 1958, war 1960 im Wert noch immer dem englischen Pfund Sterling gleichgestellt mit einer Umtauschrate von ungefähr 12 D-Mark für 1 Pfund Sterling zu der Zeit. Ich erhielt also ungefähr etwas über 1.000 DM im Monat. Das war viel Geld für mich, denn ich brauchte nur eine sehr niedrige Wohnungsmiete zu zahlen, konnte Kilometergeld für Dienstfahrten abrechnen, bekam jedes Jahr eine Gehaltserhöhung von 50 Ghana Pfund und außerdem pro Monat 6 Tage Urlaub. Nach 18 Arbeitsmonaten hatte ich so über drei Monate Urlaub. Für die sogenannte „Einkleidung" und Erstausrüstung gab es damals bei der Einstellung sogar noch eine zusätzliche finanzielle Unterstützung! Für mich waren das beste Bedingungen. In London wurde ich auch einer ärztlichen Untersuchung unterzogen und gegen Gelbfieber geimpft. Der Befund: Ich war „tropentauglich".

Nach dem Einführen der neuen ghanaischen Währung 1965 und den ersten beiden Militärputschen 1966 und 1972 verschlechterten sich jedoch die wirtschaftliche und finanzielle Situation in Ghana zunehmend. Auch für uns ausländische Fachkräfte. Der Wert der ghanaischen Währung hatte rapide abgenommen. Die Lebenshaltungskosten waren drastisch angestiegen. Die anfänglich noch regelmäßigen Überweisungen von „Gespartem" auf mein deutsches Konto wurden immer schwieriger. Ich hatte in der Zwischenzeit herausgefunden, dass es mehrere Deut-

sche im ghanaischen Staatsdienst gab, darunter einige Ärzte, Lehrer, Förster, Ingenieure und Medienexperten. Wir waren uns meistens bei sportlichen Aktivitäten oder an den Wochenenden beim Baden im Meer begegnet und hatten uns seitdem regelmäßig getroffen. Nun entwickelten wir bei einem Treffen mit Regierungsvertretern aus dem Auswärtigen Amt und dem Bundesministerium für Wirtschaft in Westberlin in den Endsechzigern und Anfang der Siebziger Jahre ein System für Gehaltszula-

Adinkra Symbole für Pflichtbewusstsein

gen in unserer eigenen D-Mark Währung. Eine solche Unterstützung würde es uns ermöglichen, Beiträge für die Arbeitslosen-, Sozial-, Renten- und Krankenversicherungen in der Heimat zu entrichten. Damit könnten wir für unsere Zukunft abgesichert werden. Die Engländer hatten ein derartiges System bereits geschaffen und unterstützten damit ihre „integrierten Fachkräfte“ in Entwick-

lungsländern. Die damalige Bundesregierung stimmte den Vorschlägen zu. Und seitdem unterhielt ich auch enge Beziehungen zu unseren verschiedenen Botschaftern und den Botschaftsmitarbeitern. Als voll integrierte Beamtin hatte ich in all den Jahren meiner Tätigkeit in Ghana direkte Kontakte zu höchsten Regierungsstellen. Das war für mich von großem Vorteil, vor allem bei dringend benötigten Entscheidungen, denn die Auslandsmitarbeiter, die in der deutschen Entwicklungszusammenarbeit tätig waren, mussten den Weg zu wichtigen Entscheidungsträgern über ihre ghanaischen Projektpartner oder über die Botschaft nehmen. Später, nach der Gründung der GTZ 1978, übernahm diese die Zusatzzahlungen und richtete das heutige Centrum für internationale Migration (CIM) ein. Nicht nur deutsche integrierte Fachkräfte konnten so unterstützt werden, sondern auch ausländische aus Entwicklungsländern bei deren Wiedereingliederung in ihren Heimatländern nach beendeter Aus- und Weiterbildung.

FLIEGEN UND ANKOMMEN

Der Weg eines Menschen führt nicht weit,
ohne dass er den eines anderen trifft
(Sprichwort aus Ghana)

Diese Erfahrung habe ich an vielen Orten auf meinem bisherigen Lebensweg gemacht. Mit einer Besonderheit: Das Aufeinandertreffen und die Begegnungen in Ghana waren immer erfreulich, bereichernd und von herzerwärmender Freundlichkeit.

Erst ein Mal hatte ich vor meiner Reise nach Ghana in einem Flugzeug gesessen. Nach meiner Flucht aus der DDR 1955, und das nur für eine kurze Strecke von Westberlin bis nach Hannover in einem amerikanischen Pan-Am-Flieger. Dabei waren wir im sogenannten von der DDR vorgegebenen „Luftkorridor" in etwa 3.000 m Höhe ganz schön durchgeschüttelt worden. Obwohl ich bis zu meinem letzten Flug im Jahr 2013 insgesamt über eine halbe Million Kilometer in der Luft verbracht habe, wurde Fliegen nie „mein Ding". Die Flugangst hat mich nie losgelassen. Etliche Jahre war sie so stark, dass ich überhaupt nicht mehr fliegen konnte und auf Schiffe umgestiegen bin. Allerdings hatte ich anfänglich keine Angst, innerhalb Ghanas zu fliegen. Denn das geschah dort noch viele Jahre lang mit den uralten Douglas DC 3 Propellermaschinen (in den Jahren der Berliner Luftbrücke auch als „Rosinen-

bomber" bekannt) von *Ghana Airways,* die, so empfand ich das damals jedenfalls, auf jedem Acker landen konnten, ohne dabei auseinanderzubrechen.

Mein erster Flug nach Ghana war ein tolles Erlebnis. In einer großen Turboprop-Maschine der *British Overseas Airways* flog ich am 25. September 1960 von Frankfurt am Main ab und landete 12 Stunden später in Accra, um dort meine Arbeit als Architektin im Bauministerium zu beginnen. Heutzutage fliegt man diese Strecke ohne Halt in der halben Zeit. Die vielen Stopps waren damals notwendig zum Auftanken. Während des Fluges saß Elizabeth neben mir, eine lustige ghanaische OP-Schwester, die verschiedene europäische Länder bereist hatte und nun nach Hause zurückkehrte. Wir verbrachten die langen Flugstunden mit vielen interessanten Gesprächen über unser Leben. Schlafen konnten wir beide nicht bei dem Fluglärm.

Elizabeth sollte als Oberin die Leitung eines Krankenhauses in Accra antreten.

Über Zwischenstopps in Rom, Tripolis in Libyen und Khartum im Sudan landeten wir am 26. September frühmorgens in Kano im Norden Nigerias. Dort begrüßten uns im sich langsam legenden Staub der noch nicht asphaltierten Landepiste die Reiter des Emirs, die in vollem Galopp heranpreschten und das Flugzeug umrundeten. Was für ein überwältigender Anblick! Und bei unserem letzten Stopp in Lagos, der damaligen nigerianischen Hauptstadt, strömte während des Aufenthalts feuchtheiße Tropenluft durch die offenen Kabinentüren zu uns herein und machte mich mit ihrem typischen „Aroma“ vertraut: süßlich, etwas muffig und leicht verrottet riechend, mit Rauch und heißem Bratfettgeruch vermischt. Dazu kam der herrliche Duft feuchter Erde, denn ein Regenschauer war gerade niedergegangen. Das war eine fürwahr gute Prophezeiung für den Weiterflug! Jedes Mal, wenn ich später in Accra gelandet bin und sich die Flugzeugtüren öffneten, wusste ich nach der ersten Nase voller „Tropen-Parfüm“, dass ich wieder angekommen war.

Elizabeth wurde am Flugplatz direkt an der Gangway mit lautem Hallo von ihrer Großfamilie abgeholt. Auch für mich war dort eine Begrüßungsdelegation erschienen. Wir beide wurden wie VIPs empfangen. Zunächst hatte ich jedoch Schwierigkeiten, die letzte Stufe aus dem Flugzeug zu steigen. Eine große männliche Agame, ein leguanartiges Schuppentier, rannte nämlich auf die Gangway zu, stoppte dort und nickte mit seinem feuerroten Kopf und aufgerichtetem Kamm eifrig in meine Richtung. Der Anblick dieses

Minidrachens erschreckte mich gehörig und faszinierte mich zugleich derart, dass es hinter mir zu einem Stau auf der Treppe kam. Außer dieser tierischen Begrüßung warteten am Flugzeug einige Vertreter der Regierung und ein Fahrer mit einem Dienstwagen auf mich, die mich schnell mitsamt meinem Gepäck durch den Zoll schleusten und direkt ins PWD-Büro brachten, um dort die ersten wichtigen Dinge mit mir zu besprechen.

In einem alten doppelstöckigen Bürogebäude aus der Kolonialzeit, dessen Bauweise mich ebenfalls faszinierte, wurde mir auch mein zukünftiges Büro gezeigt. Das Haus lag nicht weit entfernt von der Küste. Bevor ich mich jedoch näher in meiner neuen Umgebung umsehen konnte, wurde ich allen Mitarbeitern und Mitarbeiterinnen vorgestellt. Die meisten Architekten waren Ausländer – Polen, Jugoslawen und Bulgaren. Darunter zu meiner großen Freude auch zwei junge Engländer, die ich 1959 in London an der Universität kennengelernt hatte. Welche Überraschung! So hatte ich mit diesen beiden Kollegen gleich zwei sehr hilfreiche Informationsquellen an der Seite. Die meisten Bauingenieure kamen aus Indien. Der Chefarchitekt war Engländer und der Direktor des PWD war ein ghanaischer Bauingenieur, der schon lange vor der Unabhängigkeit in England studiert hatte. Der Fahrer, der mich die erste Zeit fahren sollte, war ein älterer Mann mit weißem Kraushaar. Er trug beim Abholen vom Flughafen eine Militärmütze und einen Militärmantel. Die Ordensspange darauf verriet, dass er im Zweiten Weltkrieg in der britischen Armee in Burma gegen die Japaner gekämpft hatte. Glücklicherweise hatte man mir bereits in London eröffnet,

Im Werkhof des Public Works Department, Accra

dass ein Europäer in Ghana unbedingt ein Auto braucht. Als Landesfremder ginge man in Ghana nicht zu Fuß und sei die Distanz auch noch so kurz. Ich hatte mir daher schon vor meiner Abreise einen VW Käfer bei der Volkswagen-Vertretung in Accra bestellt. VW und Mercedes verfügten bereits über Niederlassungen mit Werkstätten im Land. Allerdings war ich zu der Zeit nur im Besitz eines bundesdeutschen Motorradführerscheins. Ich dachte, dass ich mich mit diesem Problem erst auseinandersetzen müsse, wenn das Auto in meinem Besitz war. Im Rückblick muss ich gestehen, dass ich nach meiner Ankunft in Ghana an manche Dinge doch mit ziemlicher Naivität herangegangen bin. Aber am Ende fielen alle „Problemteile" wie Puzzlestücke immer an ihren richtigen Platz. Vielleicht war das „alles nicht zu ernst nehmen" genau die richtige Einstellung für mein Ankommen in diesem Land.

Die meisten Ghanaer, denen ich in den ersten Tagen begegnete, empfand ich als wohltuend natürlich, geduldig,

liebenswürdig und sehr gastfreundlich. Ihre Gelassenheit und Lebensfreude umgaben mich mit einer menschlichen Wärme, mit der sich fast alles ertragen ließ. Es ging ihnen dabei immer um das „Miteinander“. Aber sie konnten manchmal auch echte Schlawiner sein. Denn wenn sie nicht wollten, passierte gar nichts. Erst mal abwarten war dann die Devise. In meinen 22 Ghana-Jahren bin ich jedoch nicht ein einziges Mal unhöflich behandelt oder gar beschimpft worden, immer ist man mir voller Respekt begegnet. Heute werden Ghanaer oft als die freundlichsten Menschen auf dem afrikanischen Kontinent bezeichnet. Aufgrund meiner Erfahrungen, die ich später während der vielen Dienstreisen in andere afrikanische Länder gemacht habe, kann ich dem nur zustimmen.

Ich hatte die richtige Wahl getroffen! Wo ich arbeiten würde und mit wem, das wusste ich nun. Wo ich wohnen würde, noch nicht. Und wie ich mich und meinen Haushalt versorgen sollte, auch noch nicht. Mir war klar, dass mein Ankommen ein längerer Prozess sein würde. Aber ein Anfang war gemacht.

MEIN GHANAISCHER KNIGGE

Das Wissen ist wie ein Affenbrotbaum,
du kannst ihn nicht umspannen
(Sprichwort aus Togo)

Sich Buchwissen über ein afrikanisches Land, seine Menschen und ihre Kultur anzueignen, ist eine Sache. In die afrikanische Wirklichkeit einzutauchen, eine ganz andere. Ich habe in meinen 22 Ghana-Jahren immer dazugelernt und auch noch danach. Bis heute.

Als ich mit meinen Vorbereitungen für Ghana beschäftigt war, hatte ich mir den neuesten Afrika-Atlas der amerikanischen „Geographischen Gesellschaft" besorgt und konnte Ghana nun im afrikanischen Kontext betrachten. Das Land sah auf der Afrika-Karte aus wie ein schmales Handtuch mit einer Küstenlänge von etwa 543 km von Westen nach Osten und ca. 700 km Länge von Süden nach Norden. Drei parallel verlaufende Landschaftszonen gliederten das Land in die Küstensavanne im Süden, die Regenwaldzone im Südwesten und in die offene Baum-, Strauch- und Grassavanne im trockeneren Norden. Dort wurden damals hauptsächlich Mais, Hirse, Sorghum, Reis, Erdnüsse, Tomaten und Yams angebaut. Der Regenwald reichte 1960 noch bis fast ans Meer. Aus diesem Waldgürtel kamen die meisten Nutzhölzer, besonders Hartholz, und der Kakao sowie Bananen und Cassawa (Maniok). Ghana war damals

Typische Savannenlandschaft im Norden Ghanas

der größte Kakaoproduzent der Welt. Das Land gehört zu den feuchtheißen Tropen und besaß zu meiner Zeit eine üppige Vegetation. Die Klima- und Witterungsverhältnisse unterschieden sich innerhalb des Landes erheblich voneinander. Der später vom Akosombo Damm gebildete Volta Stausee (heute noch immer der flächenmäßig größte von Menschen künstlich geschaffene See) beeinflusste die mir anfänglich bekannten Regenzeiten und Trockenperioden schon ab 1966 sehr stark und hat sie bis heute verändert. So lernte ich die wesentlichen Daten über meine neue Heimat zunächst einmal auf dem Papier kennen.

In den ersten Monaten nach meiner Ankunft bescherte mir jeder Tag überwältigend viel Neues. In dieser Zeit lernte ich das Wichtigste, was man in Ghana als „Fremder" wissen sollte. Weil ich vor allem herausfinden wollte, wie ich mich hierzulande richtig benehmen muss, stellte ich auch immer viele Fragen. Aufgehört zu lernen habe ich in meinem neuen Heimatland allerdings nie. Nicht nur was das richtige Verhalten in der afrikanischen Gesellschaft betrifft, sondern auch wie ich bei unerwarteten Ereignis-

sen reagieren sollte. Gleich in den ersten Tagen lernte ich einige wichtige Verhaltensregeln im täglichen Umgang miteinander kennen, das Händeschütteln z. B. und wie man Dinge oder Essen und Trinken überreicht. Das tut man nur mit der rechten Hand. Denn mit der linken Hand säubert man sich den Allerwertesten beim Toilettengang. Sie zu benutzen ist ein Fauxpas. Beim Händedruck zieht man seine eigene Hand mit einem Fingerklick zurück. Das bekam ich nie richtig hin, was jedes Mal zu großer Erheiterung auf beiden Seiten geführt hat. Zum *handshake* gehörte dieses kleine Spiel mit den Fingern immer dazu. Aber es gehörte sich ganz und gar nicht, mit dem Finger auf andere Menschen zu zeigen. War man zu Gast bei älteren oder höhergestellten Herrschaften, schlug man beim Sitzen die Beine nicht übereinander, sondern stellte beide Füße auf den Boden. Oft begrüßte man sich mit dem Akan-Wort *Akwaaba* oder mit *BaBa ee* in der Sprache der Ga-Ethnie in Accra und Umgebung, was so viel heißt wie „Willkommen".

Am Anfang meiner Tätigkeit wusste ich noch nicht, wie lange mein Aufenthalt in Ghana dauern würde. Ich war für drei bis zu jeweils 18 Monate laufende Arbeitsperioden im ersten Vertrag eingestellt worden mit dem Hinweis, dass einer Verlängerung meines Vertrages nach Ablauf dieser Zeit nichts im Wege stünde. Für mich begann jetzt ein neues Leben. Ich wollte mich hier heimisch fühlen. Dennoch stellte ich mich in Ghana immer als Gast vor, obwohl das Land für so viele Jahre mein Zuhause wurde und ich fest in den ghanaischen Alltag eingebunden war. Als gern gesehener Gast bin ich daher auch überall herzlich aufgenommen worden. Außerdem hielt ich mich aus jedweden

politischen Diskussionen oder gar Aktivitäten heraus, was mir aufgrund meiner deutschen Erfahrungen angemessen erschien. Dass mir das am Ende nicht ganz gelungen ist, ist eine andere Geschichte. Meine Vorgesetzten, der Kollegenkreis und meine Freunde – Ghanaer und Ausländer – haben meine bekundete Neutralität stets respektiert. Das war sicherlich auch der Grund dafür, dass ich nie in irgendwelche Schwierigkeiten geraten bin.

Eine Besonderheit, die mir bei Gesprächen mit Ghanaern gleich auffiel, war ein anscheinend fehlendes Nationalbewusstsein bei vielen, die ich kennenlernte. Für mich waren sie Ghanaer. Ich erlebte aber häufig, dass sie sich selbst zuallererst als Ashanti oder Ga oder Ewe sahen. Die ethnische Herkunft war und ist teilweise noch immer wichtiger als die nationale Zugehörigkeit. Mit der Ethnie ist die Abstammung verbunden, die familiären Wurzeln und die Brücke zu den Ahnen. Staatsbewusstsein und Nationalstolz wurden eher selten ausgedrückt. Es gab hin und wieder auch ethnische Auseinandersetzungen unter meinen ghanaischen Mitarbeiten, in die ich mich nur dann einmischte, wenn es der Arbeit dienlich war. Ich versuchte, den Streithähnen höflich klarzumachen, dass es mir völlig egal sei, woher sie stammten. Für mich seien sie alle gleich und zwar Ghanaer. Mit einem „Trankopfer" für die guten Geister wurde dann am Tag darauf wieder völliger Frieden hergestellt. Diese Opfer bestehen meistens aus Gin, Palmwein oder Hirsebier, Hauptsache aus Alkoholischem. Sie waren für mich bei der Arbeit und auch bei den damit verbundenen Reisen von Baustelle zu Baustelle eine ganz wichtige und auch wunderbare Sache. Das habe ich sehr schnell gelernt. Die flüssigen Opfer wurden immer von

einem „Medizinmann“ oder dem Ranghöchsten in der betroffenen Gruppe vollzogen, der sich dabei natürlich ebenfalls am Getränk bediente. Da Religion und Erde für viele Stämme in ganz Westafrika untrennbar miteinander verknüpft sind, wird mit dem Trankopfer die Verbindung zu Gott und zur Erde hergestellt sowie eine Brücke zu den Ahnen geschlagen, um deren Hilfe zu erbitten, oder zu den guten Geistern, wenn man deren Wohlwollen benötigt. Das gehörte bei meiner Arbeit zu jedem Baubeginn unbedingt mit dazu. Es hat auch jedes Mal geholfen. Auf keiner Baustelle oder bei späteren Arbeiten „im Feld“ mit Studenten in den verschiedenen Regionen Ghanas hat es Unfälle irgendeiner Art gegeben.

Auf meinen vielen Reisen kreuz und quer durch Ghana zur Kontrolle der verschiedenen Bauprojekte und für Gespräche mit Regierungsvertretern und Regionalministern stellte ich mich auch immer den jeweiligen Häupt-

lingen und Ältesten in den Distrikten und Orten vor. Ich habe sie später, vor allem im Norden des Landes, fast alle näher kennengelernt bei meinen Recherchen über die Lehmarchitektur. Einen Häuptling, oder *Chief*, wie man sie in Ghana nennt, adressiert man nicht persönlich, wenn man ihn nicht näher kennt, sondern über seinen Sprecher, den Linguisten. Nur wenn der Häuptling einen direkt anspricht, kann man ihm auch direkt antworten. Das galt auch für den 14. Ashanti-König, den ich schon vor meinem späteren Umzug nach Kumasi kennenlernte. Unser Botschafter hatte mich eingeladen, als Prempreh II. nach einem Arztbesuch aus der Bundesrepublik zurückgekehrt war. Der Asantehene war sehr an meinem „Flüchtlingsdasein“ interessiert. Die Unterhaltung mit diesem hochintelligenten und allem gegenüber aufgeschlossenen Regenten ist für mich ein unvergessliches Erlebnis geblieben. Die Tatsache, dass ich (als „Maurergesellin“) mit Backsteinen umgehen konnte, hat ihn sehr fasziniert und beeindruckt.

Der Grund, dass Englisch als Amtssprache auch für die unabhängige Republik Ghana gewählt wurde, war sicherlich der Tatsache geschuldet, dass Ghana ein multiethnisches Land ist mit sehr vielen unterschiedlichen Sprachen. Überwiegend fünf davon wurden neben Englisch oder „Pidgin“, einer stark vereinfachten (aus Asien stammenden) Form der englischen Sprache, verwendet: im Süden Ghanas *Akan* (dazu gehört das von den Ashantis gesprochene *Twi*); *Ga* in und um Accra und *Fanti* an der südwestlichen Küste; im östlichen Grenzgebiet zu Togo *Ewe;* im Westen und Norden *Dagbani*. Im Norden und in der Mitte verbindet *Haussa* außerdem die verschiedenen Ethnien.

Alle Sprachen sind für deutsche Zungen ziemlich schwer zu erlernen. So begnügte ich mich mit einigen Brocken Twi, Haussa und Ga, vor allem für meine Einkäufe auf den Märkten. Ansonsten bin ich mit Pidgin-Englisch gut ausgekommen, wenn es mit dem „richtigen“ Englisch nicht so gut geklappt hat. Ghanaer, die in England studiert hatten, sprachen alle hervorragendes Oxford Englisch, auch als *Queen's English* bekannt.

Schnell gewöhnt habe ich mich daran, dass mir überall das Wort *obruni* (wörtlich *oburoni*) nachgerufen wurde – das Ashanti-Wort für einen Fremden oder den, der aus der Fremde kommt – einen „Weißen“ eben. Vor allem von Kindern, aber auch von Marktfrauen in oder außerhalb von Accra und von fast jedem, dem ich unterwegs begegnet bin. Das war nicht etwa respektlos gemeint. Ich war nun mal eine hellhäutige Fremde. Ob Frau oder Mann spielte keine Rolle. Mein erster Koch und Hausgehilfe Samson sprach mich, als er seine Arbeit antrat, mit „Sir“ an. Als ich ihn darauf hinwies, dass ich eine Frau sei, war das Ergebnis ein „Yes Sir-Madam“. So blieb es auch bei allen anderen guten „Hausgeistern“ in meiner ganzen Zeit in Ghana.

In den ersten Tagen nach meiner Ankunft musste ich natürlich erst einmal herausfinden, wo man was und wie einkaufen kann. Der PWD-Fahrer brachte mich in die Stadt und zeigte mir die meisten Geschäfte und Märkte. Handel und Wandel waren zu der Zeit fast überall in den Städten in libanesischer und indischer Hand, mit Ausnahme der größeren Ladenketten. Die waren englischen und schweizerischen Ursprungs. Bei den ersten Stadtbesuchen zeigte sich, dass Ghanas Metropole Accra flächenmäßig sehr groß war. Das lag daran, dass sich nur im Zentrum einige mehrgeschossige Gebäude befanden und der Rest der Stadt sich weitflächig ein- oder zweigeschossig entlang der Küstenebene und in die Küstensavanne nach Norden hin erstreckte. Es gab Geschäftsviertel und viele Märkte in der Stadt, auf denen ein kunterbuntes Leben herrschte. Ich lernte sehr schnell, dass man bei den Obst- und Gemüse „Mammys" (liebevolle Bezeichnung für Marktfrauen) nicht einfach einkauft, sondern ausgiebig handelt. Man feilschte dabei auf ungefähr ein Drittel oder sogar die Hälfte von dem herunter, was als Preis zunächst genannt worden war. Natürlich galt das nicht für die Kaufhäuser. Dorthin haben mich in den ersten Wochen vor allem meine englischen Kollegen mitgenommen, solange ich noch kein Auto hatte.

Vor den Marktfrauen hatte ich von Anfang an großen Respekt. Trotz aller Belastungen bewältigten sie ihren harten Arbeitstag immer fröhlich und lachend. Wie unternehmerisch gewieft, gierig und mächtig sie jedoch waren, erlebte ich erst in späteren Jahren nach den ersten Militärputschen. Sie waren und sind auch heute noch ein nicht zu

unterschätzender Machtfaktor im wirtschaftlichen und kommerziellen Geschehen des Landes. Das bunte Markttreiben war für mich in jeder Stadt Ghanas ein Anziehungspunkt. Nicht satt sehen konnte ich mich an den Bergen von farbenfrohen Baumwolltüchern, in die ich mich dann später auch selber gekleidet habe. Gemüse, Obst, Yams und Maniok, Lebensmittel aller Art, alltägliche Gebrauchsgegenstände, Zigaretten, Streichhölzer, Sandalen, Körbe, Mehl, Zucker, Salz, Erdnüsse, Reis – alles war kunstvoll arrangiert. Jedes noch so kleine Plätzchen im Stand oder auf den Freiflächen wurde genutzt. Die Waren sollten dem Käufer attraktiv in kleinen und großen Mengen angeboten werden. Hier begriff ich auch, dass sich Frauen in Ghana sehr wohl durchzusetzen wissen. Nicht nur die Marktfrauen sind geborene „Kauffrauen". Auch andere, wie die von Haus zu Haus wandernden Obstverkäuferinnen, die Korb- und Mattenflechterinnen, Friseurinnen, Schneiderinnen versuchten mit ihren Einkünften, ihren Kindern zu einer besseren Zukunft zu verhelfen. Ghanaischen Akademikerinnen bin ich in allen Ministerien, in staatlichen und privaten Institutionen und Unternehmen, Schulen, Universitäten und Krankenhäusern begegnet. Schon in den Siebzigerjahren gab es eine Ghanaerin als höchste Richterin am Hohen Gericht in Accra. Und später auch eigenständige und sehr erfolgreiche Unternehmerinnen. Dennoch wurden Frauen damals, vor allem in den unterentwickelten Landesteilen, benachteiligt. Von totaler Gleichberechtigung waren wir noch meilenweit entfernt. Das ist auch heute in vielen Bereichen noch so. Aber immerhin gibt es seit 2013 in Ghana endlich ein Ministerium für „Gender, Kinderschutz und soziale Sicherung".

Unter den Akan-Familien in Ghana ist es üblich, die Kinder nach dem Tag ihrer Geburt zu benennen. Dazu kommen je nach dem Glauben der Eltern noch andere Vornamen hinzu. Aber wenn man miteinander vertraut geworden ist und sich, wie wir sagen würden „duzt“, redet man sich mit den Namen aus der Akan-Sprachfamilie oder der anderer Ethnien an. So habe ich mir die wichtigsten Akan-Vornamen gemerkt.

	Männlich	Weiblich
Montag	Kojo	Adwoa
Dienstag	Kwabena	Abena
Mittwoch	Kwaku	Akua
Donnerstag	Yaw	Yaa
Freitag	Kofi	Afua
Sonnabend	Kwame	Ama
Sonntag	Kwasi	Akosua

Mein Name wäre „Ama“ gewesen, da ich an einem Samstag geboren wurde. Die Bedeutung dieses Namens trifft voll auf mich zu: „Ama“ ist so etwas wie ein „Regisseur der Show“, gibt gerne die Richtung vor, in die alles laufen soll, ist aber stets hilfsbereit und teilt das letzte Hemd mit anderen. Nachdem ich das meinen Bauzeichnern erzählt hatte, wurde ich immer „Ama-Hannah“, später auch oft „Auntie (Tantchen) Ama Hannah“ genannt. Mit „Auntie“ wird in der ghanaischen Gesellschaft einer älteren Frau Respekt bezeugt, wenn deren Haare langsam grau werden, wie das bei mir schon sehr früh der Fall war.

DU LIEBE ZEIT!

Der weiße Mann hat die Uhr, wir haben die Zeit (Sprichwort aus Ghana)

Wir sagen „Wer langsam geht, kommt auch ans Ziel“, nur handeln wir nicht danach. Wir rennen und fallen dabei oft auf die Nase, weil wir mit der Zeit nicht klarkommen.

Dass ich eine andere Vorstellung vom Begriff „Zeit“ hatte, wurde mir erst einige Tage nach meiner Ankunft in Accra bewusst. Denn erst da erfuhr ich, dass unser Flugzeug Verspätung gehabt hatte. Während des Fluges waren wir nicht darüber informiert worden. Alle Termine im Büro waren meinetwegen verschoben worden. Auch das wusste ich nicht. Weil ich sehr müde war vom langen Flug, hatte ich das einfach hingenommen. Den Ghanaern war es egal. Mir auch. Und damit hatte ich mich völlig richtig verhalten. Das wurde mir gleich sehr hoch angerechnet – was ich allerdings auch nicht bemerkt hatte. Erst viel später ist mir klar geworden, wie total unterschiedlich unsere Zeitvorstellungen sind. Für einen Europäer ist Zeit immer ein messbarer Begriff. Bei allem, was wir tun, richten wir uns nach festgelegten Verabredungen, Daten, Tagen, Stunden, Minuten. Termine werden abgesprochen und müssen eingehalten werden. Wir sind Sklaven der Zeit. Es geht immer nur darum, dass man in einer von uns festgelegten Zeitspanne etwas beginnt und beendet. Wir können nicht

einfach außerhalb der Zeit existieren. Wir haben für diese Abhängigkeit sogar den Begriff „Zeitfenster“ erfunden. Mir hat sich bisher allerdings noch nicht erschlossen, was ich durch dieses Fenster sehen kann. Mit meiner „afrikanischen“ Brille schon gar nicht. Die habe ich mir nämlich in Ghana zugelegt, und durch die werde ich auch bis zu meinem Lebensende blicken, häufig mit einem anderen Blickwinkel als dem deutschen.

In Ghana wurde mir ein anderes Zeitempfinden vermittelt. Zeit ist für den Afrikaner ein dehnbarer Begriff. Es ist der Mensch, der die Zeit beeinflusst, ihren Umfang, ihren Ablauf und ihren Rhythmus, und das immer unter Gottes Führung oder in Absprache mit den Geistern oder den Ahnen. Nicht der Mensch ist abhängig von der Zeit, sondern die Zeit vom Menschen. Der Mensch bestimmt, ob und wann etwas geschehen soll.

Alles, was mit der Arbeit zusammenhing, musste natürlich pünktlich geschehen, denn dafür festgelegte Termine konnten nun mal nicht „gedehnt" werden. Allerdings geschah häufig Unvorhergesehenes. Darauf wurde dann eher gelassen reagiert, abwartend oder gar nicht. Oft auch nur mit einem Schulterzucken und häufig sogar mit einem Lachen. Was mich anfänglich total aus dem Konzept gebracht hat. Bis ich gelernt habe, dass man so einen möglichen Schock vermeiden kann. Schlimmes lacht man einfach weg und zeigt beim Lachen seine Zähne. Mit der Zeit verstand ich außerdem, dass es vor allem private Verabredungen waren, bei denen Pünktlichkeit sehr locker gehandhabt wurde. Wir sprachen dann von *Ghana meantime,* sozusagen „plus-minus" irgendeine Zeitdauer. Man kam früher, man kam später. Dass man überhaupt kam, war die Hauptsache. Zum dehnbaren Zeitbegriff gehörte auch das Warten. Geduldig auf etwas zu warten habe ich in Ghana sofort lernen müssen, wenngleich manches Mal nur zähneknirschend. Dabei denke ich auch heute noch oft an unseren Warenlagerleiter im PWD-Büro, dem ich manche meiner frühen grauen Haare verdanke. Denn der wartete immer, bis unser Zeichenmaterial – Transparentpapier, Kopierpapier, Schreibpapier, Umschläge, Bleistifte, Radiergummis – ausgegangen war, bevor er neues bestellte. Dass wir dann alle darauf warten mussten, bis es geliefert wurde, hat ihn nicht berührt. Wir mussten es ganz einfach akzeptieren. Was wir dann auch taten. Es blieb uns ja nichts anderes übrig.

Die *Mammy Lorries* – der private Transport von A nach B und in die nähere Umgebung für Personen, Kleinvieh und Güter, vorwiegend von Marktfrauen benutzt, auch

bekannt als *Trotros* (nach der alten Dreipenny-Münze benannt, dem Preis für jede Strecke innerhalb der Stadt) – warteten an den dafür vorgesehenen Haltestellen bis die Kleinlaster voll waren. Erst dann ging die Reise los. Busse der städtischen Verkehrsbetriebe fuhren natürlich mehr oder weniger fahrplanmäßig. Die Trotros gab es noch in meinen Anfangsjahren in Ghana. Von diesen alten, je nach Größe und Bauart auch „Buschtaxis" oder „Holzschaukeln" genannten Lastern erzähle ich später eine eigene Geschichte. Trotros wurden Ende der Sechzigerjahre von modernen kleinen und großen Bussen abgelöst, die natürlich teurer waren als „3 Pence". Geduldiges Warten gehörte immer zu meinem Alltag in Ghana. Wenn es nicht durch ineffiziente Schlamperei hervorgerufen war, ist es mir nie schwergefallen. Selbst wenn nach dem „Warten auf die Dinge, die da kommen" nur die Hälfte von dem passierte oder geschafft wurde, was ich mir bei der Arbeit oder im Haushalt erhofft hatte, war das wie eine Weihnachtsbescherung. Ich hatte meine sonst recht hoch angelegte „Zeitmesslatte" einfach angepasst.

SECHS DÄCHER ÜBER DEM KOPF

Es regnet auf alle Dächer
(Sprichwort aus Kamerun)

Mir erschienen die von der ghanaischen Regierung bereitgestellten Unterkünfte, ob Wohnungen in einem Mehrfamilien- oder ein Einzelhaus mit eigenem Garten von Anfang an als schierer Luxus. Für das schützende Dach über meinem Kopf war ich bei jeder Bleibe in Ghana einfach nur dankbar.

In den frühen Jahren nach der Unabhängigkeit spiegelten die meisten Wohnhäuser aus der Kolonialzeit in Ghana noch die krassen Gegensätze in der damaligen Gesellschaft wider: für die Afrikaner niedriger Standard, für die Weißen hoher Standard. So empfand ich das jedenfalls nach meiner Ankunft. Die meisten Grundstücke in Accra mit Unterkünften für Beamte waren sehr groß. Die alten Kolonialhäuser darauf wurden *Battleships* (Schlachtschiffe) genannt wegen ihrer weit über die Wände hinausragenden Dächer. Das Positive an diesen alten Häusern war ihre fast perfekte Klimaorientierung. Ich lernte sehr schnell, bei meiner Arbeit auf die richtige Anordnung und Orientierung von Baublöcken zu achten, um die Richtung der jeweiligen Luftströmungen bei der natürlichen Ventilierung von Räumen tagsüber und nachts berücksichtigen zu können. Man sitzt oder liegt ungern schweißnass im Durchzug, möchte aber schon eine gewisse Abkühlung

der Räume durch eine natürliche Luftbewegung erreichen, wenn man keine Klimaanlage verwendet. Bei allen Neuentwürfen von Wohnungen wollten wir ein möglichst angenehmes „Raumklima“ schaffen durch geschickt angeordnete Fensteröffnungen. Dazu kam noch die Belichtung der Räumlichkeiten. Direkte Sonneneinstrahlung war tunlichst zu vermeiden. Die Südost-, Süd- und Südwestfassaden sollten möglichst beschattet sein, damit sie sich nicht aufheizen können. In Ghana ist die Sonneneinstrahlung extrem stark. Das Land liegt nicht weit nördlich vom Äquator. Besonders in der Savanne im Norden empfindet man das Licht als sehr intensiv. Als ich Leiterin der Wohnungsbauabteilung war, habe ich für verschiedene Projekte in Nordghana indirekte Belichtung in Schlafzimmern vorgeschlagen, in denen ein Ausblick nach draußen

Traditioneller Häuserbau in der Volta Region

nicht nötig war. Das indirekte Licht war hell genug, um die Räume auszuleuchten und obendrein sehr mild und angenehm für die Augen.

Interessant waren für mich gleich in den ersten Wochen die Treffen mit dem Stadtplaner Bernhard Trevallion im Bauministerium. Ich hatte ihn bereits in London kennengelernt. Er hat 1958 den nach dem II. Weltkrieg von Maxwell Fry erarbeiteten Masterplan für die Hauptstadt Ghanas modifiziert. Dieser eher nach britischen Vorstellungen entstandene Plan wurde nach der Unabhängigkeit geändert und aktualisiert, um den neuen Gegebenheiten im Land gerecht zu werden. Erst nach und nach wurde in Accra Bauland für den kommunalen und privaten Wohnungsbau erschlossen, langsam entstanden so auch mehrgeschossige Wohnsiedlungen. Von den alten, auf „Stelzen" gebauten Kolonialvillen in der Nähe des Stadtzentrums existieren noch einige, die allerdings schon lange unbewohnt sind. Entsprechend ist ihr Zustand. Die großen Grundstücke sind nach wie vor Staatseigentum und in der Zwischenzeit sündhaft teuer geworden. Potentielle Käufer und Investoren werden eher abgeschreckt durch die entstehenden Abrisskosten und Vorgaben im Masterplan. Zu meiner Zeit gab es noch keine privaten Investoren im Wohnungsbau. Der Staat finanzierte bezahlbaren Wohnraum. Solche Wohnungen entstanden entweder in mehrgeschossigen Siedlungshäusern oder in ein- oder zweigeschossigen Einzelhäusern auf erschlossenem Bauland in Neubaugebieten im Norden und Osten der Stadt. In Accra angesiedelte Unternehmen und Firmen sowie internationale Entwicklungshilfeorganisationen und Stiftungen konnten, basierend auf dem Masterplan, Grundstücke

erwerben und bauten dort Wohnhäuser für ihre ausländischen und einheimischen Mitarbeiter.
Meine erste vom Ministerium gemietete Wohnung für Regierungsangestellte im zweiten Geschoss eines neuen Siedlungsblocks fand ich für mich als Einzelperson sehr geräumig. Sie hatte einen großen Wohnraum mit Essecke, zwei Schlafzimmer, Bad, WC und zwei kleine Küchen nebst Abstellraum. Möbel aus schwerem Tropenholz waren Teil der Grundausstattung sowie ein Kochherd und ein Kühlschrank. Gekocht wurde mit Gas. Die Sesselpolster und Matratzen für die Betten waren hart gestopft mit Kapok (Pflanzendaunen vom Kapokbaum). Dieses atmungsaktive Naturmaterial fand ich besser geeignet und daher gesünder für das feuchtheiße Tropenklima als die später verwendeten Schaumstofffüllungen. Alle Fenster hatten doppelte Rahmen. Der äußere war mit einem Moskitoschutz versehen. Die Eingangstüren zur Wohnung hatten ebenfalls doppelte Rahmen, hier bestand die innere Tür aus einem Rahmen mit Moskitodraht. Zu den Küchen führte ein eigener Treppenaufgang für das Hauspersonal. Es gab Garagen für jeden Mieter sowie Quartiere für die Hausgehilfen und ihre Familien. Dass ich einen solchen Bediensteten benötigen würde, hatte man mir gleich nach der Ankunft beim Treffen im Büro gesagt. Für die ersten Tage wurden mir Bettzeug, Handtücher, etwas Essgeschirr und Besteck zur Verfügung gestellt, bis meine per Schiff geschickten Sachen eingetroffen waren. Und von den beiden englischen Kollegen, die in der Nähe wohnten, wurde ich abwechselnd zum Essen eingeladen, solange ich mich noch nicht selbst versorgen konnte. Ich wohnte nicht weit entfernt vom Büro, wie in einer Gartenstadt, umgeben von

vielen blühenden Bäumen und Büschen. Vom Balkon der Wohnung aus konnte ich das Meer in der Ferne erblicken. Nach dieser ersten, für mich sehr schönen Bleibe bin ich in Accra in den Jahren meiner Tätigkeit als Architektin im Bauministerium noch dreimal umgezogen.

1962 wurde ich nach Tamale im Norden Ghanas versetzt, um vom dortigen PWD-Regionalbüro aus den Bau des von mir entworfenen Motels im Mole Tierschutz Reservat zu beaufsichtigen und weitere Arbeiten in der Nordhälfte Ghanas durchführen zu können. Ich mietete einen Bungalow, der zu den sogenannten „Standardhäusern“ für Staatsbeamte gehörte. Nach dem notwendigen Hausputz erstrahlte der kleine Bungalow, der am Ende einer Straße im Beamtenwohnviertel lag, fast wie ein Neubau. Von meiner Terrasse aus hatte ich einen wunderschönen Fernblick auf die umgebende Savannenlandschaft – und jede Menge Schlangen und Skorpione im Garten. Bis Awuni, der von mir eingestellte Gärtner, regelmäßig auf Jagd ging und alle Kriech- und Krabbeltiere beseitigte. Darunter leider auch viele schwarzbraune, völlig harmlose Tausendfüßler und ungiftige Schlangen.

Für alle Möbel im Bungalow passten meine aus der Accra-Wohnung mitgebrachten Polster- und Kissenbezüge und für die Fenster auch die meisten Gardinen. Diesen großen Vorteil hatten damals nämlich alle kommunalen Wohnungen und Bungalows in Ghana. Nach den beim Bauen zugrunde gelegten britischen Standards aus der Kolonialzeit waren die Fenster- und Türgrößen stets identisch. Das betraf auch die Möbel: Schränke, Tische, Stühle, Sessel,

Betten und Regale hatten in allen Regierungsunterkünften fast immer die gleichen Maße. Ich konnte deshalb sowohl im Bungalow in Tamale als auch in den weiteren Unterkünften in Accra und später im Haus auf dem Campus in Kumasi alle meine Polster-, Kissen- und Matratzenbezüge sowie Gardinen verwenden oder problemlos anfertigen lassen. Das hat mir übrigens auch sehr geholfen beim Entwerfen neuer standardisierter Wohnungen bzw. Wohnhäuser für mittlere und untere Einkommen, als ich im Büro die Wohnungsbauabteilung übernahm.

Für meine erste Wohnung in Accra hatte ich mir anfänglich vieles besorgen müssen: Teppiche, Vorleger, Brücken und Matten für die Holzfußböden, die bereits erwähnten Bezüge, Kissen und Gardinen, Bettdecken und zahlreiche andere Kleinigkeiten für das Badezimmer, die Küchen und den Abstellraum. Ich habe viele der Dinge, die meine verschiedenen Unterkünfte in Ghana verschönerten, wie geschnitzte Masken und Figuren, wunderschöne Tontöpfe und -krüge, gewebte Tücher und Decken auf Märkten oder von Händlern, die aus dem Norden Ghanas oder aus Nachbarländern kamen, erstanden. Diese wandernden Verkäufer kamen regelmäßig zu den Unterkünften von Ausländern und boten ihre Waren an. Man konnte bei ihnen auch besondere Schnitzereien, Masken und viel Kunsthandwerkliches erwerben – nach langem Handeln, versteht sich, was mir immer viel Spaß gemacht hat und den Verkäufern auch. So holte ich mir die traditionelle afrikanische Kunst gleich von Anfang an in meine Behausungen.

In Ghana ist die durchschnittliche Luftfeuchtigkeit sehr hoch. Sie variiert zwischen 70 und 85% oder liegt noch

höher. Nur in der Trockenzeit, wenn der *Harmattan* – der trockene und sehr staubige Passatwind aus der Sahara – vom Dezember bis in den Februar hinein aus dem Norden weht, ist es weniger feucht. Also musste man seine Kleidung, vor allem Schuhe, Ledergürtel oder -taschen vor der Feuchtigkeit und Schimmelbildung schützen. Das geschah damals mit Hilfe von Glühbirnen in den meist sehr großen Kleider- oder Einbauschränken. Solche „Schranktrockner" waren auch in meiner ersten Wohnung installiert. Einige Jahre später konnte ich mir dann für die Schlafzimmer in allen anderen Unterkünften kleine Wand-Klimaanlagen besorgen. Die niedrigste Luftfeuchtigkeit habe ich in einem Jahr während der Harmattan-Zeit mit 10% gemessen. Dann knackte und krachte alles, was in der Wohnung aus Holz war. Die Lippen platzten, wenn sie nicht regelmäßig eingefettet wurden. Auch die Nase blutete dann manchmal und man holte sich in dieser Zeit sehr häufig den „Saharaschnupfen". So nannten wir die Erkältungen, die der Staub mit sich brachte. Staubwischen konnte man vergessen. Denn ein paar Minuten danach war alles wieder mit einer feinen Schicht überzogen, selbst bei geschlossenen Fenstern. Doch gleich nach den ersten Regenfällen überzog ein zarter grüner Schleier das Land. Wie schnell verfärbte sich die staubige, völlig ausgelaugt wirkende, braune Landschaft in alle Grünschattierungen, vermischt mit bunten Farbklecksen aufblühender Blumen, Bäume und Büsche! Man lebte förmlich wieder auf.

In Tamale lernte ich obendrein ein Wetterphänomen kennen, von dem ich bislang nur gehört hatte. Ich saß an einem Abend gemütlich lesend im Wohnzimmer und

wartete darauf, dass ein nahendes Gewitter den lange ersehnten Regen brachte. Das Gewitter kam sehr schnell näher. Plötzlich sauste, von krachendem Donner begleitet, ein Kugelblitz an den Wänden entlang durch den Raum. Ich war vor Schreck erstarrt. Der Blitz war aus der Telefonbuchse gekommen und hatte alle Sicherungen im Bungalow zerstört. Man hatte mich im Büro informiert, dass ich mir genügend Reservesicherungen zulegen sollte. Jetzt wusste ich, warum. Doch es dauerte noch einige Zeit, bis ich mich an den Kasten mit den Sicherungen traute und sie auswechselte. Gewitter waren in Ghana immer sehr blitzreich und von lautem Donnern begleitet. Obwohl sie den ersehnten Regen brachten, war ich kein Freund von ihnen. Zu sehr erinnerte mich das krachende Geräusch an die Bombenexplosionen im Zweiten Weltkrieg. Blitze schlugen sehr häufig ein und jedes Jahr wurden in Ghana auch Menschen vom Blitz erschlagen. In den Städten mussten daher auf den Dächern von Neubauten und hohen Gebäuden Blitzableiter angebracht werden. In der Savanne sah ich bei meinen Baustellenbesuchen nahe der Dörfer häufig Überreste großer Bäume, in die der Blitz eingeschlagen hatte und die nun als „Blitzableiter" dienten. Zwischen Tamale und Bolgatanga, der Regionalhauptstadt der damaligen *Upper Region* hoch oben im Norden Ghanas, sah ich auch zum ersten Mal in meinem Leben die „Riesen der Savanne" – wunderschöne große Baobabs. Ihr Anblick hat mich von der Zeit an immer sehr bewegt. Ich verstand nun, dass der Affenbrotbaum für die Ghanaer heilig und für viele Ethnien im Norden des Landes auch der Wohnort ihrer Ahnen ist.

Ghana ist ein Land der Termiten und Ameisen. Die winzigen „Zuckerameisen“ tauchten sofort in Scharen auf, wenn irgendwo eine Zuckerdose stehen geblieben war, selbst zugedeckt. In meinen Küchen gab es daher immer kleine Schränke mit Belüftungsöffnungen, die mit Mückenschutzdraht versehen waren. In denen hob ich Brot, Mehl,

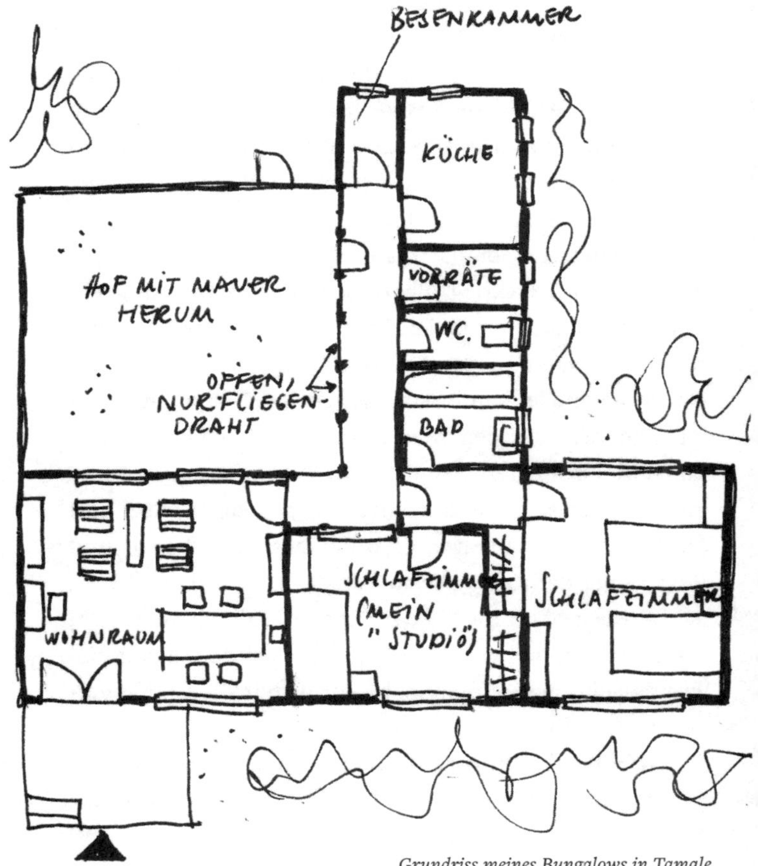

Grundriss meines Bungalows in Tamale

Nudeln, Reis, Zucker, Salz, Obst und Gemüse auf. Die Schränke standen mit ihren Beinen in Konservendosen voller Wasser, sodass die Ameisen nicht nach oben krabbeln konnten. In den Zucker tat ich außerdem etwas Reis hinein, damit er nicht zu feucht wurde, aber meistens stellte ich ihn ohnehin in den Kühlschrank. Außerdem lernte ich sofort, dass alles „Leergut" wie Flaschen, Dosen, Büchsen, Tüten und auch Altpapier aufgehoben wurde. Dafür gab es neue Nutzungen. So hatte ich eigentlich nur „Biomüll", den ich in meinen Gärten kompostierte. Die Plastiktütenschwemme kam erst viel später.

Nach meiner Rückkehr aus Tamale wurde mir wieder eine Wohnung im zweiten Obergeschoss eines Siedlungshauses im Norden von Accra angeboten. Als ich dort einzog, war das Haus umgeben von einem feurig roten Blütenmeer blühender Flamboyantbäume. Aus dieser zweiten Unterkunft in Accra konnte ich zwar das Meer nicht mehr sehen, dafür aber weit über die Küstenebene hinaus in Richtung Norden blicken bis zu den bewaldeten Bergen dahinter. Auch hier sorgte die staatliche Gärtnerei für ein blühendes Umfeld. Rasenflächen und Blumenbeete wurden in Ordnung gehalten und waren eine Augenweide. Die neuen Wohnviertel für Beamte und Regierungsangestellte in Accra wurden damals sehr gut gepflegt. Erst später in meinen letzten Accra-Jahren, als die Versorgungslage immer schlechter wurde, breitete sich eine ziemlich wilde Kleinviehhaltung in den Städten aus. Vor allem nach der staatlich verordneten Aktion *Feed yourself* („Versorge dich selber").

Die nächste Bleibe in Accra war ein kleines, altes Kolonialhaus, das einige Jahre lang mein Zuhause wurde. Es lag

ganz in der Nähe des Büros. Auch dieses alte Haus stand auf Pfeilern etwa einen Meter über dem Erdboden. Sowohl zur Küche als auch zum Haupteingang über den Balkon führte eine Treppe. Mein direkter Nachbar war das Geologische Institut, mit dessen Mitarbeitern ich mich alsbald anfreundete. Für meine Arbeit wurde das *Geological Survey Department* eine wichtige Informationsquelle, vor allem in meinen späteren Jahren an der Universität in Kumasi. Mein damaliger Hausgehilfe Kofi begleitete mich bei diesem Umzug. Zum ersten Mal hatte ich auch einen Nachtwächter eingestellt, einen großen, kräftigen, mit Buschmesser und Schlagstock bewaffneten Mann aus dem hohen Norden Ghanas. Bukari konnte hervorragend auf seiner kleinen selbst gebastelten Drahtgeige spielen und dazu singen. Damit weckte er mich jeden Morgen gegen 5.30 Uhr auf, wenn er seinen Wachdienst beendete. Leider war der große Garten um das Haus herum nur eine Wüste aus Unkraut und Steinen. Das bisschen Gras, das in der Regenzeit wuchs, war voller Zecken, die vor allem meinen beiden Hunden schadeten und zum Tod meines Zwergdackels Mingus führten, dem besten Wächter, den ich je hatte. Unser Gärtner versuchte sein Bestes, sodass wir wenigstens um das Haus herum immer etwas Blühendens hatten. Dafür erhielt ich Humuserde und Blumensamen von der staatlichen Gärtnerei.

Ich war sehr glücklich in diesem Haus, in dem mich viele Freunde regelmäßig besuchten. Auch hier richtete ich mir ein Arbeitszimmer ein, um manchmal an den Wochenenden in Ruhe an Entwürfen arbeiten zu können. Wenn ich zu Hause war und die Obstverkäuferin mit Orangen und Bananen auftauchte, sorgte Dackel Mingus für Aufregung.

Die Mammy trug einen großen flachen Emailleteller auf dem Kopf, auf dem sie das Obst kunstvoll zu einem großen Kegel arrangiert hatte. Mingus war offenbar ein Rassist der besonderen Art. Warum er gerade die Mammy nicht mochte, verstand ich nicht, denn Kofi und seine Familie liebte er innig und spielte häufig mit dessen Kindern, wenn ich bei der Arbeit war. Alle Besucher, egal ob schwarz oder weiß, begrüßte er, indem er sich auf den Rücken legte, um sich am Bauch kraulen zu lassen. Aber jeder Mensch, der am Zaun entlang auf der Straße friedlich seines Weges ging, wurde angeknurrt und verbellt. Ob Afrikaner oder Europäer spielte dabei keine Rolle. Sobald er die Orangen-Mammy hörte, drehte er vollkommen durch. Doch wenn er zur Tür rennen wollte, kam er auf dem von Kofi polierten Fußboden keinen Schritt voran. Für die kleinen Hundepfoten war der Boden einfach zu glatt. Aber allein das Knurren und Bellen reichte. Die Mammy kam erst gar nicht die Treppe zur Küche hinauf. Mingus musste eingesperrt werden, erst dann konnte das Obstgeschäft beginnen. Manchmal rief die Mammy uns schon vom Tor aus zu, wir sollten doch bitte zu ihr rauskommen. Der Hund sei ihr zu wild und gefährlich. Meine Erklärung, dass der Wilde mich doch nur beschützen wolle, beruhigte sie nicht.

1969 zog ich das letzte Mal in Accra um, diesmal in eine der oberen von insgesamt vier Wohnungen in einem neuen Siedlungshaus in der Nähe vom Flughafen. Ich hatte zwei deutsche Kollegen und einen ghanaischen Lehrer mit seiner Familie als Nachbarn. Zu dieser Unterkunft gehörte ein großer, bisher noch ungenutzter Garten, der uns Mieter zu „Selbstversorgern" machte. Wir verwandelten die Brache kurzerhand in einen Gemüsegarten, denn

zu der Zeit war die Versorgung mit frischem Gemüse in den Geschäften und auf den Märkten schon nicht mehr so, wie ich es zu Beginn erlebt hatte. Nach zwei Militärputschen und zunehmender Korruption hatte die wirtschaftliche Talfahrt im Land begonnen.

In dieser Wohnung waren das große Wohnzimmer mit Essecke und Balkon, die geräumige Küche, zwei Schlafzimmer und das Bad mit WC wieder purer Luxus für mich, vor allem durch das fast neue Mobiliar. Das zweite Schlafzimmer wurde zum Arbeitszimmer. Die dort von mir eingebaute Wand-Klimaanlage berieselte beide Räume perfekt mit kühler, trockener „Konservenluft". Das Grundstück war eingezäunt, und wir teilten uns den Nachtwächter,

der mich ein paarmal weckte, als „Katzenjäger" unsere Gegend unsicher machten. Den Fängern ist leider auch einer meiner Stubentiger, die arme Penelope, zum Opfer gefallen. Mein schwarzer Kater Kasimir, den ich eigentlich „Ulbricht" taufen wollte, wegen seines kleinen, schwarzen Kinnbarts im weißen Gesicht, blieb mir erhalten.

Diese Wohnung werde ich nie vergessen. Viel Liebe habe ich hier erlebt. Denn als es 1972 nach dem zweiten Umsturz durch das Militär kein Parlament mehr gab, zog mein ghanaischer Freund Christian zu mir, der seine letzten Juraprüfungen an der nahe gelegenen Universität in Legon ablegen musste, um seine Rechtsanwaltskanzlei in Accra eröffnen zu können.

Mein letztes Dach über dem Kopf in Ghana war ein Bungalow auf dem Universitätscampus, der acht Kilometer südlich von Kumasi liegt. Die Wohnviertel für die Mitglieder des Lehrkörpers waren beim Bau der Universität mitsamt der benötigten Infrastruktur (Straßen, Kanalisation, Beleuchtung usw.) mitten in die Reste eines ehemaligen Regenwaldes hineingebaut worden. So lebten wir in einem grünen Naturparadies. Ich hatte einige mächtige Bäume mit den typischen großen Brettwurzeln im leider sehr verwilderten Garten, die mein Dach beschatteten. Die Außenwände des Hauses waren vor meinem Einzug zwar weiß gestrichen worden. Jeder Regenfall bespritzte die Wände jedoch von unten mit Erde, was mich sofort dazu veranlasste, beide Giebelwände mit farbenkräftigen, bunten Blumen und Schmetterlingen großflächig zu bemalen. So fielen die Erdkleckse unten gar nicht mehr auf. Sie gehörten sozusagen mit ins Bild. Noch Jahrzehnte nach-

dem ich Ghana verlassen hatte, war der Bungalow wegen meiner „Kunstwerke“ eine beliebte Unterkunft auf dem Campus, da meine bunte Blumen- und Schmetterlingsdekoration nach jedem Übermalen immer wieder durch die wohl etwas „zu dünne“ Weißbemalung zum Vorschein kam. Ich war sehr glücklich in diesem Haus und habe es geliebt. Nr. 48, Okodee Road – so war die Adresse – wurde in den Jahren, in denen es oft drunter und drüber ging in Ghana, zum beliebten Treffpunkt für meine Studenten und viele meiner Freunde und Besucher auf dem Campus. Wegen des von mir sofort angelegten Gemüsegartens gab es allerdings anfänglich heftige Auseinandersetzungen mit der *„Parks and Gardens“* Abteilung der Uni. Zu der Zeit waren aber die Versorgung mit Lebensmitteln und die Auswirkungen der Stromausfälle – wenn kein Wasser mehr in die Hochtanks auf dem Campus gepumpt werden konnte – sowie die eingeschränkte Benzinversorgung schon so gravierend geworden, dass ich mich über jede, die Hausgärten betreffende Vorschrift einfach hinwegsetzte. Viele meiner Kolleginnen und Kollegen folgten danach meinem Beispiel.

Schlangenerlebnisse hatte ich in Kumasi viele. Wir hielten deshalb das Gras auf dem Rasen im Garten immer sehr kurz und suchten regelmäßig unter allen Sträuchern, Büschen und besonders im Gemüsegarten unter den Buschbohnen nach schlängelnden Besuchern. Und haben dennoch eine schwarze Kobra übersehen, die sich ein Ei meiner Hühner geholt hatte. Als diese Giftschlange das gleiche bei einem Nachbarn in seinem Hühnerstall versuchte, ereilte sie dort der Tod. Ich besaß vier braune Legehennen – Lotte, Lore, Lisa und Linda –, die mir ein Missionar

aus Bolgatanga bei seinem Besuch mitgebracht hatte. Sie waren für einige Jahre meine zuverlässigen Eierlieferanten. Der dazu gehörige Hahn Otto verschwand allerdings schon nach kurzer Zeit in irgendeinem fremden Kochtopf. Leider verlor ich in meinen letzten Jahren in Kumasi nach und nach auch meine Hennen, die einfach „weg waren", bis auf Lisa, die so allein nur noch vor sich hin kümmerte und schlussendlich in meinem Kochtopf landete. Schon vorher hatte ich meine beiden Kater Kasimir und Chippy „verloren", die wohl das gleiche Schicksal erleiden mussten wie mein Federvieh. Mein damaliger Gärtner wollte sofort auf detektivische „Spurensuche" gehen, doch ich vereinbarte mit meinem Hausgehilfen Yaro, dass wir die Sache nicht weiterverfolgen. Wozu auch? Die Lebensmittelversorgung war zu der Zeit auf einem Tiefstand angelangt. Für mich bedeutete der Verlust meiner Tiere allerdings das Ende jeglicher „Haustierhaltung".

Das aufregendste Erlebnis mit Schlangen war die Jagd auf zwei grüne Mambas. Da hatte sich, von uns unbemerkt, ein Schlangenpärchen bei uns und in der Nachbarschaft

eingenistet. Das Schlangenweibchen lebte auf einem der hochgewachsenen Palmölfruchtbäume im Garten. Yaro hatte die Schlange eines Tages dort entdeckt. Da wir die Fruchtballen der Palme regelmäßig ernteten, musste die Schlange weichen. Außerdem gingen wir oft unter dem Baum entlang, wenn wir im Garten waren. Ich hatte in Kumasi zwar immer Schlangenserum im Kühlschrank und auch gelernt, wie man es zusammen mit einem Antihistamin spritzen muss, wollte aber tunlichst vermeiden, dass einer meiner Hausgeister oder ich selbst gebissen wurde. Yaro bekämpfte die gefährliche Giftschlange fast eine Stunde lang mit einem kräftigen Stock, konnte sie aber erst töten, nachdem sie vom Baum heruntergesprungen war. Diese Schlangen können nämlich springen! Sie war über zwei Meter lang. Damit war das Problem aber noch nicht gelöst, denn jetzt mussten wir ihren „Partner" finden. Das gelang dann schließlich auf einem der Nachbargrundstücke. Außerdem hatten wir häufig Besuch von Vipern. Meistens waren das perfekt getarnte, sich langsam durch das Gras und über die Beete schlängelnde sogenannte Nachtottern (*night adders*). Deren Giftzähne sitzen nicht vorne, sondern hinten, sodass sie immer mit weit aufgerissenem Maul heftig zubeißen müssen. Wer von einer Viper gebissen wird, braucht sehr schnell ein Serum und sollte sich sofort ins Krankenhaus begeben. Ein Mal bin ich im Garten fast auf eine ein Meter lange, fette Viper getreten, die ich einfach nicht gesehen hatte, so perfekt war sie getarnt. Wir haben diese Schlangen immer getötet, weil überall in den Gärten bei uns Kinder spielten und herumtobten.

Ich habe mich in Ghana zu jeder Zeit sicher gefühlt. Korruption und Kriminalität begannen erst zuzunehmen, als

nach den vom Militär erzwungenen Regierungswechseln die wirtschaftliche Situation und begleitende Inflation kontinuierlich schlimmer wurden. Zu meinen Hausgehilfen kamen dann gezwungenermaßen auch Nachtwächter hinzu. Auf dem Campus hatten wir Dozenten nach mehreren Einbrüchen in die Wohnhäuser einen eigenen „Selbsthilfewachdienst", bestehend aus freiwilligen Männern des Universitätspersonals, organisiert. Ehe nämlich im akuten Fall die herbeigerufene Polizei eintraf, waren die bestens organisierten Kriminellen schon längst verschwunden. Von unserem Wachdienst patrouillierten immer drei Männer zusammen. Ihr „Dienst in der Nacht" war ehrenamtlich. Sie benutzten Fahrräder für ihre Runden, hatten starke Taschenlampen und waren mit Handschellen und Knüppeln ausgerüstet. Es waren auch deutsche Kollegen aus anderen Fakultäten darunter. Die nächtlichen Einbrüche ließen tatsächlich nach. Denn unsere Kollegen hatten ein paar Diebe auf frischer Tat ertappt und gefangen gehalten, bis die Polizei erschien und sie mitnahm. In Kumasi bewachte außerdem eine harmlose große, dunkelbraune westafrikanische Hausschlange meine Bleibe. Kurz nach meinem Einzug in den Bungalow hatte ich sie entdeckt. Erst wusste ich nicht, mit „wem" ich es da zu tun hatte, schlug aber in meinem schlauen Schlangenbuch nach und fand sie dort auch verzeichnet. Sie besaß eine typisch helle, gelbliche Markierung am Kopf. Die Schlange hatte ihr Quartier in der Garage hinter einem dort befindlichen Regal und sorgte dafür, dass Haus und Garten ratten- und mäusefrei waren. Da sie anscheinend nachtaktiv war, haben wir sie nie irgendwo tagsüber gesehen. Meine Hausgehilfen hatte ich über ihre Gegenwart aufgeklärt

und ihnen verboten, sie zu töten; denn ich wusste nun, dass diese Schlangenart völlig harmlos und zusätzlich sehr nützlich war. Vor meinem Auszug fing ich sie vorsichtig ein und übergab sie dem Zoo in Kumasi. Die Nachbarn auf dem Campus waren natürlich durch meine „Hausgeister" von dem Garagenbewohner in Kenntnis gesetzt worden, hatten ihnen aber nicht geglaubt, sondern nur den Kopf geschüttelt. Sie hielten mich ohnehin für leicht meschugge wegen meiner immer wieder zum Ausdruck gebrachten Naturliebe. Nicht nur mein Garten war voller Blumen, auch viele große Tontöpfe mit blühenden Pflanzen aller Arten sorgten auf der Veranda, zusammen mit den bemalten Giebelwänden des Hauses, für eine Farbenpracht in der wunderschönen uns umgebenden Natur, die ich nun mal liebte und daher für mein Leben brauchte. Jedenfalls hat mir unsere „Hausschlange" bestimmt geholfen. Bei mir wurde nie eingebrochen.

Das ist die Geschichte der sechs verschiedenen Dächer, unter denen ich in meiner zweiten Heimat ein Zuhause gefunden habe. Wie aber wohnten die Ghanaer?

Zu meiner Zeit gab es in Ghana keine kommunalen Wohnungsbauverwaltungen oder Wohnungsbaugenossenschaften, so wie wir sie aus Deutschland kennen. Landbesitz und Landnutzung wurden durch ein komplexes System geregelt. Darin vermischten sich die traditionellen Rechte auf Land mit den ehemaligen kolonialen Rechtsnormen sowie den Gesetzen und verfassungsrechtlichen Grundlagen seit der Unabhängigkeit. Ungefähr 20 Prozent der Landfläche Ghanas sind Staatsland. Der überwiegende Teil des Landes, über 70 Prozent, gehört der Gemeinde und wird auch heute noch von den lokalen

Häuptlingen verwaltet. Zum Erwerb von Land werden Verhandlungen mit dem Staat oder den traditionellen Chiefs geführt. Ghanaer erwerben die Nutzungsrechte von Land über 99 Jahre. Ausländer dürfen Land nur für 50 Jahre pachten. Zu meiner Zeit erwarben vor Ort angesiedelte Unternehmen und Firmen sowie alle ausländischen Gesellschaften, Stiftungen und dergleichen auf diese Weise vor allem Bauland, auf dem sie Unterkünfte für ihre Mitarbeiter errichteten. Da Ghana schon vor der Unabhängigkeit über eine gut dotierte Mittelschicht verfügte, gab es bereits in fast allen Städten von Ghanaern erbaute Eigenheime, in denen nicht nur die Familie des Eigentümers wohnte. Es handelte sich dabei meistens um sogenannte *courtyardhouses*. Das sind Häuser mit vielen Räumen, die um einen quadratischen Innenhof angelegt wurden. Der Hausbesitzer hatte so auch die Möglichkeit, Wohnraum zu vermieten.

Verzierungen an einem Kusase-Hof in Nordghana

Illegale Ansiedlungen wie in Nigeria oder Kenia gab es in Ghana nicht. Aber die Zuwanderung vom Land in die größeren Städte hatte nach der Unabhängigkeit drastisch zugenommen. In Nima, dem ärmsten Stadtviertel Accras, gab es in den meisten der einfachen Hütten und Häuser kein fließendes Wasser. Die Abwassersituation war kritisch und die Versorgung mit Elektrizität unzuverlässig. Menschen aus unterschiedlichen Ethnien und Religionen lebten dort aber friedlich zusammen, und trotz der widrigen Umstände wurde ich auch hier, wie überall im Land, mit Gastfreundschaft empfangen. Nima war schon damals so etwas wie ein eigener Kosmos in Accra. Im Vergleich zu den Slums in Lagos und Nairobi herrschten in diesem Viertel trotz aller Armut bessere Verhältnisse. Die durch illegale Ansiedlungen hervorgerufenen großen Probleme in den Vororten nahe der Mülldeponien, vor allem durch die Bestandteiltrennung von importiertem Elektroschrott aus Europa, entstanden erst viel später.

MEINE GUTEN HAUSGEISTER

Friede am Herd deiner Hütte
wiegt die Feindschaft der Welt auf
(Sprichwort aus Ägypten)

Ich war zwar die „Hausherrin" und bestimmte, was sich in meinen vier Wänden abspielen sollte. Aber alle Helfer, die zu meinem Haushalt in Ghana gehörten, waren meine Familie. Wir hielten zusammen. Sie halfen mir, und ich unterstützte sie, wo immer ich konnte. Denn sie alle trugen zum Frieden am Herd in meinen Hütten bei.

Samson

Zuerst trat Samson als Hausgehilfe in mein Leben. Unser damaliger britischer Chefarchitekt hat ihn mir gleich an meinem Ankunftstag in Accra im Büro empfohlen. Er hatte den Haushalt eines Freundes von ihm geführt, der in ein anderes afrikanisches Land versetzt worden war. Samson war ein junger Ashanti-Mann, noch unverheiratet und mit ausgezeichneten Referenzen. Er zog sofort in sein Quartier neben unserem Haus ein. Hausgehilfen wie ihn bezeichnet man in Ghana als *Cook-Stewards*. Sie kochen, waschen die Wäsche und kümmern sich um das leibliche Wohl ihrer „Herrschaft" und den guten Zustand der Wohnung. Samson war zwar „englisch ausgebildet", lernte aber sehr schnell einige deutsche Gerichte von mir dazu. Und

außerdem richtiges Kaffeekochen. Der Engländer vor mir hatte wohl immer nur Tee getrunken. Bei mir gab es auch keinen *early morning tea* um 5.30 Uhr zum Aufwärmen, sondern zur gleichen Zeit einen „Aufweckkaffee“. Samson stellte sich schnell auf meine Ess- und andere Gewohnheiten um. Da ich einen solchen Bediensteten noch nie in meinem Leben gehabt hatte, empfand ich ihn als Geschenk des Himmels. Wir kamen sehr gut miteinander aus. Als ich zwei Jahre später nach Tamale versetzt wurde, zog er mit mir um. Wahrscheinlich hatte er auch noch nie eine Person wie mich kennengelernt, die nach kurzer Zeit sogar anfing, die Wohnzimmerwände mit anderen Farben als dem üblichen Weiß zu bemalen. Als das geschah, trommelte er alle Hausgehilfen der Nachbarschaft zusammen, um mich gemeinsam mit ihnen bei meiner Dekorationsarbeit zu bestaunen.

Nach einem Leistenbruch wurde er im Krankenhaus in Tamale operiert, und als er wiederhergestellt war, wollte er nicht mehr weiterarbeiten, sondern zu seiner Familie ins Ashanti-Land zurückkehren. So musste ich mich leider von ihm trennen.

Atinga

Sein Nachfolger wurde Atinga, ein junger Frafra aus Bolgatanga, der mir schon ausgeholfen hatte, als Samson im Krankenhaus lag. Das hatte unser Gärtner Awuni organisiert, der nach unserer Ankunft in Tamale sogleich mit dem Anlegen eines Gemüsegartens begonnen hatte. Gegenüber von unserem Haus befand sich die große Villa des Regionalchefs. In der Rangordnung wäre dieser vergleichbar

mit einem Ministerpräsidenten unserer deutschen Bundesländer. Sein Grundstück war zwar umgeben von hohen Mauern, aber die Puten des hohen Herrn hatten wohl ein Loch darin gefunden. Sie liefen frei umher. Wir mussten ihnen alsbald den Krieg erklären. Denn sie hielten den von Awuni angebauten Salat und Spinat im Gemüsegarten vermutlich für eine extra für sie eingerichtete Futterstelle. Zu der Zeit gab es in Tamale noch keine Zäune um die „normalen" Grundstücke, sodass wir alle möglichen zwei- und vierbeinigen Besucher hatten. Atinga war ein lustiger und sehr fleißiger Geselle, der auch sehr gut kochen konnte. Er präsentierte mir hin und wieder einen toten Truthahn mit der Erklärung, dieser sei von wildernden Hunden gerissen worden. Er hätte ihn im Garten gefunden, nachdem er die Hunde verjagt habe. Ich habe seine Darstellungen immer akzeptiert und den Putenbraten, den er dann sehr lecker zubereitete, mit Gusto verspeist, in der Hoffnung, dass der Herr Minister seine Truthähne nicht zählte und misstrauisch wurde. Atinga und Gärtner Awuni teilten sich die Reste vom jeweiligen *corpus delicti.*

In Tamale hatte ich schon nach kurzer Zeit einen großen Freundeskreis, denn im dortigen Poloklub startete ich meine ersten Poloversuche auf dem Pferd. Ich beschloss, diesen Sport nach meiner Rückkehr in Accra weiterzubetreiben. Bis dahin hatten meine sportlichen Aktivitäten aus Tennisspielen und Surfen und Schwimmen im Meer bestanden.

Mit meinem ersten Urlaubsbeginn endete der Tamale-Aufenthalt. Mein gegenwärtiger Vertrag war um die dreifache Dauer des ersten Arbeitsvertrages verlängert worden. Mir wurde erklärt, dass man mich in der Zentrale in Accra

haben wolle und nicht mehr im „Busch“. In der Zwischenzeit hatte ein ghanaischer Chefarchitekt unsere Führung übernommen. Der war entsetzt, als er erfuhr, dass ich sehr zufrieden und total glücklich im Norden seines Landes arbeitete. Zu meinem Leidwesen veranlasste er meine sofortige Rückkehr nach Accra. Atinga wollte mich nicht in die Hauptstadt begleiten. Er meinte, im Süden würden die Menschen auf einen wie ihn herabsehen, vor allem, wenn der die typischen Gesichtsmarkierungen trug, wie das bei vielen Ethnien in Nordghana noch der Fall war. Sie würden ihn schlecht und respektlos behandeln. Womit er nicht Unrecht hatte. Ich habe selbst miterlebt, wie abfällig sogar gebildete Ghanaer über den Norden ihres Landes und seine Menschen redeten, obwohl sie selbst noch nie dort gewesen waren. Der Norden war „Busch“. Und dieser Ausdruck bedeutete im damaligen Ghana „primitiv“, was ich nie verstanden habe, denn ich habe den Norden schon nach kurzer Zeit geliebt. Ich konnte Atinga im Freundeskreis in Tamale gut vermitteln. Awuni erntete noch das restliche Gemüse im Garten. Auch er hatte einen neuen Job bei Freunden von mir gefunden. Dann kehrte ich nach Accra zurück.

Kofi

Nach meinem Urlaub und dem Umzug nach Accra konnte ich Kofi, einen älteren Ashanti, von einem deutschen Geschäftsmann, der Ghana verließ, übernehmen. Mein neuer Hausgehilfe kam, wie zuvor bereits Samson, mit guten Referenzen zu mir. Er übernahm mich und meinen Haushalt mit großer Gelassenheit und Souveränität.

Wir verstanden uns von Anfang an sehr gut. Kofi war ein hervorragender Koch, und ich bemühte mich darum, dass wir immer genügend Vorräte im Haus hatten, um Besucher bewirten zu können. Seine Frau bereitete den besten „Fufu mit Soup“ zu, den ich je in Ghana gegessen habe. Sie brachte mir auch das *Oware*-Spiel bei. Oder besser gesagt, sie versuchte es. Denn ich habe das Spiel nie verstanden und wurde immer geschlagen. Oware ist das am weitesten verbreitete Spiel für zwei Personen und das Nationalspiel in Ghana. Es ist ein abstraktes Strategiespiel und wird mit nur kleinen Abweichungen in ganz Westafrika gespielt. Normalerweise benutzt man dafür ein sehr schön geschnitztes Brett aus Tropenhartholz und die Samen der

Molukken Bohne. Man kann aber auch ohne Brett auf passendem Boden spielen, in kleinen ausgegrabenen Kuhlen und mit runden Kieselsteinen. Das Spielbrett hat zwei Reihen mit je sechs Mulden, in denen sich bei Spielbeginn jeweils vier Steine oder Bohnen befinden. Ziel ist es, dem Gegner anhand verschiedener Zählarten im oder gegen den Uhrzeigersinn so viele Steine wie möglich abzunehmen, ohne eigene Steine zu verlieren.

Wie kompetent Kofi mit einer großen Besucherzahl umgehen konnte, bewies er an einem „Schnapszahl-Geburtstag" von mir. 1965 wurde ich dreiunddreißig Jahre alt und wohnte da schon in meiner dritten Unterkunft in Accra. Diese mir unvergessen gebliebene Feier wurde meine größte und schönste Party in Ghana. Ich beging den Tag zusammen mit 55 Gästen in meiner alten kleinen Kolonialvilla. Alle ghanaischen und internationalen Freunde sowie Kolleginnen und Kollegen aus dem Büro drängten sich erst im Zelt draußen auf der Tanzfläche, dann später im Haus. Kofi hatte sein Bestes gegeben mit dem Anrichten endlos vieler kalter Platten. Eingeladen wurde zu „um 19 Uhr". Die letzten Gäste trudelten gegen 22 Uhr ein. Vom Büro hatte ich das Zelt mit Tanzfläche ausleihen können sowie Tische, Stühle und Girlanden voller bunter Glühbirnen für die Bäume im Garten. Musik und Trommeln gab es jede Menge. Dann überraschte uns mitten in der Nacht ein gewaltiges Gewitter mit wolkenbruchartigem Regen. Was für ein gutes Omen in Afrika für das neue Lebensjahr! Das Zelt hatte aber ein ziemlich löchriges Dach, und nun regnete es nicht nur draußen, sondern auch im Zelt. Wir zogen um ins Haus, wo wir dichtgedrängt den Rest der Fete genossen, bei Highlife – Ghanas bester

Tanzmusik – und Bier, das von einem Schweizer Freund, der für die Club Bier Brauerei in Accra arbeitete, auf dem Balkon ausgeschenkt wurde. Das Gedrängel, Gewusel und die schöne „Schwarz und Weiß Mischung" sowie die überschäumende und total fröhliche Stimmung waren umwerfend! Frühmorgens um 3 Uhr verließen uns die letzten Gäste. Kofi räumte noch mit mir zusammen auf. Unser Nachtwächter Bukari begleitete uns dabei auf seiner Geige und sang ein Ständchen dazu. Eine derart unbeschwerte Geburtstagsfeier im Kreise von Freunden und voller Liebe, Freude und Frohsinn habe ich nie wieder erlebt.

Als ich 1974 aus dem Heimaturlaub zurückkehrte, erfuhr ich von Christian gleich im Auto auf der Fahrt zur Wohnung, dass Kofi krank sei. Erst vor meinem Urlaub hatte sich Kofis Familie vergrößert, sein fünftes Kind war zur Welt gekommen. Kofi hatte da schon eine ganze Zeit lang gehustet, aber ich dachte, es sei nur eine schwere Erkältung. Christian hatte ihn, als der Husten immer schlimmer wurde, ins Krankenhaus gebracht, wo festgestellt wurde, dass Kofi TBC hatte. Nun mussten wir alle, die mit ihm in Verbindung gestanden hatten, zum Röntgen und zur Untersuchung. Das betraf jeden Hausangestellten, Kofis Familie und die Mitbewohner in meiner letzten Accra-Bleibe. Glücklicherweise hatte sich niemand angesteckt. Kofi wurde lange im Krankenhaus in Kumasi behandelt und völlig wiederhergestellt. Er war elf Jahre bei mir gewesen. Ich konnte dem ältesten Sohn nach dem Mittelschulabschluss eine Lehrstelle als Buchhalter vermitteln und die anderen Kinder noch so lange unterstützen, bis sie die Schule beendet hatten.

Yaro

Mein letzter Hausgehilfe war ein junger, sehr hilfsbereiter und hart arbeitender Nordghanaer. Yaro kam aus Bongo, einem Ort in der Nähe der Regionalhauptstadt Bolgatanga und blieb bis zum Ende meiner Ghana-Zeit bei mir. Er war ein frommer Moslem und mietete ein kleines Haus in einem Dorf an der Hauptstraße nach Kumasi direkt gegenüber vom Eingang zur Universität. Zur Arbeit kam er jeden Morgen kurz vor 6 Uhr auf dem Fahrrad und verließ mich nach dem Abendbrot. Nur wenn ich Gäste hatte, blieb er so lange, bis die sich verabschiedet hatten, und erledigte den Abwasch und die Aufräumarbeiten. Als mein Abschied aus Ghana bevorstand, war seine Familie auf vier Kinder angewachsen. Yaro und ich hatten so etwas wie ein „Mutter-Sohn"-Verhältnis. Es herrschte absolutes Vertrauen zwischen uns. Er gehörte zur Ethnie der Frafras. Wir haben uns oft über den Norden Ghanas unterhalten und über meine Recherchen, die ich bei jedem Besuch in den Nordregionen über die Lehmarchitektur anstellte. Mit seiner ruhigen und höflichen Art war er in der ganzen Nachbarschaft und bei all meinen Besuchern sehr beliebt. Adakura, Yaros jüngerer und behinderter Bruder, wurde unser Gärtner. Er war sehr glücklich, bei mir arbeiten zu können, kam jedoch nur stundenweise, weil bei ihm alles nur ganz langsam ging. Aber er versorgte den Garten hervorragend, auch meine aus Accra mitgebrachten Orchideen, die hier in der Waldzone der feuchten Tropen besonders gut gediehen. Ich hatte ihm nur beibringen müssen, die Blumensamen auf den Beeten nicht schnurgerade auszusäen, sondern eher „wild" durcheinander. Es dauerte ein bisschen, bis er das verstand und es umsetzen konnte.

Yaro hat gemeinsam mit mir nach den letzten beiden Militärputschen meine härtesten Jahre in Ghana miterlebt. Was wir „organisieren“ konnten, wurde geteilt. Auf dem Campus gab es den *Staff Club* (Personalklub). Dort wurden Lebensmittel wie Kondensmilch, Tee, Zucker, Mehl, Reis, Dosenfisch, Margarine, Öl, Seife und Waschpulver (vieles davon schon in Ghana hergestellt) rationiert einmal im Monat verteilt, auch Bier. Das geschah mit Hilfe selbst fabrizierter „Lebensmittelkarten“, die abgestempelt wurden, ähnlich wie nach dem Zweiten Weltkrieg zu Hause. Alle Dozenten halfen ehrenamtlich mit bei der gerechten Verteilung. Mittlerweile lebten wir in einer Mangelwirtschaft und mussten uns bei vielem sehr einschränken. Mit der finanziellen Unterstützung aus der Bundesrepublik

hatte ich meinen ghanaischen Kollegen gegenüber jedoch einen großen Vorteil und konnte, wenn es genügend Benzin gab, hin und wieder entweder nach Lomé in Togo oder Ougadougou in Obervolta (dem späteren Burkina Faso) fahren und mich mit Lebensmitteln und anderen Gütern, die ich dringend brauchte, eindecken. Diese Möglichkeit hatten meine ghanaischen Freunde nur, wenn sie über „harte“ Währung verfügten. Die Ghana-Währung konnte man nicht mehr umtauschen. Als mein Abschied aus Ghana bevorstand, überließ ich Yaro meine gesamte, zu einer beachtlichen Summe angewachsene Gratifikation, die ich nicht mehr in D-Mark umwechseln konnte. Nach meiner Abreise ging er zurück in den Norden, kaufte sich in der Nähe von Bongo Land und wurde Bauer. Einige Jahre lang erhielt ich über meinem Freund Christian Nachrichten von ihm. Mit dessen Tod 1985 brach leider auch der Kontakt zu Yaro ab.

SCHWARZ UND WEISS, FREUNDE UND DIE LIEBE

Liebe ist wie ein Regenschauer, der sanft fällt,
aber einen Strom zum Überfließen bringen kann
(Sprichwort aus Ghana)

Wenn man weit gehen will, sollte man nicht allein gehen. Viele Freunde gehörten daher von Anbeginn zu meinem Leben in Ghana. Auch solche, die mich nur für eine zeitlich begrenzte Wegesstrecke als Gefährte begleitet haben. Wir haben uns geliebt und sind als gute Freunde unsere eigenen Wege weitergegangen.

Ut omnes unum sint – „Dass alle eins sein mögen". Diese Worte aus dem Johannes Evangelium verbunden mit dem Klaviertasten-Logo der Eliteschule von Achimota, die nicht nur viele ghanaische Präsidenten, sondern auch einige afrikanische Staatsoberhäupter besucht haben, weisen auf die Verbindung von Schwarz und Weiß hin. Die Schule wurde 1924 von Sir Frederick Gordon Guggisberg, dem damaligen Gouverneur der britischen Kolonie Goldküste, gegründet. Schwarze und Nichtafrikaner, Jungen und Mädchen sollten hier gemeinsam zur Schule gehen. Das war in den Zwanzigerjahren eine ziemlich dreiste Vorstellung. Aber die Schulgründer setzten sich durch und erschufen für ganz Westafrika ein Modell für die gemeinsame schulische Bildung von Afrikanern und Weißen, die

so mit beiden Kulturen, der afrikanischen und der europäischen, vertraut gemacht wurden. Dr. James Aggrey, einer der britischen Gründer, sagte über das Klaviertastenlogo: „Man kann mit den schwarzen Tasten allein eine Art Musik hervorbringen und auch allein mit den weißen Tasten, aber für eine perfekte Harmonie muss man die schwarzen und weißen Tasten zusammen spielen".

Ich kam aus einer anderen Kultur. Natürlich war mir anfänglich vieles fremd in Ghana. Aber die in Achimota vor so vielen Jahren gelegte Saat war aufgegangen und hatte für Menschen aus anderen Kulturkreisen in diesem westafrikanischen Land eine Willkommenskultur entstehen lassen, die mir eine völlige Integration in die ghanaische Gesellschaft ermöglicht hat. Dazu kam die sprichwörtliche Gastfreundschaft der Ghanaer, so wie ich sie aus meiner eigenen Heimat nicht kannte. Selbst die Ärmsten in den Städten und die einfachsten Subsistenzbauern in Ghanas ländlichen Gegenden empfingen mich als Gast, wenn ich unterwegs eine Panne hatte und Hilfe brauchte, was öfters geschah, und teilten ihr mageres tägliches Brot mit mir. Ich bin als „Nichtafrikanerin" und auch als Frau nie diskriminiert worden und hatte immer einen großen Freundeskreis. Diese verbindende Art im Zusammenleben von Menschen unterschiedlicher Herkunft und Rasse habe ich nur in Ghana erlebt, wenn ich das mit meinen Erfahrungen vergleiche, die ich später in anderen afrikanischen Ländern gemacht habe. Es gab zwar auch schon zu meiner Zeit einige ethnische Auseinandersetzungen, bei denen es

meistens um Partei- oder Religionszugehörigkeiten oder um Landfragen ging. Aber es gab keinen Rassismus. Es gab sehr glückliche, aber auch unglückliche Mischehen. Die meisten der inzwischen erwachsenen Kinder aus solchen Ehen, die ich kennengelernt habe, sind in beiden Kulturen ihrer Eltern zu Hause, ob Fußballer, Professoren, Ärzte, Bierbrauer, Restaurantbesitzer, Lehrer, Politiker, Architekten oder andere.

Als der Ghanaer Christian in mein Leben trat, saß ich am Zeichentisch in meinem Büro in Accra und hatte nur noch einige Striche zu ziehen im Skizzenentwurf für die Erweiterungen und Umbauten des Parlaments. Mein Chef rief mich an und legte nach den Worten „Ein Besucher ist auf dem Weg zu dir" gleich wieder auf. Er wusste, dass ich bei Terminarbeiten nicht gestört werden wollte und schon gar nicht bei diesem Entwurf, der noch am Abend dem damaligen Regierungschef zum „Absegnen" vorgelegt werden sollte. Da stand der angekündigte Besucher schon neben mir am Zeichentisch und stellte sich vor. Er sei der *Clerk of the National Assembly,* die rechte Hand des *Speakers* – in England der Präsident des Unterhauses – in unserem deutschen Parlament dem Bundestagspräsidenten ähnlich. Der „Clerk" ist Vertreter des „Speakers" und zugleich Protokollchef. Er würde sich die Entwürfe gerne ansehen, erklärte Christian. Ich betrachtete ihn mir etwas genauer, während er mich durch seine starken Brillegläser mit warmen braunen Augen fixierte, die von lauter kleinen Lachfältchen umgeben waren. Er hatte große, weiche Hände mit den für Afrikaner typischen helleren Innenflächen. Auch seine Stimme war weich und sehr angenehm. Ich bat ihn zu war-

ten, bis ich die letzten Striche gezogen hätte. Das tat er und sah mir geduldig dabei zu. Dann erklärte ich ihm den Entwurf. Von da an trafen wir uns täglich. Nicht alles lief in dem Projekt so, wie ich es erwartet hatte. Bis alle Unstimmigkeiten mit vielen der Parlamentarier, besonders aber mit den künftigen Ministern, aus dem Weg geräumt waren, die mich mit laufenden Sonderwünschen nervten und für unnötige Unterbrechungen sorgten, gab es Tage, an denen ich am liebsten alles hingeworfen hätte. Jetzt verstand ich auch, warum sich keiner meiner ghanaischen Kollegen an dem Projekt beteiligen wollte. An einem solchen Tag, an dem aber auch gar nichts ausgerichtet werden konnte, weil ein heilloses Durcheinander herrschte in den zuständigen Regierungsstellen und ich von einem zum anderen „Zuständigen" geschickt wurde für eine einzige notwendige Unterschrift, war ich kurz davor zusammenzubrechen. In diesem Augenblick nahm mich Christian einfach in den Arm und ließ mich nicht mehr los, bis ich mich beruhigt hatte. Dass wir bei einer dieser liebevollen Umarmungen eins wurden, war für uns beide ganz natürlich. Unsere Verbindung beruhte von Anfang an auf einer sehr tiefen Zuneigung, gegenseitigem Vertrauen und Verständnis für einander. Aber jeder von uns lebte sein eigenes Leben weiter. Wir waren sehr glücklich, wenn wir zusammen sein konnten, und blieben auch in fester Freundschaft miteinander verbunden, als unsere Wege auseinandergingen.

Ich war nach Kumasi umgezogen. Christian leitete seine Kanzlei in Accra.

Obwohl er einen dänischen Großvater hatte, war mein Freund durch und durch Afrikaner. Nur manchmal, wenn er in seiner offiziellen Funktion *overseas,* also im Ausland, unterwegs war, beurteilte er die Entwicklung in Ghana danach sehr kritisch. Er hatte immer großes Verständnis gehabt für die notwendigen Veränderungen, die sich das Militär nach jedem Putsch vorgenommen hatte. Nach kurzer Zeit bereicherten sich jedoch viele der Offiziere genauso hemmungslos wie die Regierenden davor, die sie gestürzt hatten. Auf dem Rückflug einer seiner Dienstreisen besuchte mich Christian im Solling, der Heimat meines Vaters, als ich dort im Urlaub war. In die DDR wollte er nicht mitkommen. Er lehnte den Sozialismus ab, in dem sich die führenden Genossen bereicherten und ihre Pfründe sicherten, während das Volk außen vor blieb, so begründete er sein Verhalten.

Nach dem letzten Umsturz 1981/1982 gab es unter einigen jungen Offizieren und Soldaten der ghanaischen Armee eine Art Gegenbewegung. Sie wollten einen „maoistischen“ Sozialismus in Ghana einführen. Die Gesellschaft sollte von der reaktionären Intelligenz gesäubert werden. Fünf der höchsten Richter Ghanas wurden umgebracht, darunter eine sehr beliebte und respektierte Richterin am Obersten Gericht in Accra. Die Bevölkerung war entsetzt. Nach der Beerdigung der Richterin demonstrierten Tausende in den Straßen von Accra. Glücklicherweise konnte die regierende Militärjunta die „Gegenrevolution“ beenden, bevor Schlimmeres geschah. Mit den Tätern wurde kurzer Prozess gemacht. Aber auch Christian hatte

Todesdrohungen erhalten. Er war zu der Zeit Geschäftsführer der Rechtsanwaltskammer in Ghana und floh nach dem Richtermord sofort nach Nigeria. Dort erhielt er eine Professur an einer der westnigerianischen Universitäten und lehrte fortan Jura. Ich hatte in den ersten Jahren nach meiner Heimkehr aus Ghana regelmäßigen Briefkontakt zu ihm. Wir haben uns jedoch nie wiedergesehen. Nachdem er erkrankt aus Nigeria nach Ghana zurückgekehrt war, ist er 1985 verstorben. Erst einige Jahre später konnte ich anlässlich einer Dienstreise nach Ghana an seinem Grab Abschied von ihm nehmen.

Seit Mitte 1979 hatte das Land wieder eine gewählte Regierung. Die dritte Republik hatte die Militärjunta unter der Leitung von Jerry Rawlings abgelöst und wurde von Staatspräsident Hilla Limann, einem Nordghanaer, geführt.

Die Universitäten waren noch geschlossen. Die Studenten sorgten in den Banken für Ordnung beim Umtausch des Geldes. Von einer sofort vorgenommenen Währungsreform mit neuem Geld erhoffte sich die Regierung eine Besserung der wirtschaftlichen Situation im Land. Ich lehrte bereits an der Universität in Kumasi und war außerdem Sekretärin der *University Teachers Association of Ghana – UTAG* (Lehrkörpervereinigung der ghanaischen Universitäten) geworden. Nach längeren Verhandlungen mit der neuen Regierung gelang es uns Anfang 1980, Gehaltserhöhungen für die Mitglieder des Lehrkörpers durchzusetzen. Im Land war bis dahin der absolute Tiefpunkt erreicht mit einer enormen Inflationsrate. Benzin gab es nur unregelmäßig und wurde rationiert, was zu langen

Autoschlangen an den Tankstellen führte. Es gab keine Ersatzteile für Pumpen, Motoren, Lastwagen und Busse. Die meisten Straßen waren mittlerweile in einem jammernswerten Zustand. Fast die gesamte Infrastruktur war „im Eimer", ständig legten Stromausfälle alles lahm. Läden, Märkte und Lager waren leer. Wohin waren all die nach Ghana importierten und im Land produzierten Güter verschwunden? Von der neuen Regierung wurden nun Wunder erwartet. Für eine kurze Zeit trat auch tatsächlich langsam eine Verbesserung der Verhältnisse ein. 1980, zwei Jahre bevor ich Ghana verließ, kreuzten sich meine Wege mit denen von Nelson, einem Ewe aus dem Osten Ghanas.

An der Universität bereiteten wir unsere Vorlesungen und Studioarbeiten vor. Im August 1980 planten wir ein Entwurfsseminar während der langen Semesterferien in Ho, der Regionalhauptstadt der Volta Region, und in einem Bergdorf in der Nähe. Ich sollte die Arbeiten im

Dorf leiten. Bei der gesamten Organisation wurden wir besonders vom neuen Regionalminister unterstützt. Nelson, der neue „Landesfürst“, stammte aus der Region. Er war Jurist mit eigener Kanzlei, der sich am Kampf der Regierung gegen Armut und Korruption, Zügellosigkeit und Unehrlichkeit beteiligen wollte. Ich lernte ihn bei der Präsentation unserer Seminarpläne kennen. Er war sehr an unserer Arbeit interessiert und half uns, wo er nur konnte. Außerdem bat er mich, Mitglied in einem von ihm gegründeten Beratungsgremium für die Entwicklung der Volta Region zu werden. So könnte ich auch ihm helfen. Wir wurden gute Freunde. Wann immer ich nun nach Ho zu den wöchentlichen Treffen kam, wurde ich im Gästehaus der Regierung untergebracht und versorgt. Wir führten oft nächtelang Gespräche über die Entwicklung in Ghana. Dabei vertraute Nelson mir seine Sorgen um die Zukunft des Landes an. Meine sonst immer praktizierte Neutralität und das Nichteinmischen hatte ich nach dem zweiten Umsturz durch das Militär und vor allem nach Beginn meiner Tätigkeit an der Universität in Kumasi schon aufgegeben. Ich nahm inzwischen regen Anteil am politischen Geschehen, insbesondere an den Reaktionen darauf auf dem Campus. Nelson war genau der richtige Freund, mit dem auch ich meine Bedenken über die Zukunft Ghanas teilen konnte. Nach einer Kabinettsumbildung übernahm er das Landwirtschaftsministerium und stürzte sich voller Tatendrang in die damit verbundenen neuen Herausforderungen. Er wurde ein sehr guter Minister. Von nun an sahen wir uns allerdings seltener.

Die materielle Situation der Ghanaer verbesserte sich leider nicht wie zunächst erhofft. Die Transportmisere

wurde nicht behoben, es gab keine Lieferungen von dringend benötigten Lebensmitteln und Konsumgütern. Wichtige Rohstoffe für die Industrie fehlten und landwirtschaftliche Erträge gelangten nicht auf die Märkte. Die von der Armee nach dem Rücktritt der Junta 1979 erwartete „gute Regierung“ agierte eher hilflos. Die Bereicherung einiger Regierungsmitglieder begann erneut. Als die Bevölkerung wieder mit Demonstrationen begann, stürzte Jerry Rawlings zusammen mit seinen Getreuen die Regierung von Präsident Limann in der Silvesternacht von 1981 auf 1982 in einem sehr blutigen Putsch und begann danach sofort mit eisernem Besen „auszumisten“. Alle Regierungsmitglieder mussten sich zu einem vorgegebenen Termin einfinden mit einer Liste ihrer Einkünfte und Besitztümer. Während andere versuchten, in den Nachbarländern unterzutauchen, meldete sich Nelson sofort. Er verbrachte danach eine längere Zeit im Gefängnis. Es konnten ihm aber weder Korruption noch Bereicherung nachgewiesen werden. Nachdem ich Ghana schon verlassen hatte, kam er endlich wieder auf freien Fuß und ging von da an seiner Tätigkeit als Rechtsanwalt nach. Er war einige Jahre lang Rechtsberater unserer Botschaft in Accra. Auch bei meinen späteren Dienstreisen nach Ghana haben wir uns nicht wiedergesehen. Wenn ich nach Ghana kam, war er unterwegs. Es gab kein Treffen mehr mit Nelson, meinem Freund aus der Volta Region. Er ist 2016 gestorben.

UNTERWEGS AUF ZWEI UND VIER RÄDERN

Nur im Vorwärtsgang
gelangt man ans Ende der Reise
(Sprichwort aus Namibia)

Um in Ghana vorwärts zu kommen, brauchte ich nicht nur meine Füße, sondern auch zuverlässige Fahrzeuge. Das waren verschiedene Autos, ein Fahrrad und ein Mofa. Ich habe gelernt, mit ihnen umzugehen, sie zu hegen und zu pflegen, damit sie mich immer dorthin brachten, wohin ich wollte – ans Ende meiner Reisen.

Während meiner 22 Ghana-Jahre sorgten insgesamt fünf verschiedene Autos für meine Mobilität. Ich hatte keine wie auch immer geartete „innige" Beziehung zu meinen Fahrzeugen. Es waren für mich lediglich Vehikel, die mir meinen „Vorwärtsgang" sicherten. Dass sie dies auch immer taten, dafür sorgte ich, indem ich in den Jahren des wirtschaftlichen Niedergangs in Ghana benötigte Ersatzteile für meine fahrbaren Untersätze aus den Nachbarländern oder von zu Hause beschaffte. Und deren korrekten Einbau auch selber kontrollierte oder sogar den Mechanikern bei der Arbeit half, die wir häufig an Wochenenden bei mir auf dem Hof verrichteten. Zusätzlich schaffte ich mir in den letzten Jahren in Accra noch ein Fahrrad an. 1972 hatte ich mit dem Polospielen und auch mit dem Ausreiten

aufgehört. Pferd, Sattel, Zaumzeug und Poloausrüstung hatte ich verkauft. Außer dem regelmäßigen Schwimmen im Meereswasserpool in Accra drehte ich nun häufig spätnachmittags nach der Arbeit in unserem Wohnviertel meine Runden auf dem Fahrrad. Bis ich meinen letzten Wagen, einen Mercedes Diesel, in Empfang nehmen konnte, war ich mit einem von der Heimatreise mitgebrachten Mofa auf dem Universitätscampus und für notwendige Fahrten nach Kumasi zufriedenstellend mobil.

Nach meiner Ankunft in Ghana hatte ich den von London aus bestellten VW Käfer noch nicht erhalten und war weiterhin vom PWD-Fahrer abhängig, der mich überall dorthin brachte, wohin ich wollte, auch zum Hafen in Tema. Dort waren meine Überseekiste und der große Koffer mit Ausrüstung und Gepäck angekommen. Der Hafen war noch im Bau. Auch eine neue Stadt entstand dort. Nicht vorstellbar damals, dass Tema bei der Volkszählung 1970 gerade mal um die 30.000 Einwohner hatte, danach aber schnell auf eine Zahl von einer halben Million Einwohner anwachsen sollte. Die Hafenstadt ist heute das Zentrum der ghanaischen Industrie und der größte Fischereihafen des Landes. Am Anfang meiner Zeit in Ghana wurden auch noch vor Accra Güter von den Schiffen auf Reede ausgeladen und in speziellen Brandungsbooten gelöscht. Böse Zungen behaupteten, dass man aus den dabei häufig verloren gegangenen Zementsäcken einige Bunker hätte bauen können. Wenige Tage nach dem Abholen meiner Gepäckfracht informierte mich die VW Niederlassung in Accra, dass der bestellte Käfer geliefert sei und ich den Wagen in Empfang nehmen könne.

Die Führerscheingeschichte

Da ich nur einen bundesdeutschen Motorradführerschein besaß, musste ich mir nun allerdings umgehend eine ghanaische Fahrberechtigung besorgen. Grundlegende Regeln beim Autofahren waren mir bekannt. Fast alle ghanaischen Verkehrszeichen ähnelten den unseren zu Hause. Nur einige waren anders, denn in Ghana herrschte noch Linksverkehr. Nach meiner Rückkehr aus London in die Bundesrepublik hatte ich schon mal mit dem Auto eines guten Freundes Fahren „probiert“ und auch in Accra die Möglichkeit gehabt, mit einem Kollegen auf verkehrsarmen Straßen Linksfahren zu üben. Ich dachte, das würde dann schon reichen. Aber es hat nicht gereicht. Meine Zuversicht, dass alles mit dem Autofahren verbundene schnellstmöglich über die Bühne gehen würde, erfüllte sich leider nicht. Der sehr korrekte und penible ältere britische Fahrlehrer und Prüfer ließ mich gleich beim ersten

Test nach einigen Fahrstunden durchfallen. Ich war in der Stadt recht forsch gefahren und hatte die vorgeschriebene innerstädtische Geschwindigkeitsbegrenzung, die es natürlich auch in Ghana schon gab, nicht hinreichend beachtet. Außerdem war ich wohl ziemlich oft nach rechts „abgedriftet" – im Linksverkehr fatal, besonders im Kreisverkehr. Also musste ich jetzt ganz brav mit einem längeren und sehr intensiven Fahrunterricht beginnen. Allerdings lernte ich bei meinem gestrengen Fahrlehrer eines nicht, nämlich wie man rückwärts einparkt. Das habe ich bis zum Ende meines Autofahrerlebens immer nur mit Schweißperlen auf der Stirn geschafft. In Ghana parkte man zu meiner Zeit erstens nicht am Straßenrand. Es gab überall genügend Parkplätze, egal wohin man wollte. Und zweitens wären vermutlich alle Fahrschüler in die offenen Abwasser- und Regenwasserkanäle an den Straßenrändern geraten, die damals noch nicht abgedeckt waren und mir oft genug fast zum Verhängnis geworden sind, vor allem, wenn ich beim Feiern etwas zu tief ins Glas geschaut hatte. Denn „Null-Alkohol-Toleranz" gab es in Ghana auch noch nicht, eventuelle Kontrollen oder „Blitzer" schon gar nicht. Unsere gefürchteten „Knöllchen" waren daher unbekannt.

So musste mich der gute PWD-Fahrer noch wochenlang weiter zur Arbeit, zum Einkaufen und zweimal in der Woche zum Fahrunterricht hin und her kutschieren. Die nächste Prüfung habe ich dann aber bestanden und erhielt ein fürwahr historisches Dokument: eine Fahrlizenz, in die jedes Jahr ein schön gestempelter Zettel eingeklebt wurde mit der Gültigkeit für ein weiteres Jahr und der Bestätigung, dass der Besitzer nach wie vor fahrtüchtig

sei. Mein ghanaischer Führerschein hatte am Ende meiner Zeit mit 23 Seiten „Innenleben“ einen beachtlichen Umfang erreicht. Außerdem zierte ein wunderschönes Foto von mir die erste Seite, auf dem ich garantiert nie erkannt werden konnte. Das war von einem Fotografen unter einem Baum vor der Führerscheinzentrale aufgenommen worden mit Hilfe einer großen Kastenkamera mit ausziehbarem Objektiv. Vor dem Knipsen wurde das Ganze inklusive Fotograf mit einem großen schwarzen Tuch überdeckt. Nach meiner Rückkehr in die Bundesrepublik hatte der arme Mann in der zuständigen Behörde in Darmstadt Schwierigkeiten beim Entscheiden, ob dieses Ghana-Dokument einem deutschen Führerschein entsprechen würde. Ich musste am Ende den ADAC zurate ziehen! Der übertrug das ghanaische Dokument ins „offizielle“ Deutsch und versah es mit vielen Stempeln. Dieses Schreiben bestätigte die Gültigkeit des ghanaischen Führerscheins. So erhielt ich meinen deutschen, den ich noch immer besitze.

Ein Käfer zu Beginn

Mein erstes eigenes Auto war ein weißer VW Käfer. Damit konnte ich mir nun langsam die Umgebung von Accra erschließen. In den ersten Monaten wurde ich dabei oft von unserem britischen Chefarchitekten begleitet. Er und auch einige Kollegen unserer anwachsenden internationalen Gruppe junger Architekten aus Polen, Ungarn, Venezuela, Kanada, Jugoslawien und England – genannt „die junge Garde“- zeigten mir viele Ausflugsziele und Sehenswürdigkeiten in der Nähe von Accra. Als Dank dafür bot ich als

Kinderlose immer mal meine Dienste als „Babysitter“ an, denn die jungen ausländischen Fachkräfte waren alle mit Kind und Kegel nach Ghana gekommen. Nach einigen Jahren stießen dann die ersten ghanaischen Architekten zu uns, die ihr Studium und anschließende Baupraxis in verschiedenen Ländern im Osten und Westen der Welt absolviert hatten. Wir verstanden uns alle prächtig. Einige deutsche Kollegen kamen später auch noch dazu. Ich war lange Zeit die einzige Frau unter den Architekten. Einen solch fantastischen Kollegenkreis wie den in Ghana, sowohl im Bauministerium als auch später in der Universität in Kumasi (bis auf einige „Querschießer“ dort) habe ich in meinem deutschen Berufsleben nie wieder gefunden.

Der VW Käfer hat mich auch die langen Distanzen von Accra nach Kumasi und von dort bis nach Tamale sowie durch den ganzen Norden sicher gefahren. Und das damals meistens auf recht guten und vor allem regelmäßig gepflegten Sandpisten. Das ganze Straßennetz in Ghana war zu der Zeit noch in einem hervorragenden Zustand. Fast alle 50 Kilometer gab es an allen Hauptstraßen sogenannte Camps, von denen aus die Pisten und Straßen in regelmäßigen Abständen und je nach Bedarf gewartet oder repariert wurden. Auf der Strecke zur Baustelle des Motels im Mole Tierpark erkannten die „Straßenpfleger“ mich und meinen weißen VW bald; denn ich fuhr ja fast wöchentlich dorthin. Wir winkten uns immer zu. Und sie halfen mir beim Reifenwechsel, wenn ich einen Platten hatte, was hin und wieder vorkam. Als Dank hatte ich immer „Flüssiges“ dabei für sie, meistens ein paar Büchsen Bier. Nach meiner Rückkehr aus dem Norden lernte ich vor allem den Süden Ghanas kennen. Mein weißer Käfer

Das Motel im Mole Tierpark

brachte mich zu den schönsten Orten an der Küste und in die Akwapim-Togo-Bergkette, mit der die Küstenebene nördlich von Accra abgeschlossen wird.

Der erste Franzose – ein Simca

Mein zweiter fahrbarer Untersatz wurde ein französisches Auto, ein viertüriger „Simca" mit guter Bodenfreiheit, was vor allem für das Fahren auf nicht geglätteten „Wellblechsandpisten" gut war. Der Wagen wurde mir – registriert mit Zollnummer – in Zürich ausgeliefert, meinem ersten Stopp beim Urlaubsantritt 1964. Meinen VW hatte ich vorher günstig verkaufen können. Das neue Auto fuhr ich während der gesamten Urlaubsreise und setzte dann mit dem Schiff (plus Wagen) nach Ghana über. Das war in der Zeit meiner Aerophobie, während der ich etliche Jahre lang aufs Schiff umgestiegen bin. Ich war mit dem neuen

Wagen durch verschiedene europäische Länder gereist und hoffte, das Auto auf diese Weise „gebraucht" in Ghana einführen zu können, um weniger Einfuhrzoll zahlen zu müssen. Die vor Urlaubsbeginn notwendigen Rennereien für alle erforderlichen Papiere, Visa-Anträge (es gab noch Grenzen in Europa), Genehmigungen und Tickets für die Schiffspassagen mit Autotransport zurück nach Ghana waren sehr zeitaufwendig und verlangten starke Nerven. Ich war total urlaubstreif, als alles in Sack und Pack war.

Das Fahren im neuen Auto mit dem Steuer vorne rechts war einigermaßen gewöhnungsbedürftig auf den europäischen Straßen, wo überall Rechtsverkehr herrschte. Der Simca brachte mich aber sicher kreuz und quer durch die Bundesrepublik und von dort aus über Österreich, Ungarn und Jugoslawien bis nach Griechenland. Noch traute ich mich nicht, in die DDR zu reisen zur Mutter und Schwester mit ihrer Familie. Der „Mauerbau" im August 1961 drei Jahre zuvor hatte zur Abschottung der DDR geführt. Als aus dem Arbeiter- und Bauernstaat „Getürmte" befand ich mich garantiert in den Stasi-Akten.

Nach dem Fahren durch das damalige jugoslawische Mazedonien auf sehr schlechten Straßen zeigte sich die Hauptanfälligkeit des neuen Autos. Das Auspuffsystem unter dem Wagen tendierte dazu, sich selbstständig zu machen. Das erste Mal wurde das abgefallene Teil in einem griechischen Dorf wieder angeschweißt. Zweimal passierte das gleiche Dilemma später in Ghana. In einer „Buschwerkstatt" im Norden des Landes wurde es jedoch schließlich so gut zusammengeschweißt, dass es bis zum Ende meiner Simca-Fahrzeit gehalten hat. Diese Buschwerkstätten mit gut ausgebildeten Mechanikern gab es

schon zur Kolonialzeit in der damaligen Goldküste. Dort wurden Ersatzteile aller Automodelle, die auf Ghanas Straßen fuhren, gesammelt. Wollte man z.B. einen alten Landrover reparieren und hatte das benötigte Zubehör nicht, wurden entsprechende Anfragen in andere Buschwerkstätten der Nachbarorte geschickt mit der Bitte um Hilfe. Irgendeine Werkstatt hatte das Teil. Man brauchte viel Geduld, bekam dafür aber garantiert sein Auto repariert zurück.

Nach der Schiffspassage konnte ich den neuen Simca tatsächlich als gebraucht in Ghana einführen. Der Wagen war sehr bequem. Außerdem hatte er eine gute Federung und starke Stoßdämpfer. Bei meinen vielen langen Fahrten hat er mich immer sicher an mein Ziel gebracht.

Der zweite Franzose – ein Peugeot 404

Anfang 1969 verkaufte ich den Simca. Ich bestellte einen Peugeot 404, wieder einen Franzosen. Den holte ich mir bei Urlaubsbeginn in Frankfurt a. M. vom Autohändler ab. Und wieder benutzte ich den Wagen während des gesamten Urlaubs und sammelte so eine stattliche Anzahl von Kilometern. Das weiße Auto sah danach auch einigermaßen gebraucht aus. Als der Peugeot in Takoradi, Ghanas zweiter großer Hafenstadt, eingetroffen war, brachte mich ein Bauingenieur und Landsmann unserer polnischen Architektinnen dorthin. In Takoradi leitete er den Aufbau eines Zementwerks. Mit von der Partie war ein Statiker aus dem gleichen Projekt, auch ein Pole. Diese Fahrt wurde zu einem echten Abenteuer! Das Auto des Ingenieurs, ein alter Fiat, schaffte es bis etwa 50 km vor Takoradi. Dann

gab der Motor seinen Geist auf. Wir waren in eine stinkende Rauchwolke gehüllt. Motoröl tropfte auf die Straße. Das war ein echtes Drama, denn es dämmerte bereits. Wir schickten den Statiker mit der ersten Mammy Lorry, die wir anhalten konnten, zum nächsten Ort, von wo aus er unseren deutschen Regionalarchitekten im PWD-Büro in Takoradi anrufen sollte mit der Bitte, uns abzuholen. Der „Zementmann" und ich warteten in seinem kaputten Auto. Inzwischen war es dunkel geworden. Es gibt in Ghana keine lange „Dämmerstunde". Ab 18 Uhr wird es immer sehr schnell vollends Nacht. Nach einer sehr langen Stunde Wartezeit, in der nichts passierte, hielten wir einen Laster an, eine uralte „Holzschaukel", die knatternd und ebenfalls in Abgaswolken gehüllt angerollt kam. Da wir nicht länger

im Dunkeln mitten im Busch warten wollten, baten wir den Fahrer, uns bis zum nächsten Dorf mitzunehmen. Mir wurde die große Ehre zuteil, vorne zwischen dem Fahrer und seinem Beifahrer sitzen zu dürfen. Der Boden hatte etliche Löcher, jede Menge Dreck flog in die Fahrerkabine rein, so etwas wie ein „Cockpit“ mit Anzeigen gab es nicht, Kupplung und Handbremse hingen an Drähten, wir waren von Dieseldüften umgeben, die Scheinwerfer schienen in irgendeine Richtung, nur nicht mitten auf die Straße – aber der Fahrer war gut. Wir erreichten das Dorf unbeschadet und konnten dort unseren Regionalarchitekten stoppen, der gerade eintraf. Er hatte unterwegs eine Panne gehabt, sein platter Reifen konnte im Dorf allerdings nicht repariert werden. So hieß es nun, um „Beistand von oben“ zu bitten, denn der Kollege hatte nur ein Reserverad dabei. Ich habe in Ghana von Anfang an immer zwei Ersatzräder im Auto mitgeführt. Das hatten mir die VW-Mechaniker in der Werkstatt in Accra damals gleich geraten. Das sei in Ghana notwendig. Wie wahr!

Wir kamen, wenn auch ziemlich spät, schließlich in Takoradi an. Ob der „Zementmann“ sein kaputtes Auto noch mitten in der Nacht geholt hat, weiß ich nicht mehr. Ich musste meinen eigentlich nur für einen Tag geplanten Aufenthalt in Takoradi um drei Tage verlängern, weil zwar der Peugeot angekommen war, aber nicht die „Begleitpapiere“. Ohne diese konnte keine Einfuhrlizenz ausgestellt werden. Unser Regionalarchitekt half mir noch bei den notwendigen Rennereien von Amt zu Amt. Glücklicherweise hatte ich alle wichtigen Papiere in Kopien bei mir mitsamt dem Frachtbrief. Der Wagen hatte einige kleine Beulen und Kratzer beim Transport abbekommen, war

außerdem total verdreckt und ging beim Zoll glatt als „gebraucht“ durch! Entsprechend gering war wieder der Einfuhrzoll.

Ich konnte mein Auto endlich übernehmen und damit nach Accra zurückfahren. Mit diesem „Franzosen“ bin ich weit über 100.000 km gefahren. Der Wagen hatte eine sehr gute Bodenfreiheit. Die Stoßdämpfer waren exzellent und die Federung hervorragend geeignet für die immer schlechter werdenden Straßen. Über fünf Jahre lang hat der Peugeot 404 zuverlässig für meine Mobilität gesorgt. So sind mir meine französischen Autos in guter Erinnerung geblieben. Nachdem ich den 404 verkauft hatte und auf meinen nächsten Wagen wartete, gab mir mein Freund Christian sein zweites Auto. Seinen ersten Wagen, einen Opel „Commodore“, hatten wir günstig als Vorführwagen von Opel importieren können, als Christian noch im Parlament tätig war. Sein alter Ford war ein echter, von ihm sehr liebevoll gepflegter, mattgrüner 18 Jahre alter Oldtimer mit immerhin 6 Zylindern! Er drehte äußerst zuverlässig seine Runden mit mir und war für Fahrten in Accra und in die nähere Umgebung zu meinen diversen Baustellen völlig ausreichend. Überall dort, wo ich anhielt, bestaunten selbst die Mercedes süchtigen Ghanaer diesen alten, seinen Dienst immer noch zuverlässig verrichtenden Wagen.

Der zweite VW – noch mal ein Käfer

Als ich zum Jahresanfang 1975 das neue Auto, einen poppigen, knallgelben VW Käfer der „Jeans“ Serie, beim Zoll im Hafen von Tema abholen wollte, fiel ich vor Schreck fast in Ohnmacht. Der Wagen hatte an allen vier Kotflügeln

große Dellen und war völlig mit weißem Zement bedeckt. Mit Christians Hilfe gelang es, das Auto als Wrack zu deklarieren. Er wurde zollfrei in Ghana eingeführt. Meine fließenden Tränen taten das Ihre. Die Zollbeamten versuchten mich zu trösten, hatten großes Mitleid mit mir und halfen mit den notwendigen Papieren für die Versicherung. Der VW war auf einem griechischen Frachter transportiert worden, der Zeitungspapierrollen geladen hatte. Die waren wohl nicht richtig festgezurrt gewesen und bei Seegang umhergerollt, was dem im gleichen Frachtraum befindlichen Wagen gar nicht gut bekommen ist. Zum Glück hatte der Motor des Käfers die Schiffspassage unbeschädigt überstanden. Auch die Autotüren waren nicht eingedrückt, der Wagen war „nur" an allen vier Kotflügeln demoliert. Zusätzlich waren die Stoßstangen vorne und hinten eingedrückt. Eine Etage über den Zeitungspapierrollen und Autos waren Zementsäcke mit weißem Zement gelagert. Mein gelbes Auto war weiß.

Nachdem ich mich einigermaßen beruhigt hatte, fotografierte ich die Schäden und bekam mithilfe dieses Beweismaterials auch die Frachtgebühren und alle Reparaturkosten von der Schiffslinie erstattet. Ich hatte immer eine Kamera bei mir, die ich bei Baustellenbesuchen häufig benötigte.

Mein damaliger Gärtner Amadou und ich haben einen ganzen Vormittag mit Autowaschen und Lackpolieren verbracht. Das war eine sehr harte Arbeit an dem ramponierten Auto! Danach kam der Wagen in die Werkstatt zum Ausbeulen und Neulackieren. Nach einigen Tagen hatte ich ihn dann mit Zulassung, Versicherung und neuen Stoßstangen endlich auf der Straße. Man sah nichts mehr von

den vielen kleinen und großen Dellen. Nach der anfänglichen bitteren Enttäuschung war ich nun sehr zufrieden mit meinem neuen Käfer! Der gelbe „Jeans“ (die Sitzbezüge waren aus graublauem Jeansstoff, daher der Name) hat mich und Christian sicher in die Elfenbeinküste bis nach Abidjan gebracht, wo sein Cousin ghanaischer Botschafter war, wie auch ein paarmal nach Ougadougou in Obervolta. Außerdem ging es notgedrungen häufig nach Lomé in Togo zu notwendigen Einkäufen. Ich musste mir außer manchen Lebensmitteln nun auch Zeichenmaterial für meine Arbeit an der Universität besorgen, denn in Ghana gab es derartige importierte Waren nicht mehr.

Von einem Mechaniker und seinem Kumpel aus der VW Werkstatt in Kumasi wurde mein „Jeans“ liebevoll gewartet und gepflegt. Das spielte sich an Wochenenden vor der Garage neben meinem Haus auf dem Campus ab. Wir hatten immer jede Menge Zuschauer dabei.

Dann kam meine letzte Zeit in Ghana. Mein Vertrag mit der Universität war zu Ende gegangen. Ich arbeitete als Auslandsmitarbeiterin der GTZ an einem Lehrbuch, das für die Universität in Kumasi von der Bundesrepublik mit Mitteln aus der Technischen Zusammenarbeit finanziert wurde. In dieser Zeit, die mit häufigen Fahrten nach Accra zur Botschaft und zum GTZ-Büro verbunden war, brauchte ich ein Auto, auf das ich mich total verlassen konnte. Außerdem einen Wagen, der Diesel schluckte, denn das gab es eher als das häufig rationierte Benzin. Mein VW „Jeans“ hatte, als ich ihn abgab, etwas mehr als 160.000 km auf dem Tacho.

Zuletzt ein Mercedes 200 Diesel

Für das GTZ-Projekt konnte ich 1982 einen signalroten Mercedes zollfrei importieren. Das war ein sehr robuster Wagen, der auch genügend Bodenfreiheit hatte, um mit den schlechtesten Straßen fertigzuwerden. Die Hauptstraße nach Accra war von der 1979 gestürzten Regierung zwar ausgebessert worden, aber schon längst wieder in einem miserablen Zustand. Kleine Schlaglöcher wurden erst gar nicht repariert. Man ließ sie richtig groß werden. Die gesamte Infrastruktur, die in Ghana nach der Unabhängigkeit in einem ausgezeichneten Zustand gewesen war, ging immer mehr den Bach runter. Kein Wunder bei den laufenden Regierungswechseln. Von militärischer Disziplin, Ordnung, soldatischer Ehrlichkeit und Gehorsam war nach den vorangegangenen Putschen nicht viel übrig geblieben. Korruption hatte längst wieder alles durchdrungen. Für die 250 km von Kumasi nach Accra brauchte ich selbst mit dem Mercedes fast sechs Stunden. Und diese Fahrt machte ich mehrere Male im Monat bei jedem Wetter.

Von der Botschaft erhielt ich ein Schreiben, in dem stand, dass ich im „diplomatischen“ Auftrag unterwegs sei. Das Dokument hatte ich immer bei mir, um es bei den zahlreichen Militärkontrollen vorzeigen zu können. Die waren häufig so unangenehm, dass ich mich zum ersten Mal in Ghana beim Alleinfahren nicht wohl fühlte. Wenn für meinen Geschmack zu intensiv kontrolliert wurde, versuchte ich mit viel Lachen und ein bisschen Schäkern die Soldaten bei guter Laune zu halten. Besonders, wenn die zu viel Palmwein oder noch Stärkeres getrunken oder

gar einen *Joint* geraucht hatten. Das kam auch schon mal vor. Wegen der Ausgangssperre nach dem letzten Putsch bin ich immer frühmorgens nach Accra losgefahren. Dann waren die Kontrolleure meistens noch nüchtern. Zwischen der Universität und Kumasi waren acht Kontrollposten eingerichtet worden (auf jedem Kilometer einer). Mir dauerte das laufende Papierevorzeigen und Erklären, was ich in der Stadt wollte, zu lange. Deshalb bin ich diese Strecke meistens mit meinem Mofa gefahren. Neue Mercedes Wagen wurden besonders intensiv kontrolliert. Nach dem letzten Putsch erfuhren wir, dass über hundert Wagen mit dem begehrten Stern von der letzten Regierung eingeführt worden waren, obwohl der Import von Gütern, insbesondere der von neuen Luxuslimousinen, angeblich

strikt limitiert worden war. An den vielen Checkpoints sollte nun versucht werden, derjenigen habhaft zu werden, die das „Importgeschäft" eingefädelt hatten. Auf meinem Mofa tuckerte ich gemütlich in die Stadt und wurde bei den Kontrollen meistens durchgewunken.

Nach dem Putsch 1972 beschloss die Militärregierung, den Rechtsverkehr einzuführen. Die Vorbereitungen dafür gingen erstaunlich schnell und reibungslos über die Bühne. Im August 1974 wurde in Ghana der Verkehr umgestellt. Und das geschah fast ohne Panik und Unfälle. Das fand ich beachtlich. Bei aller sonstigen Kritik an der Militärjunta war diese Aktion bestens organisiert und durchgeführt worden. Auch die Umstellung auf das metrische System zwei Jahre später vollzog sich zügig und ohne große Schwierigkeiten. Bis zu diesem Zeitpunkt war in Ghana noch „englisch" gemessen und gewogen worden.

DAS TÄGLICHE BROT

Es ist besser, man hat jederzeit eine Mauskeule zu essen, als nur ein Mal eine Rindskeule (Sprichwort aus Togo)

Von Anfang an habe ich versucht, mich auf ghanaisches Essen umzustellen, denn obwohl es in meinen ersten Jahren in Ghana in den Geschäften viel vertraute Importware gab, bevorzugte ich lokale Lebensmittel.

Bei meinen vielen Marktbesuchen in Accra lernte ich gleich in den ersten Wochen alle ghanaischen Gemüse- und Obstsorten kennen, die ich als durchweg lecker einstufte. Man durfte als „obruni" auf den Märkten auch alles probieren, was ich natürlich ausgiebig tat bei den mit viel Lachen begleiteten Unterhaltungen mit den Marktfrauen. Gemüse, Fleisch und Soßen wurden schmackhaft mit lokalen Gewürzen zubereitet, die ich auch erst kennenlernen musste. Darunter die verschiedenen, alle in Ghana wachsenden Paprika- und Peperoni-Sorten. Schon in England hatte ich scharfes Essen in indischen Restaurants schätzen gelernt, und da ich nie eine große Kartoffelesserin gewesen bin, waren Beilagen aus Reis, Mais, Hirse oder Yams ebenfalls attraktiv für mich. Die Yams-Wurzel ist eine stärkehaltige Nutzpflanze, die in Westafrika heimisch ist und da vor allem in den Savannengebieten angebaut wird. Eine andere Wurzelpflanze ist Maniok. Beide Nutzpflan-

zen sind für das „Fufu"-Essen, eines der Hauptgerichte in Ghana, wichtig. Dazu verwendet man gerne gedünstete Kochbananen, die geröstet auch sehr gut schmecken. Es gab frischen Fisch sowie Hühner-, Puten-, Schaf-, Ziegen- und Rindfleisch. Schweinefleisch war eher selten, was mich nicht weiter störte. Meine Mutter hatte natürlich besonders viele Fragen zum Essen. So schrieb ich ihr in einem meiner ersten Briefe:

„Es ist etwas schwierig, alles hiesige Gemüse und Obst zu beschreiben. Da ist zunächst einmal die Avokado-Birne, eine grünschalige, gelbfleischige Frucht, die aber als Vorspeise gegessen wird. Pikant mit Essig und Öl, Salz und Pfeffer zubereitet. Dann gibt es die Yams-Wurzel, deren stärkehaltige Knollen, die sehr lang wachsen können, gekocht werden und ähnlich wie unsere Kartoffeln schmecken. Man muss sie aber in jedem Fall vorher schälen. Es gibt auch verschiedene Arten sogenannter Süßkartoffeln. Kartoffeln, wie wir sie kennen, werden fast immer importiert. Es gibt allerdings in einigen bergigen Gegenden, vor allem in Ghanas Osten, Kartoffelanbau. Außerdem gibt es verschiedene Kohlsorten, auch Weiß- und Blumenkohl, Mohrrüben, Gurken, grüne Buschbohnen, Zwiebeln und das gut schmeckende Okra (das auch als „Damenfinger" bezeichnet wird) sowie verschiedene Tomatensorten und jede Menge süßen und scharfen Paprika. Außer den bekannten Tropenfrüchten – Ananas, Bananen, Orangen, Zitronen und Limonen – gibt es verschiedene Melonenarten und die sehr gesunde Baumfrucht Papaya (Paw-Paw sagt man hier dazu) und Mangos, die ich sehr gerne esse, obwohl sie in und um Accra klein und sehr faserreich sind. Man lutscht sie eher. Die faserlosen großen Mangos wachsen im Norden des Landes."

Das täglich gebackene Brot war Weißbrot, weich wie Watte, so wie ich es bereits aus England kannte. Ich habe es immer getoastet, anders mochte ich es nicht essen. Manchmal fand ich importiertes Knäckebrot in den großen Geschäften. Später habe ich mir Backmischungen besorgt und Brot selber gebacken. Als das nicht mehr möglich war, improvisierte ich und versuchte mein Glück beim Brotbacken mit Maismehl. Tapfer habe ich dann die ersten, ziemlich steinharten Brocken in Tee oder Kaffee getunkt verspeist. Brot musste sein, in welcher Form auch immer! Getränke wurden zum großen Teil noch importiert. Coca Cola eröffnete jedoch alsbald eine eigene Niederlassung in Ghana. Später gab es dann auch lokal produzierte Fanta, Sprite, Tonic, Ginger Ale und Sodawasser sowie Bier und andere alkoholische Getränke. Leitungswasser wurde abgekocht und gefiltert. Ein solcher Filter gehörte auch zur Grundausstattung in allen Küchen meiner verschiedenen

Unterkünfte. Meistens bereitete ich mir frischen Saft aus den hiesigen Saftorangen zu, die von den Mammys immer direkt ans Haus geliefert und außerdem überall in den Städten angeboten wurden. Zusammen mit Zitronen- und Limonensaft, etwas gesüßt mit braunem Zucker, gemischt mit Sodawasser und gekühlt war das die beste Erfrischung an durchschwitzten Tagen.

Nach einigen Jahren begann dann auch die Zucht von Milchkühen im Land, sodass Milchprodukte in den meisten ghanaischen Haushalten mit Kühlmöglichkeiten zur Gewohnheit wurden. Man darf nie vergessen, dass Ghana zu den feuchtwarmen Tropenländern gehört. Luftfeuchtigkeit und Temperaturen können sehr hoch sein. Das hat die Vorratslagerung und Esskultur beeinflusst. Die Essgewohnheiten der Stadt- und Landbevölkerung waren zu meiner Zeit sehr unterschiedlich, sowie auch die innerhalb der verschiedenen Ethnien. Traditionell wird in Ghana mit den Fingern der rechten Hand gegessen, die linke Hand gilt als unrein. Bevor das Essen serviert wird, wusch man sich in bereitgestelltem Wasser mit etwas Seife oder Zitronenscheiben die Finger der rechten Hand und trocknete sie in einem dazu offerierten Handtuch. In gehobenen Kreisen und den meisten Restaurants wurde hingegen schon zu meiner Zeit mit Messer, Gabel und Löffel gegessen.

Fufu lernte ich gleich in meinen ersten Tagen im Land kennen. Es wird mit einer Vielzahl verschiedener Soßen und Beilagen serviert. Die Soßen mit Fleisch oder Fisch nennt man „Soup“ (Suppe). Sie wurden entweder aus dem roten Öl der Ölpalmfrüchte oder aus Erdnusspaste zubereitet. Fufu wird im Mörser zu einem klebrigen festen Brei aus Maniok, Yams und Kochbananen gestampft.

Ich musste erst lernen, wie man sich etwas von dieser glitschigen Masse mit den Fingern nimmt, in die Soup eintaucht, ein Stückchen Fleisch oder Fisch damit greift und dann verspeist. In allen Varianten gehörte Fufu bald zu meinen Lieblingsgerichten in Ghana. Allerdings war es sehr schwierig, meiner Mutter dieses Essen zu erklären, wie auch die anderen typisch ghanaischen Gerichte *Banku* (ein Maismehlkloß) oder *Kenkey*. Das ist ebenfalls eine Art Kloß, der aber aus fermentiertem Mais zubereitet wird und gleichfalls zu den Grundnahrungsmitteln Ghanas gehört. Bei meinen vielen Fahrten aß ich besonders gerne das unterwegs oft angebotene *Kelewele*, einen Imbiss aus frittierten Kochbananen, den man zusammen mit Erdnüssen verspeist.

EVERYTHING BY GOD

Das Fufu-Stampfen war für mich fast überall in Ghana wie ein Wecker. Es ging frühmorgens los. Beim Entwerfen mehrgeschossiger Wohnhäuser versuchten wir am Anfang vergeblich, eine Plattform mit besonders verstärktem Betonboden zum Stampfen von Fufu in den Erdgeschossen einzubauen. Das wurde von den meisten Bewohnern abgelehnt. Die wollten ihr Leibgericht auf den Balkonen der Wohnungen stampfen. Als die DDR in den Nkrumah-Jahren ihre Plattenbau-Technologie wie warme Semmeln anbot, scheiterte das Geschäft am Fufu, da bin ich mir sicher. Die Ghanaer fanden die erste in Tema gebaute „Platte" scheußlich. Als in einigen Wohnungen probeweise Fufu gestampft wurde, wanderte der Schall durch alle Betonwände. Ich war zufällig in der Nähe und erlebte das „Schaustampfen" mit. Bis ich Ghana verlassen habe, stand das Gebäude leer. Ob es heute noch unbewohnt ist, weiß ich nicht.

Ich hatte bis zum letzten Tag in Ghana „mein tägliches Brot", wofür ich immer dankbar war. Alles Essbare habe ich gegessen. Nur eines nicht: die dicken Waldschnecken. Da habe ich jedes Mal meine Gesundheit vorgeschoben und behauptet, darauf würde ich allergisch reagieren und könne sie nicht vertragen. Zu solchem „No-go-Essen" gehörten bei mir übrigens auch alle Schalentiere, mit Ausnahme von Hummern und Langusten. Das wurde akzeptiert, weil auch viele Ghanaer solche „Meeresfrüchte" nicht

essen. Bei Wochenendausflügen zum Angeln im Volta-Fluss-Delta haben wir unsere dort gefangenen großen Barrakudas immer gegen Hummer eingetauscht, die die Fischer gefangen hatten. Die kleineren Barrakudas haben wir auf unserem mitgebrachten Grill unter Palmen zubereitet und sie uns dann schmecken lassen.

Sehr gerne habe ich „Grasnager" (Rohrratten) gegessen, die in Ghana *grasscutter* genannt werden. Sie gehören zur Familie der Nagetiere und sind nicht mit Ratten, sondern mit den Stachelschweinen verwandt. Da sie auf Farmen ziemlich große Schäden verursachten, wurden sie gnadenlos gejagt. Ihr Fleisch ist eine Delikatesse.

Wenn ich in den späteren Jahren bei meinen Lehmbau-Recherchen im Norden des Landes Häuptlinge in ihren Höfen besuchte, wurde immer eine Mahlzeit für mich zubereitet. Meistens aus Schaf- oder Ziegenfleisch. Man fragte als Gast nicht, was einem in der „Soup" angeboten wird. So habe ich bei einem solchen Besuch auch das wie Huhn schmeckende Fleisch eines Felsenpythons mit Genuss verspeist, nicht wissend, was ich da aß. Geräucherter oder gebratener Fisch schmeckte immer lecker zu Maisklößen aller Art. Als die Versorgung mit Rindfleisch aus Obervolta immer kritischer wurde, gab es nur noch Ziegen-, Schaf- und Hühnerfleisch. Mein Koch und Hausgehilfe Yaro besorgte uns immer ganze Tiere und schlachtete sie dann fachmännisch mit Hilfe der Hausangestellten aus der Nachbarschaft. In meiner Kühltruhe sicherte ich ihre langfristige Verwendung. Und es gab natürlich Fisch, damals auch noch jede Menge Sardinen, die den Küstenfischern in ihren Einbaumkanus ins Netz gingen. An der

Luft getrocknet, würzten diese proteinreichen Fische als beliebte Zutat „Soups“ aller Arten. Ich kannte sie damals als „Kako“, was heute als gesalzener Haifisch bezeichnet wird. Der penetrante Geruch der getrockneten Fischchen war für mich anfangs allerdings gewöhnungsbedürftig, die damit „gewürzten“ Gerichte schmeckten mir aber sehr gut. In den Mangeljahren brachten meine Besucher immer etwas zum Essen mit. Wenn ich Freunde besuchte, tat ich das Gleiche. Überall dort, wo es möglich war, wurde in den Gärten Gemüse angebaut. Die eigenen Bohnen, Tomaten, Gurken, Auberginen, auch der Spinat und der Salat schmeckten nun mal besser als gekauftes Gemüse. Außerdem hatte ich offenbar eine gute Hand beim Anbau verschiedener Peperoni-Sorten. Ich besorgte mir die Samen oder Setzlinge immer in den staatlichen Gärtnereien. Meine Paprikaschoten waren nicht nur scharf, sondern hatten auch einen leicht süßlichen Geschmack. Für die Ghanaer war das ein Zeichen dafür, dass ich ein „guter Mensch“ war. So war mein scharfer Paprika als Geschenk oder Mitbringsel bei meinen ghanaischen Kollegen stets willkommen.

DIE GESUNDHEIT

Der Mensch ist die Medizin des Menschen
(Sprichwort aus Nigeria)

Zu meinem Freundeskreis gehörten viele Ärzte. Aber auch die eigene Vorsorge war in meinem ghanaischen Leben wichtig sowie Menschen an meiner Seite, die mir halfen, im Tropenland gesund zu bleiben.

In Ghana gibt es Malaria und einige andere sehr gefährliche Tropenkrankheiten, gegen die man sich schützen musste. So hatte ich mich vor meiner Reise nach Ghana zuallererst gegen Gelbfieber impfen lassen. Gegen die Malaria wurde mir eine Prophylaxe empfohlen, als ich in London auf Tropentauglichkeit untersucht worden war. Aber die vorgegebene regelmäßige Einnahme hatte ich wohl ein wenig „zu locker" gehandhabt. Meine erste, glücklicherweise nicht sehr schwere Malariaattacke hatte ich bereits im November 1960, weniger als acht Wochen nach meiner Ankunft. Daran war ich also selber schuld. Dieser erste Fieberanfall, verbunden mit heftigem Durchfall, war ein ziemlicher Schock für mich, zumal ich für einige Tage in ein Krankenhaus verfrachtet wurde. Dank ärztlicher Hilfe, verbunden mit ernsthaften Ermahnungen des Arztes, und mit einem neuen Mittel für die Prophylaxe kam ich aber schnell wieder auf die Beine. Malaria wird durch den Stich der weiblichen *Anopheles* Mücke übertragen. Man schützt sich mit

einer Chemo-Prophylaxe. Unsere Wohnungen und auch die Büros hatten überall Mückendraht an den Fenstern. Oft schlief man zusätzlich noch unter einem Moskitonetz. Besonders in den Abendstunden sollte man sich mit einem Spray, vor allem an den Fußgelenken und den nicht bedeckten Körperteilen, schützen.

Meine erste Wohnung befand sich in der zweiten Etage. Ich hatte eine gute Querlüftung und dadurch nur ganz wenige Moskitos, die es bis in diese Höhe überhaupt schafften. Und gegen die „Flit"-Spritze hatten sie keine Chance. Nach der ersten Malaria passte ich jedoch auf, ging täglich auf Jagd nach „Eindringlingen" und nahm meine Tabletten regelmäßig. Dass ich doch noch ein paarmal Anfälle erlitt, darunter einen recht schweren, kam daher, dass die Moskitos in der Zwischenzeit Resistenz gegenüber den Prophylaxen entwickelt hatten. Ein deutscher Arzt verschrieb mir das damals neue Mittel Resochin, als ich mit hohem Fieber eine Dienstreise unterbrechen musste und eine Woche in einem Krankenhaus verbrachte. Ich habe dieses Mittel bis zum Ende meiner Ghana-Zeit strikt nach Vorschrift genommen und nie wieder eine Malaria gehabt. Die Einträge in meinem ersten gelben Impfpass wurden immer mehr, denn alle möglichen Impfungen, z. B. gegen Tetanus, Polio, Cholera usw. kamen in späteren Jahren noch hinzu. Bis auf die eine oder andere Infektion überstand ich meine Zeit in Ghana ohne Krankheiten. Man musste sich nur überall vorsehen. Zum Beispiel durfte man niemals in stehenden Gewässern baden. Hier bestand die Gefahr der durch Fadenwürmer der Kriebelmücke verursachten Flussblindheit (*Onchozerkose*). Ich versuchte, auch durch gutes Waschen von Gemüse (vor allem Salat)

und Obst sowie strikter Hygiene im Haushalt Tropendurchfälle zu vermeiden. Häufiges Händewaschen wurde zum täglichen Muss. So bin ich bis zum Ende meiner Zeit in Ghana gesund geblieben.

Im Laufe der Jahre lernte ich mehrere Ärzte kennen, Ghanaer und Deutsche, und zählte sie rasch zu meinem engeren Freundeskreis. Es waren wunderbare Menschen, die sich häufig um mich kümmerten, wenn ich mit der Trennung von meiner Familie in der DDR, die mich immer belastet hat, nicht fertig wurde. Einige der in der Bundesrepublik ausgebildeten ghanaischen Ärzte haben nach ihrer Rückkehr die medizinische Fakultät auf dem Campus der Universität in Kumasi aufgebaut und außerdem für die Gesundheit der Studenten und des Lehrkörpers dort gesorgt. Besonders Studenten mit Sichelzellenanämie waren anfällig und häufig krank. Diese tückische Krankheit, unter der vor allem Afrikaner leiden, lernte ich erst in

Ghana kennen. Mein Freund Christian und einige seiner Kinder waren auch davon betroffen.

Ich habe mit unseren ghanaischen Ärzten im Klub bei einem oder auch zwei Flaschen Bier (wenn es denn welches gab) immer viel Spaß gehabt, besonders sobald die in Bonn ausgebildeten Mediziner ihren perfekt gelernten rheinländischen Dialekt zum Besten gaben. Mit mir wurde Deutsch gesprochen, wenn wir allein waren. Dann konnte ich ihr „Rheinländisch" mit echtem „Machteburjisch" kontern.

Mithilfe der Ärzte entwarfen und bauten wir indirekt ventilierte Grubentoiletten, als es bei den häufigen Stromausfällen auf dem Campus kein Wasser mehr gab, weil das nicht ohne Elektrizität in die Hochtanks gepumpt werden konnte. Die Toiletten in den Hochhäusern der Studentenwohnheime durften dann nicht mehr benutzt werden. Mir haben diese ersten „wasserlosen" Plumpsklos bei meinen späteren Sanitär-Projekten in Zimbabwe und Kenia den Spitznamen *Latrinequeen* („Klokönigin") eingebracht.

In Ghana ist es notwendig, dass man täglich genügend Flüssigkeit zu sich nimmt. Man verliert beim Schwitzen Körpersalze und notwendige Mineralien. So gab ich manchmal eine Prise Salz ins Wasserglas. Ein einziges Mal war ich dehydriert nach einer langen, verschwitzten Fahrt von Kumasi in den Norden bis nach Tamale, wo der Harmattan mit großer Trockenheit und Hitze Einzug gehalten hatte. Da habe ich schlapp gemacht. Es hat einige Tage gedauert, bis ich wieder zu Kräften kam. Seitdem versuchte ich, jeden Tag genügend Wasser zu trinken.

Bei mir begannen die Wechseljahre in Ghana. Die damit verbundene „fliegende Hitze", die mich häufig heimsuchte,

war bei der hohen Temperatur und Luftfeuchtigkeit äußerst unangenehm. Mich tröstete nur die Tatsache, dass alle schwitzten. Importierte Deo-Sticks oder -Sprays gab es nicht mehr. Parfüm oder Eau de Toilette schon gar nicht. Und als auch die im eigenen Land hergestellte Toilettenseife knapp wurde und es manchmal für die tägliche Körperpflege nur Kernseife gab, die ich unter der Dusche ungern benutzte, war das auch nicht weiter schlimm. Wir „dufteten" dann alle in schöner Gemeinsamkeit vor uns hin.

Wegen eines gynäkologischen Eingriffs hatte ich noch einen weiteren Klinikaufenthalt in dem alten Krankenhaus in Accra, ein großes aus der Kolonialzeit stammendes Gebäude. Nach der OP wachte ich in einem mit über 20 Ghanaerinnen belegten Saal auf, hatte starke Schmerzen und wimmerte leise vor mich hin. Mein Bett war bald umgeben von fürsorglichen Mitpatientinnen. Eine streichelte meine Wangen und trocknete meine Tränen, eine andere hielt meine Hand, die dritte wedelte mir mit einem Fächer Luft zu, die vierte rannte los, um eine Krankenschwester zu holen, als ich meine Augen aufgeschlagen hatte. Die Schwester kam sehr schnell und wurde gleich instruiert, mir bitte sofort zu helfen, ich sei doch todkrank. Ob sie das nicht sehen könne? Und überhaupt, ich hätte keinen Teller, keinen Löffel und keine Tasse am Bett. Wie ich denn essen und trinken sollte? Ehe nun die Schwester anfing zu weinen, fing ich an zu lachen, denn Christian war gekommen, um nach mir zu sehen. Was für ein Erlebnis! Er informierte die Frauen darüber, wer ich sei. Und dass ich Gott sei Dank nicht todkrank wäre, sondern „ins Alter käme" und wegen der Wechseljahre operiert worden sei.

Meine Güte, jetzt hatten sie wirklich etwas zum Staunen! Von einigen der älteren Frauen erhielt ich gleich viele Tipps, wie ich meine immer noch schlimmen periodischen Schmerzen mit Naturmitteln lindern könnte. Nach ein paar Tagen ging es mir wieder gut und ich musste mich leider von diesen tollen Frauen verabschieden.

Auch das Militärkrankenhaus in Accra habe ich von innen gesehen. Allerdings nicht als Patientin, sondern als „Zulieferin“ verletzter Polospieler. Unser Poloklub befand sich ganz in der Nähe von diesem Krankenhaus, das ebenfalls für seine ausgezeichneten Ärzte bekannt war. Ich war anscheinend die Einzige unter den Polospielern, die Blut sehen konnte, ohne in Ohnmacht zu fallen. Was man leider von vielen unserer männlichen Spieler nicht sagen konnte, die sich bei Unfällen immer stillschweigend verdrückten. So leistete ich oft allein erste Hilfe. Außerdem wollten

die „taffen“ Männer bitte kein Blut in ihren Autos haben. Platzwunden bluteten nun mal sehr stark, vor allem wenn man eine Polokugel mit „Schmackes“ an den Kopf gekriegt und keinen Helm getragen hatte.

Erste Hilfe habe ich oft auch bei meinen vielen Dienstreisen in Ghana geleistet, wenn ich an Unfällen vorübergefahren bin, wo Verletzte schon lange auf einen Krankenwagen gewartet hatten. Ich habe deshalb immer einen großen „Erste-Hilfe-Koffer“ in meinen Autos gehabt. Außer kleineren Blessuren und Prellungen beim Polo habe ich mich weder bei der Arbeit noch im Haushalt, im Garten oder beim Surfen im Meer verletzt. Durch Christian lernte ich die traditionelle Heilkunst kennen, als meiner nicht enden wollenden Blasenentzündung auch mit verschiedenen Antibiotika nicht mehr beizukommen war. Für mich waren die Treffen mit dem Medizinmann in der Nähe von Accra ein nachhaltiges Erlebnis. Ich wurde von ihm geheilt. Das führte zu meiner Hinwendung zur Naturheilkunst, die mich bis heute beeinflusst.

PLANEN, ENTWERFEN UND BAUEN – DIE ARBEIT

Wichtig ist nicht, wo du bist,
sondern was du tust, wo du bist
(Sprichwort aus Tanzania)

In den 15 Jahren, in denen ich als Architektin für das Bauministerium in Accra und Tamale tätig war, konnte ich viele meiner entworfenen Projekte verwirklichen. Für mich war es immer sehr wichtig und beglückend zu wissen, dass in den „Zeugen meines Schaffens" Menschen wohnen, arbeiten, lernen oder versorgt werden. Noch heute.

Als ich drei Jahre nach Ghanas Unabhängigkeit im September 1960 in Accra angekommen bin, herrschte bereits ein gewaltiger Bauboom im Land. Alles wurde nun gebraucht: Neue Wohnungen, Schulen, Krankenhäuser, Büros und Konsumgüter produzierende Industrieanlagen und Werke schossen aus dem Boden. Ghana war 1957 kein armes Land. Es besaß goldhaltiges Gestein in der Tiefe und verfügte zudem über Industriediamanten und andere wichtige Rohstoffe, unter anderem Mangan und Bauxit. Außerdem hatte das Land, als es unabhängig wurde, beachtliche Devisenreserven aus dem Kakaohandel und eine gut ausgebildete Mittelschicht. Schon seit den ersten Kontakten mit den Portugiesen um 1480, später mit den Holländern,

den Engländern und den Dänen wurden Häuptlingssöhne oder solche aus den Händlerfamilien, mit denen man Geschäfte machte, in Europa zur Schule und zur weiteren Ausbildung geschickt. Ich war schon beim Lesen der Geschichte der Goldküste überrascht gewesen, als ich auf Namen wie Mills, Bannermann, Reindorf, Hayford, Phillips, De Graft Johnson u.a. gestoßen bin. Dabei handelte es sich um alteingesessene ghanaische Familien, die zur gebildeten Elite des Landes gehörten und sich schon früh mit Europäern vermischt hatten.

Es gab mehrere ausländische Architekturbüros in Ghana, darunter das wohl bekannteste von Kenneth Scott. Außerdem die Büros von Nickson & Borys, Gerlach & Partners und Tailor-Woodrow, dessen Firma auch als Bauunternehmen fungierte. Und es gab schon sehr gute ghanaische Büros, deren Chefs 1962 das „Ghana Institute of Architects (GIA)" gründeten, zusammen mit Victor Adegbite, unserem damaligen ghanaischen Chefarchitekten, und anderen wie O.T. Agyeman, T.S. Clerk und P.N.K. Turkson. Sie alle haben wesentlich zur Entwicklung moderner Architektur in Ghana beigetragen. Die großen Baufirmen im Land waren durchweg ausländisch. Die damals bekannteste war die von A. Lang, ein von Schweizern geführtes Unternehmen, das Alfred Lang schon 1941 in der Goldküste gegründet hatte. Ghana verfügte damals auch über sehr gute, von Basler Missionaren ausgebildete Handwerker. Was fehlte, waren Techniker, technische Zeichner, kleine und mittelgroße Spezialfirmen und eben Architekten, Planer, Statiker, Elektro- und Installationsingenieure sowie Hydrologen. Unser Büro befand sich in einem typischen alten Kolonialgebäude. Das lag direkt an der Küstenstraße. Nach Osten

ging es von hier aus durch mehrere kleine Ortschaften bis zur Hafenstadt Tema. Westlich lag das nicht weit entfernte Stadtzentrum von Accra.

Am Anfang waren einige Dinge im Büro sehr gewöhnungsbedürftig für mich. Oft habe ich darüber nur den Kopf geschüttelt. Aber selbst kleinste Änderungen in einem derart eingefahrenen System zu bewirken, war äußerst schwierig. Das gelang erst, als die im Ausland frisch ausgebildeten ghanaischen Architekten zu uns stießen. Mit neuen Verwaltungsstrukturen wurde es dann auch möglich, alte Gewohnheiten aus der Kolonialzeit durch an die „Neuzeit" angepasste Verfahren zu ersetzen. Besonders „überholt" war für mich das interne Verteilungssystem im Büro. So wurden an uns adressierte Papiere und Akten immer in eine sogenannte „Eingangsschale" auf dem Arbeitsplatz gelegt. In einer „Ausgangsschale" mussten wir alles deponieren, was für Kollegen in anderen Zimmern bestimmt war. Denn wir hatten Boten, die alles von Zimmer zu Zimmer trugen, uns auch mit Kaffee und Tee versorgten oder mit benötigtem Material aus dem Warenlager und unsere Zeichnungen zum Kopieren brachten. Wir saßen fast den ganzen Tag am Zeichentisch oder zum Schreiben am Schreibtisch und brauchten uns eigentlich überhaupt nicht zu bewegen! Viele unserer Boten waren ältere Männer, einige schon mit grauen Haaren. Sie wurden von den wenigen *Colonials,* die damals noch in der Verwaltung saßen, mit *Boy* gerufen. Was ich überhaupt nicht akzeptieren konnte. Für mich war ein Mann ein *Mister,* wenn ich nicht ausdrücklich von ihm darum gebeten wurde, ihn beim Vornamen zu nennen. Das führte alsbald zu einigen Auseinandersetzungen. Zwar wurden

die älteren Boten nach einiger Zeit von jungen Ghanaern mit Mittelschulabschluss abgelöst, aber das nach meiner Auffassung total veraltete Boten-System wurde vorerst noch beibehalten.

Auch die Struktur im Bauwesen orientierte sich damals noch sehr stark an der kolonialen Arbeitsweise. Es gab den sogenannten *Cityengineer*, über dessen Büro alle Planungs- und Vergabeverfahren liefen. Unser englischer Chefarchitekt hatte in den ersten Jahren noch verhältnismäßig wenig Einfluss; denn auch die für den Bau benötigten Detail- oder Bauzeichnungen wurden im City Engineers Department geprüft und abgesegnet. Das ganze Regelwerk für das Bauen war total veraltet, ein auf die Dauer für ein unabhängiges Entwicklungsland unhaltbarer Zustand. Das PWD wurde damals bereits von einem kompetenten ghanaischen Bauingenieur geleitet. Ich hatte nach den ersten Monaten allerdings den Eindruck,

dass unsere Architekturabteilung eine Art „exotisches" Anhängsel war, mit dem man noch nicht so recht umzugehen wusste. Unser britischer Chef versuchte sein Bestes, sich überall durchzusetzen. Das ist ihm letztendlich auch gelungen, denn langsam wurden wir Architekten „im System" anerkannt und konnten den Bauingenieuren nun auf Augenhöhe begegnen. Und das Land warb innovative Architekten an, übrigens auch in der Bundesrepublik, nachdem ich schon einige Jahre in Ghana gearbeitet hatte.

Was jedoch fehlte, waren dringend benötigte Technische Zeichner. Deshalb richteten wir Ausländer noch vor Ende des Jahres 1960 eine Abendschule für Bauzeichner ein, die später auch von unseren Boten mit Mittelschulabschluss besucht werden konnte. Jeden Mittwoch gab ich dort nach Feierabend ehrenamtlich Zeichenunterricht. Die ersten erfolgreichen Prüflinge erhielten den offiziellen Status als Bauzeichner. Aus diesen Abendkursen wurde in den folgenden Jahren ein staatlich gefördertes Ausbildungspro-

gramm. Viele meiner Technischen Zeichner wurden hier geschult. Einige von ihnen haben nach wenigen Jahren Berufspraxis sogar noch an der Technischen Hochschule in Kumasi erfolgreich Architektur studiert.

Meinen Arbeitstag im Büro verbrachte ich überwiegend am Zeichentisch. Ich hatte zwar auch einen Schreibtisch, aber den benutzte ich kaum. Eine Reihe von Skizzen- und Vorentwürfen für die verschiedenen Projekte waren anzufertigen. Wurden diese abgesegnet, begann die Anfertigung der Werk- und Detailzeichnungen. Damit wurden dann meistens unsere Technischen Zeichner beauftragt. Von denen hatten wir nach einigen Jahren eine gut ausgebildete Truppe, sodass fast jeder Architekt seine eigenen Zeichner hatte. Meine beiden saßen mit mir zusammen in meinem Zimmer. Viele Kollegen und Kolleginnen unterrichteten noch jahrelang ehrenamtlich weiter in der Abendschule für Bauzeichner. Unsere „Internationalität“ sah ich dabei als großen Vorteil für die Auszubildenden, weil sie auf diese Weise ein breites Spektrum von Kenntnissen vermittelt bekamen.

Es gab außer uns Architekten im PWD natürlich auch die Angestellten in der Verwaltung, in der Buchhaltung und im Sekretariat. Denn Schreibkräfte brauchten wir auch für den Schriftverkehr mit den Auftraggebern und Baufirmen. Mit diesen Arbeitskräften und gelegentlich auch mit meinen Technischen Zeichnern hatte ich anfänglich manche Probleme, die durch ihre häufige Abwesenheit hervorgerufen wurden. Die meisten Gründe dafür waren nicht nur Krankheiten, sondern Begräbnisse. Ich musste erst lernen, dass für die Menschen hier ein regelrechter sozialer

Druck bestand, bei allen Begräbnissen präsent zu sein. Die ghanaische Familie ist eine Großfamilie. Zu der gehören nicht nur die eigenen Kinder, sondern die aller Geschwister, Cousinen und Cousins und deren gesamte Familien.

Ich merkte auch bald, dass es den Angestellten schwerfiel, Fehler einzugestehen. Man suchte die Schuld gerne bei anderen, manchmal auch bei den bösen Geistern. Das Problem konnten wir schnell lösen. Ich führte einmal in der Woche eine sogenannte halbstündige „Morgenandacht" ein. Nicht zum Beten, sondern zum Erörtern von Problemen, wie das Nichteinhalten von Terminvorgaben oder Zuspätkommen. Dieses gemeinsame Offenlegen von privaten Schwierigkeiten führte sehr bald zu einem besseren Verständnis untereinander.

Mit Liljana, einer neuen Kollegin aus Jugoslawien, erhielten wir endlich auch eine weitere Architektin. Später kamen noch zwei Polinnen dazu. In den ersten Jahren wurden mehr Ausländer aus „Ostländern" eingestellt, vorwiegend aus Polen und Jugoslawien. Später kamen auch Architekten aus anderen Ländern dazu, darunter der bekannte amerikanische Architekt Max Bond, der einige Jahre lang bei uns blieb. Alle waren hoch qualifiziert und sehr effizient in ihrer Arbeit. Ich habe diese Kolleginnen und Kollegen sehr geschätzt.

Wir wurden noch eine Zeit lang von Boten „betreut", aber auch das nahm mit den Jahren endlich ab. In unserem Büro wurden in einem kleinen Raum offene Regale eingerichtet mit Fächern für jeden Architekten. Da konnten wir nun selbst unsere Akten, Papiere, Schreiben und dergleichen für die „Empfänger" verteilen und an uns geschickte Unterlagen und Post abholen.

Was mich bis zum Ende meiner Tätigkeit im Bauministerium gestört hat, waren die laufenden Umstrukturierungen und Reorganisierungen, die aus dem Public Works Department (PWD) verschiedene Konstrukte fabrizierten, wie das *Department of Public Construction – DPC* (Abteilung für Allgemeines Bauen); dann eine *Ghana Construction Corporation – GNCC* (Ghana Baugesellschaft). Danach ging es wieder zurück zum alten PWD und letztendlich zur *Architectural and Engineering Services Corporation – AESC* (Architektur und Bauingenieur Service Gesellschaft). In der Zwischenzeit ist daraus die *Architectural and Engineering Services Ltd. – AESL* geworden, auch eine Dienstleistungsgesellschaft. Warum solche Restrukturierungen stattfanden, wurde uns nie genau erläutert. Für die AESC sollte endlich ein vollklimatisierter Neubau errichtet werden, dessen Planung und Verwirklichung aber nur sehr langsam vorankam. Dort sollte sich

dann alles mit unserer Arbeit verbundene unter einem Dach befinden. Außer der Architekturabteilung auch alle anderen für die Bauplanung und Ausführung von Projekten erforderlichen Fachkräfte, eine Fachbibliothek, ein Kopierraum, die Buchhaltung und Personalabteilung usw. und – keine Boten mehr! Aber bis es tatsächlich zu einem Umzug kam, floss noch viel Wasser den Volta-Fluss hinunter. Ich habe ihn zwar noch miterlebt, war da aber sozusagen schon mit einem Bein in Kumasi an der Universität.

Nach dem Putsch 1972 und dem Ende der Zweiten Republik in Ghana nahm das durch die regierenden Militärs hervorgerufene Durcheinander immer mehr zu. Ein Beispiel dafür war der plötzliche Beschluss, fast dreitausend der über 55 Jahre alten Regierungsbeamten in den Ruhestand zu versetzen. Die ohnehin nicht besonders effiziente Verwaltung im Land wurde so noch ineffizienter. Bei uns im Büro leerte sich mal wieder das Materiallager. Für die Bestellung dringend benötigter Dinge, wie zum Beispiel Briefumschläge, fühlte sich keiner mehr zuständig. Denn unser ungeliebter Lagerverwalter war auch in den „Früh“-Ruhestand geschickt worden. So blieben offizielle Briefe einfach tagelang liegen, bis jemand Umschläge organisiert hatte. Das war meistens ich. Auf unsere Beschwerden hin wurde uns im Ministerium gesagt, wir sollten doch die Boten, die es bei uns ja nicht mehr gäbe, wieder einstellen, damit sie Briefe in den verschiedenen Regierungs-

stellen wie früher persönlich abliefern könnten. Bald fehlten auch gewöhnliche Aktenhefter und Ordner. Sollte das etwa ein Ergebnis der vielgepriesenen „Selbstständigkeit" sein? In unserem Büro hatten wir seit Wochen kein Wasser mehr. Wir wurden nicht darüber informiert, warum das so war. Wie die Toiletten aussahen, muss ich hier nicht beschreiben. Weil unser Büroneubau noch nicht fertig war, fuhr ich schon seit geraumer Zeit zu Toilettenbesuchen ins Parlament Haus, wo ich immer noch ein gern gesehener Gast war, obwohl es nach dem letzten Putsch 1972 kein Parlament mehr gab. Die Politiker waren weg. Aber die Verwaltungsangestellten nicht. Die kamen jeden Tag „zur Arbeit". Auch die Telefone funktionierten immer seltener. Wenn ich genügend Benzin hatte, besuchte ich die verschiedenen Ministerien und Büros, die ich telefonisch nicht erreichen konnte, persönlich. Dass ein solches Vorgehen außer Nerven auch viel Zeit kostete, interessierte anscheinend niemand.

Ich war nach einigen Jahren meiner Tätigkeit befördert worden und nun ein *Senior Architect.* Aber ich gehörte schon vorher zum Führungskreis in unserem Büro, denn Abteilungsleiterin war ich bereits vom ersten Tag an gewesen. Da war mir die Leitung der „Allgemeinen Bauabteilung" übertragen worden. In dieser Abteilung wurden alle Bauten entworfen und bis zur schlüsselfertigen Übergabe betreut, die nicht in der Wohnungs-, Schul- oder Krankenhausbauabteilung verantwortet wurden. Einige Jahre später wurde mir zudem die Zuständigkeit für die Abteilung „Besondere Bauten" übertragen. Dazu gehörten der Umbau und die Erweiterungen des Parlament Hauses sowie alle neuen Postämter einschließlich der Telefonzentralen. In

der Wohnungsbauabteilung plante ich gegen Ende meiner Tätigkeit in Accra und Umgebung noch die verschiedenen ein-, zwei- und mehrgeschossigen Standardwohnhäuser für Verwaltungsangestellte und Beamte aller Ministerien der staatlichen und semistaatlichen Unternehmen. Das erste von mir entworfene und gebaute Gebäude in Ghana war das staatliche Materialprüfungsamt mit einem eigenen Labor und Büros in Weija im Westen von Accra. Meine zwei letzten Projekte für das Bauministerium waren eine große Werkstatthalle mit Nebengebäuden für das Marine College in Nungua und das Postgebäude im Stadtteil Mamprobi in Accra. Beide Projekte wurden noch vor meinem Umzug nach Kumasi eingeweiht.

Im Oktober 1975 gingen fünfzehn harte, oft entbehrungsreiche und doch unvergesslich schöne und prägende Jahre in Accra zu Ende. Ein neuer Lebensabschnitt an der Universität in Kumasi lag vor mir. Die Packerei war aufwendig, denn mein Hausrat hatte sich in all den Jahren erheblich vergrößert, sodass ein paar Kisten gezimmert werden mussten, damit alles, was zu meinem afrikanischen Leben gehörte, mitgenommen werden konnte. Diesmal ließ ich einige Wurzeln in Accra zurück. Die Verbindung zu Christian war für mich sehr wichtig und wurde nie unterbrochen. Auch nicht die zur Botschaft, zu meinen vielen ehemaligen Kolleginnen und Kollegen aus dem PWD-Büro und zu meinem ghanaischen und internationalen Freundeskreis. Zu meinem Accra-Leben gehörte vieles, was mir in Kumasi sicherlich fehlen würde: die Wochenenden am Meer in Ada, das Baden und Surfen bei Meile 13 und Prampram oder an der Paradies-Küste und auch der Poloklub. Doch ich hatte in den letzten Monaten

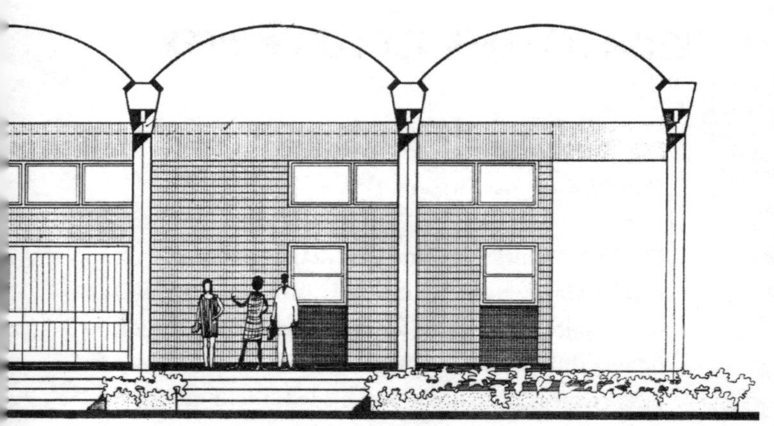

Teilfassade des neuen Postamtes in Mamprobi, Accra

in Accra schon unterschwellig die wachsende Neugier auf das gespürt, was mich an meiner neuen Arbeitsstätte in der Architekturfakultät der Universität in Kumasi erwartete. Dort würde ich mit Sicherheit neue Wurzeln schlagen. Und so sagte ich frohen Mutes: Auf ein Neues!

GEMALTES LEBEN AUF LEHMWÄNDEN

Das Auge sieht, der Geist versteht
(Sprichwort aus Tanzania)

Die Lehmbauten im Norden Ghanas habe ich zum ersten Mal auf einer Fahrt nach Tamale zum PWD-Regionalbüro wahrgenommen. Was meine Augen dabei erblickt haben, wurde von meinem Geist sofort erfasst. Der Lehm hat mich seitdem nicht mehr losgelassen und mein Leben geformt.

Seit Ghanas Unabhängigkeit war der Weg in die Freiheit und Selbstbestimmung nicht nur schwierig, sondern auch voller Hindernisse und verlustreich gewesen. Nach der anfänglichen Euphorie gab es große Probleme und Rückschläge. Nicht nur bei der Stabilisierung der wirtschaftlichen Entwicklung, sondern auch beim Aufbau einer nationalen Industrie und Infrastruktur, die den Zukunftsvisionen für das Land Rechnung trug. Das Leben der Menschen wurde durch tiefgreifende Änderungen beeinflusst, bei denen einige Gebräuche und vertraute Gewohnheiten aus der Vergangenheit verloren gingen. Über die Jahre hinweg haben sich viele Dinge, die zur Tradition im Leben der Ghanaer gehörten, verändert oder mussten den jeweiligen Verhältnissen angepasst werden. Dazu gehörten auch die Lehmbauten in der Savanne im Norden Ghanas mit ihren einmalig schönen Wandverzierungen. Kalk, Lehm, Sand und aus den Trümmern meiner zerstörten Heimatstadt

Magdeburg geborgene Backsteine, das waren die Baustoffe, mit denen ich nach dem zweiten Weltkrieg während meiner Maurerlehre von 1950 bis 1952 gearbeitet habe. Die Verwendung lokal vorhandener und traditioneller Baustoffe sowie die Nutzung eigener Rohstoffe für die Baustoffproduktion waren mir daher in meiner Berufspraxis als Architektin immer ein besonderes Anliegen gewesen. Die Liebe zum Lehm wurde zur Leidenschaft, nachdem ich die aus Lehm gebauten einheimischen Gehöfte in den Dörfern der Savanne im Norden des Landes kennengelernt hatte.

In den Anfangsjahren meiner Tätigkeit wurden jeder Planung noch die alten, aus der britischen Kolonialzeit stammenden Bauregeln zugrunde gelegt. Die Verwendung von Lehm als Baustoff fehlte darin allerdings. Dabei gab es

In einem Nankanse-Hof in Sherigu

in Ghana eine äußerst vielfältige Lehmbautradition und Lehmarchitektur. Ich hatte die wunderschönen Wohnhöfe der verschiedenen Ethnien während meiner Arbeit für das Bauministerium und später an der Universität in Kumasi, so oft ich es einrichten konnte, besucht. Für meine Liebe zum Lehm wurde ich häufig verlacht und „Lehmtante" getauft. Dieser Spitzname wurde mir angehängt, weil ich vom Lehm als Baustoff mehr hielt als von Beton, vor allem im Wohnungsbau. Das tue ich noch immer und trage den Namen daher mit Stolz. Bei der einzigen unangenehmen Auseinandersetzung, die ich mit einem Offizier der Militärjunta hatte, ging es darum, dass ich dem Lehm zu seinem verdienten Platz in der lokalen Bauindustrie verhelfen wollte. Der Offizier leitete das Bauministerium nach dem ersten Putsch, hatte aber selber vom Bauen keine große Ahnung. Ich hatte meine Auffassung über die Eignung des Lehmbaus für ein Entwicklungsland wohl mit zu großer Begeisterung vorgetragen. Es wurde mir sehr militärisch verkündet, dass man mich nach Hause schicken würde, wenn ich nicht sofort damit aufhörte, den Lehm als Baustoff zu empfehlen. Lehm sei primitiv und gehöre der Vergangenheit an. Beton und Zementsteine hingegen verkörperten den Fortschritt. Mir tat der militärische Minister eher leid, denn nach seiner Gardinenpredigt wurde ich erst richtig zur Lehmtante.

Erst in den Achtzigerjahren gelang es durch den Einsatz einiger unserer ghanaischen Architekten und ausländischen Fachkräfte mithilfe der Architektenkammer, den Lehm als Baustoff in die sogenannten *General Specifications* (Bauvorgaben) aufzunehmen und auch in den später formulierten Bauregeln zu verankern. Ich half dabei so gut

ich konnte noch von der Universität in Kumasi aus mit. Es blieb jedoch noch lange sehr schwierig, staatliche Auftraggeber in Ghana davon zu überzeugen, dass fachgerecht verarbeiteter Lehm dauerhaft, umweltfreundlich, energiesparend und gesund sei. Dabei eignete er sich hervorragend für Bauprojekte in ländlichen Gegenden, wo die hohen Transportkosten der nicht vor Ort hergestellten Materialien die Baukosten erheblich erhöhten, aber auch für das Bauen städtischer Wohnsiedlungen. Wenn Lehm als ältester Baustoff der Menschheit mit modernen Techniken verarbeitet würde, wäre seine Akzeptanz auch bei der Bevölkerung gesichert.

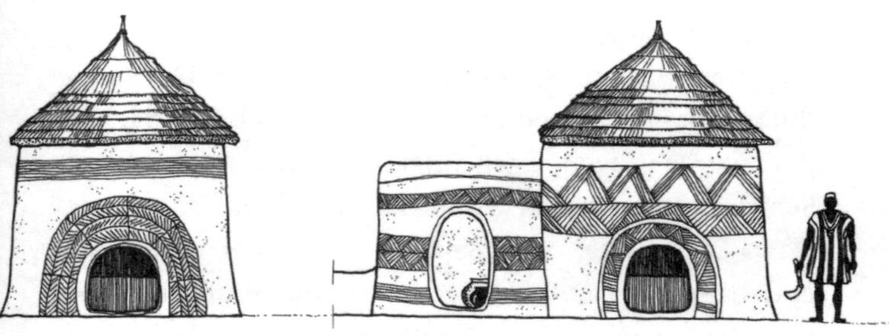

Typische Ritzverzierungen der Talense im Tongo Gebiet

Zu den ersten in Ghana aus Lehm gebauten und sanierten nationalen Denkmälern gehören in der Zwischenzeit die alte Kathedrale in Navrongo und die Moschee in Larabanga sowie verschiedene Ashanti-Fetischhäuser. Das Bauen mit Lehm war traditionell Männersache. Die Männer kannten die verschiedenen Lehmarten in ihrer Gegend, die sie für unterschiedliche Teile des Maueraufbaus und für die Flachdächer benötigten. Für die Wände

entwickelten sich im Land vier Bauweisen: In den meisten bewaldeten Gegenden der Lehmbewurf von Flechtwerk in einer Holzständerkonstruktion; der Stampflehm in gebirgigen Regionen, vor allem im Osten Ghanas; die von den Missionaren eingeführte Herstellung von in der Sonne getrockneten Wandbausteinen und auch die als *puddled mud* bezeichnete Technik, bei der aus Lehm und Stroh mit Kuhdung gemischte Kugeln zum Stabilisieren schichtweise aufeinandergeworfen, eingedrückt und abgestrichen werden. Das ist die Bauweise, die fast überall in den Savannengebieten im Norden Ghanas angewendet wurde. Für das Glätten und Stampfen der Fußböden, den Innen- und Außenputz und die Verzierungen der Wände waren die Frauen zuständig. In Nordghana hatte jede Ethnie ihren eigenen Baustil und eigene Methoden für die Putzverzierungen und Bemalungen der Lehmwände. Der Putz wurde in zwei Lagen aufgetragen. Die abschließende Schicht wurde mit dem Sud ausgekochter Schoten des Dawa-Dawa- oder Néré-Baums – einem der wichtigsten Nutzbäume der Savanne – bespritzt und mit flachen Steinen glatt gerieben. Die Oberfläche erschien danach fast spiegelblank und war wasserabweisend. Die Dekorationen waren von einer tiefen Symbolik und zeigten Darstellungen aus dem alltäglichen Leben der Einwohner. Ich war von Anfang an von ihrer Schönheit überwältigt. Bedauerlicherweise gibt es heute viele der von den „Malerinnen

Symbole für die Größe eines Kassena-Häuptlings im Hof des Chiefs von Paga

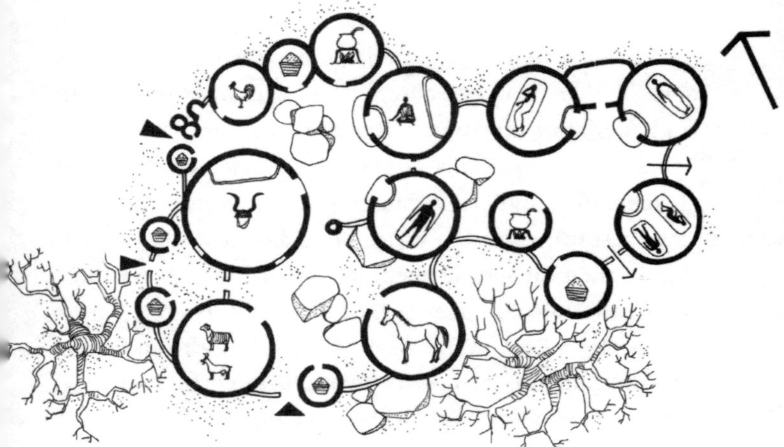

Teilgrundriss des Talense Chiefs in Tongo

der Savanne“ in höchstem Maße kunstvoll auf die Wände aufgebrachten Darstellungen nicht mehr.

Das Symbol des alles umschließenden und umfassenden Kreises als Abbild von Sonne und Mond, vom Rad bis hin zum Lebenszyklus, spielte bereits beim Bau der traditionellen Rundhäuser als Teil eines größeren, meist kreisförmig angelegten Wohngehöfts eine wichtige Rolle. Von außen betrachtet ähnelten die Wohnhöfe kleinen Burgen. Der Hofeigentümer lebt darin mit seinem ganzen Familienklan. Ein solcher Hof bestand daher aus mehreren großen Rundhäusern und war umgeben von einer fensterlosen Mauer, die bis in Traufhöhe der Dächer reichte. Vor dem zumeist im Südwesten gelegenen Eingang befand sich ein großer, überdachter Sitzplatz. Beim Bauen eines neuen Gehöfts half man sich gegenseitig. So wurden die Kenntnisse des traditionellen Bauens von Generation zu

Generation weitergegeben. Der Lehm formte auf diese Weise auch den Zusammenhalt der Gemeinschaft. Als sich in den Siebzigerjahren nach den Militärputschen und mehreren korrupten Regierungen die wirtschaftliche Situation in Ghana immer mehr verschlechterte und Buschbrände und Dürrekatastrophen im Norden des Landes hinzukamen, fielen Tätigkeiten, die nicht unmittelbar der Existenzsicherung dienten, wie das zeitaufwendige Verzieren von Putzoberflächen durch die Frauen, zuerst dieser Not zum Opfer. Es gab Wichtigeres zu tun für die von der Subsistenzlandwirtschaft lebenden Menschen in der Savanne. Dennoch gibt es in Ghana im Rahmen der Tourismus-Förderung zwischenzeitlich Bemühungen, das „gemalte Leben auf Lehmwänden" wieder zu beleben. Für

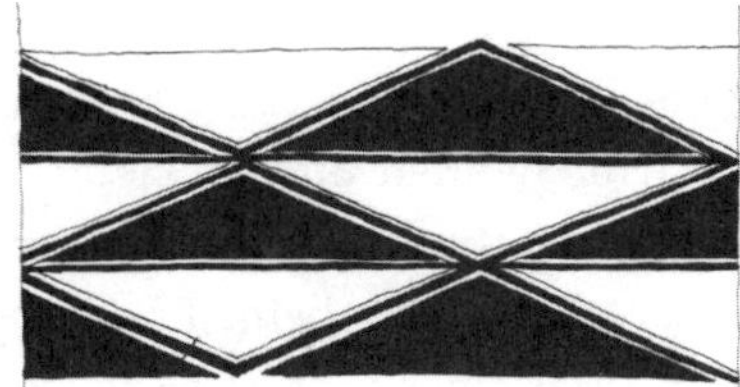

„Zalenga" – das Netz, in dem Frauen ihre Aussteuer und Wertsachen aufheben, in Schwarz-Weiß auf den Putz gemalt

„Webmuster", ebenfalls in Schwarz und Weiß auf den Putz gemalt

Verzierungen der Nankanse in Sherigu

die Innenverzierung der Kathedrale in Navrongo mussten nach der Sanierung der Kirche allerdings erst einmal alte Frauen der Nankanse-Ethnie ausfindig gemacht werden, die jüngere Malerinnen in der Kunst der Dekorationstechniken anlernen konnten. Heute gehören viele der noch bestehenden Höfe mit ihren wunderschönen Malereien und Einritzungen zu beliebten Touristenzielen in Ghana.

Die starke Ausdruckskraft der ghanaischen Lehmarchitektur begann mich zu beeinflussen. Ich konnte mir eine moderne Architektur für Ghana vorstellen, in der sich die Formschönheit und Farbigkeit afrikanischer Gestaltungselemente widerspiegelt. Plötzlich erschienen mir unsere Entwürfe langweilig, trotz der Berücksichtigung aller für das ghanaische Klima notwendigen Anforderungen. Aber es würde schwer werden, sich von den uns vertrauten, überlieferten Formen der Geometrie zu lösen und plastische Elemente ohne „Ecken und Kanten" zu realisieren. Ich hatte dabei stets die Rundhäuser in den nordghanaischen Höfen vor Augen mit ihren verbindenden, zusammenhaltenden und raumbildenden halbhohen Mauern, über die oder durch die man von einem in den anderen Hofbereich gelangte. Und selbst da, wo ein Hofbesitzer ein rechteckiges Haus als Zeichen der „Neuzeit" baute, rundete er dessen Ecken meistens ab. Unsere auf Recht- und Vierecken basierenden Entwürfe waren materialbedingt: Der Ziegelstein ist nun mal rechteckig. Heraus kamen dabei immer einfache und schlichte Bauten, die kein „Aha-Erlebnis" vermittelten. Es war, als verharrten wir alle in einer Art „Starre". Aufgelockerte Rundformen, gleitende, fließende Linienführung – warum sollte es nicht möglich sein, das in unseren Entwürfen zum Ausdruck zu bringen?

Bei meinen Reisen durch den Norden des Landes erklärte mir ein Kusase-Bauer in der Nähe von Zebila, dessen Hof ich sehr häufig besucht habe, warum er nie scharfkantig bauen würde: Ziegen würden sich gerne an solchen Kanten reiben, Kinder stießen sich daran, wenn sie herumtobten. Und dabei würden Mauerecken aus Lehm nun mal beschädigt. Das erschien mir logisch. Es war jedoch sehr schwierig, das meinen Kollegen und vor allem den Vorgesetzten zu vermitteln. Als „Lehmtante" abgestempelt, musste ich ohnehin immer vorsichtig sein, meine Liebe zu diesem Material nicht zu lautstark zu äußern. Oft zog ich es vor, sie hinter ästhetischen, statischen oder praktischen Erwägungen zu verbergen.

Nach dem Entdecken der Lehmarchitektur in Ghana wurden die folgenden Jahre für mich zu „Jahren der Suche". Erst als ich meine Lehrtätigkeit an der Universität in Kumasi begonnen hatte, fand ich dort offene Ohren. Bis zum Ende meiner Tätigkeit in Ghana schwebte mir eine ästhetische Formgebung für eine moderne Architektur vor mit typisch afrikanischen, hauptsächlich auf Ghana bezogenen Ausdruckselementen, die trotz aller Einschränkungen durch Material- und Energieengpässe mit einfachen Techniken, lokal vorhandenen Baustoffen

Verzierungen an den Häusern im Hof des Builsa-Häuptlings in Sandema

und eigenem Know-how gestaltet werden könnte. In meinem Arbeitsalltag mit dem Zeitdruck durch festgesetzte Termine fehlte mir allerdings die innere Ruhe, die ich gebraucht hätte, um mich mit dieser Thematik intensiver auseinandersetzen zu können.

Heute kann ich jedoch glücklich feststellen, dass viele meiner Ideen bei meinen Studenten auf fruchtbaren Boden gefallen sind. Als Architekten haben sie versucht, typische lokale Gestaltungselemente in ihren Entwürfen einzubeziehen. Um meine eigenen Ideen dazu zum Ausdruck zu bringen, fertigte ich verschiedene Studien an. Unter anderem auch eine für Arbeiter- und Angestelltenunterkünfte der Bolgatanga Fleischfabrik. Im Rahmen der deutschen Entwicklungszusammenarbeit wurden der Bau und die Einrichtung eines Werkes zur Herstellung von Corned Beef finanziert. Zu dem damaligen deutschen Leiter unterhielt ich gute Kontakte, bis er das Land verließ. Er hatte ein offenes Ohr für meine Vorstellungen vom Bau einer „anders“ gestalteten Arbeitersiedlung. Doch seine Suche nach Sponsoren für deren Verwirklichung war leider erfolglos. Denn auch in der Bundesrepublik gab es zu der Zeit noch kein Verständnis für die Ideen der „Lehmtante“. So blieb dieses Vorhaben ein Traumprojekt.

Schlagen und Stampfen von Lehmfußböden in Nordghana

HIGHLIFE – DER AFTERNOON JUMP

Wenn du sprechen kannst, kannst du singen.
Wenn du gehen kannst, kannst du tanzen
(*Sprichwort aus Ghana*)

Ich habe zu Hause immer gerne getanzt. Aber richtig tanzen gelernt habe ich erst in Ghana beim „Afternoon Jump".

Es hatte sich im Laufe meiner Arbeitsjahre in Accra ergeben, dass ich wenigstens einmal, manchmal auch zweimal im Monat mit meinen beiden Technischen Zeichnern ins „Star Hotel" ging. Dort gab es immer das von Engländern gebraute „Star" Bier. Und dort fand jede Woche am Freitagnachmittag der *Afternoon Jump* auf der großen Terrasse statt, eine Tanzveranstaltung allerhöchster Klasse. So etwas hatte ich noch nie erlebt. Es wurde zu den typischen Rhythmen der ghanaischen Highlife Musik getanzt. Ebenezer, einer meiner Bauzeichner, wollte mir unbedingt beibringen, mich locker und hüftenschwingend zum Highlife zu bewegen. Das können die Afrikanerinnen ganz hervorragend, es ist ein Genuss, ihnen beim Tanzen zuzusehen. Wir europäischen Frauen bewegten uns dabei viel zu steif und ungelenk, meinte Ebenezer. Das sähe komisch aus. Ich konnte ihm nur zustimmen. In der Tanzschule vor dem Abitur hatte ich Walzer, Foxtrott und Tango tanzen gelernt. Aber diese eingeübten Schritte waren nichts im Vergleich zu den sinnlichen Highlife-Bewegungen. Das

wollte Ebenezer nun unbedingt ändern. So übte ich bei unseren Tanznachmittagen im „Star“ emsig, meine Hüften locker und schwingend zu kreisen – zum großen Vergnügen aller Beteiligten. Dabei floss das Bier aus dem Fass, was natürlich den Lerneffekt enorm förderte.

Der afrikanischen Vorstellung einer schönen Frau entsprach ich allerdings ganz und gar nicht. Da fehlten erstens die „Rundungen“ hinten. Mein Hinterteil war recht fest und muskulös durch das viele „wilde“ Reiten beim Polo und die langen Ausritte mit unseren Pferden. Zum anderen fehlten mir auch vorne die großen, runden Wölbungen – ich hatte nun mal kleinere Brüste. So wollten sich die beim Highlife tanzen erzeugten „Schwingungen“ bei mir nicht so richtig auf diese Körperteile übertragen. Zu den sinnlichen Tanzbewegungen des Highlifes brauchte eine Frau ganz offensichtlich einen schönen dicken und gut gerundeten Po und große, pralle Brüste! Dann machte das Zusehen einen Riesenspaß. Vielen Männern raubte es manchmal förmlich den Verstand. Man konnte immer herrliche Beobachtungen machen. Als mich einmal ein schon recht bierseliger und sichtlich animierter Ghanaer zum Tanzen aufforderte, wurde er ziemlich unhöflich von meinen beiden Begleitern darüber informiert, dass ich zu ihnen gehörte und außerdem Karate beherrschte. Woher sie diese Kenntnis nahmen, war mir ein Rätsel. Als er sich entschuldigen wollte, stolperte der arme Mann über seine eigenen Füße und fiel hin. Doch lachend stand er wieder auf und zog tanzend und singend von dannen.

Highlife ist eine typisch ghanaische und nigerianische Tanzmusik, die durch die Vereinigung westlicher und afrikanischer Rhythmen entstanden ist. Es gibt den *Gospel*

Highlife, den *Reggae Highlife*, den *Black Pop Highlife*. Alle, auf verschiedenen Instrumenten gespielten Stilrichtungen verbinden sich dabei zu hinreißender Musik. Heutzutage ist auch der Hip-Hop vereinnahmt worden. Der ghanaische Trompeter und Bandleader E.T. Mensah wurde damals als „König des Highlifes" bezeichnet. Seine Musik war zu meiner Zeit in Ghana „voll in". Mensah hat sogar zusammen mit Louis Armstrong gespielt, als der Ghana besuchte. Ende der Sechzigerjahre hat die ghanaische Highlife-Band „Osibisa" mit ihrem Afro-Rock in England große Erfolge gefeiert. Viele andere Namen fallen mir ein: George Darko, C.K. Mann, die „Ramblers International", „Uhurus" und die „City Boys". Von einigen habe ich noch Musikkassetten, die mir hin und wieder helfen, eine Brücke der Erinnerung nach Ghana zu bauen. Kaum zu glauben,

aber dabei schwinge ich meine Hüften und fühle mich himmlisch! Mein „Tanzlehrer“ Ebenezer erhielt später ein Stipendium von der DDR für eine Ausbildung zum Bautechniker in Leipzig. Zunächst ging es nach Dresden zum Deutschlernen und danach nach Leipzig zur Ausbildung. In Dresden wohnte er doch tatsächlich im gleichen Wohnheim, in dem auch ich 1952 zum Beginn meines Studiums an der Technischen Hochschule untergekommen war! Ich hoffte sehr, dass seine „Betreuer“ ihn mit sozialistischen Parolen und dergleichen in Ruhe lassen würden. Sie waren nämlich ziemlich erstaunt gewesen, dass Ebenezer als gläubiger Christ sonntags in die Kirche gehen wollte. Gegen Ende seiner Ausbildung besuchte er meine Mutter in Magdeburg und wurde dabei zum „Star“ in der Nachbarschaft, denn er sprach inzwischen gut Deutsch, wenn auch mit leicht sächsischer „Färbung“. Die Kinder wollten ihn alle anfassen, um herauszufinden, ob seine Farbe auch „echt“ ist. Ich weiß leider nicht, was aus ihm geworden ist; denn als er Anfang der Siebzigerjahre nach Ghana zurückkehrte, war ich nach einer erneuten „Reorganisation“ in ein anderes Büro umgezogen. Er kam nicht mehr zu uns zurück; vermutlich hatte er in einem anderen Architekturbüro eine bessere Anstellung gefunden. Und ich war nun beruflich so eingespannt, dass mir die Zeit zum Highlife tanzen fehlte. Das habe ich immer bedauert. Denn Highlife und Ghana gehören einfach zusammen!

DIE ERDE BEBT

Niemand kennt die Geschichte vom morgigen Sonnenuntergang
(Sprichwort aus Guinea)

Von Erdbeben in Ghana bin ich völlig unvorbereitet überrascht worden. Mehrmals habe ich sie in Accra erlebt und war jedes Mal dabei fast zu Tode erschrocken.

Als Präsident Kwame Nkrumah nur noch mit seiner eigenen Partei diktatorisch regierte, nahmen Attentate auf ihn zu. 1964 gab es erneut einen solchen Versuch, den er wiederum überlebte. Verschiedene Leute verloren danach ihre Posten und der Polizist, der den Präsidenten töten wollte, sein Leben. Bekannte Oppositionelle der Regierung wanderten ins Gefängnis. Der Präsident schuf daraufhin einen eigenen Sicherheitsdienst und steckte ihn in braune Uniformen. Für mich war es ein Gräuel so etwas in meiner neuen Heimat erleben zu müssen. Es fehlte nur noch das Hakenkreuz. Wir hatten in den Tagen vor dem Attentatsversuch – es war Januar und mitten in der Trockenzeit – einen völlig überraschenden und äußerst heftigen Regenschauer mit einem begleitenden Gewitter erlebt. Das war ein eigenartiges und sehr ungewöhnliches Wetterphänomen zu dieser Jahreszeit. Der Harmattan war extrem trocken gewesen und hielt lange an. Wir hatten fast

alle im Büro „Saharaschnupfen“ und aufgeplatzte Lippen. Ein neuer, völlig utopischer Sieben-Jahres-Entwicklungsplan war gerade von der Regierung feierlich verkündet worden. Am Mittag des gleichen Tages gab es ein Erdbeben. Ghanaische Geologen bezeichnen diese tektonischen Beben als „Erdstöße“. Für einen „Neuling“ wie mich war das ein erschreckendes Erlebnis. Ich kam gerade aus der Garage und war auf dem Weg in meine Wohnung, als aus dem Boden unter meinen Füßen plötzlich ein dumpfes Grollen kam und alles um mich herum zu schwanken begann. Ich taumelte mit und war kurz vor dem Umfallen. Mein Hausgehilfe Kofi kam mit einem Topf voller Tomatensuppe in der Hand zusammen mit den anderen Stewards die hintere Treppe unseres Hauses heruntergestürzt. Das laute, dröhnende Geräusch und Schwanken und Wackeln dauerte mehrere Sekunden. Für mich war es eine Ewigkeit und sehr unheimlich. Die Tomatensuppe wurde zwar ein Opfer des Bebens, aber glücklicherweise wurde niemand verletzt. Am Tag darauf erlebten wir zwei weitere, nicht ganz so starke Nachbeben.

Das Überleben der Attentate und die Beben – da sie keine größeren Schäden verursacht hatten, bis auf Risse in einigen Gebäuden in der Stadt – sowie der plötzliche Regen zuvor wurden in der parteitreuen Presse der „Göttlichkeit“ des Präsidenten zugeschrieben. Manchmal mochte man diese Druckerzeugnisse nicht mehr lesen. Viele Stimmen meinten, dass solcherart bedrucktes Zeitungspapier nicht mal mehr als Klopapierersatz verwendbar sei, da man sich mit den darin enthaltenen Unwahrheiten den Allerwertesten verletzen würde. Nun wurde auch noch zur politischen Jagd auf „Gerüchtemacher“ geblasen.

Da genügte schon eine Anzeige wegen kritischer Äußerungen über den Präsidenten und die beschuldigte Person verschwand kurzerhand von der Bildfläche. Im Büro unterhielten wir Ausländer uns nur noch über das Wetter und unsere Arbeit. Ich hätte nie gedacht, dass man sich in Ghana den mir so leidvoll aus der DDR bekannten „Blick über die Schulter" aneignen würde, um sicherzugehen, dass sich niemand hinter einem befand, der mithörte. In der Nacht vom 19. auf den 20. Juli, dem Tag, an dem die neue Währung in Ghana eingeführt wurde, bebte die Erde erneut. Es war zwar nur ein kurzes Beben, aber mein Bett rutschte ein ganzes Stück durchs Schlafzimmer. Ich fiel vor Schreck fast raus. Begleitet wurden die wenige Sekunden andauernden Erdstöße wieder von einem eigenartigen, sehr unheimlichen Geräusch – ähnlich einem tiefen, lauten Grollen –, das aus der Erde unter uns zu kommen schien. Vom Volk wurde sofort verbreitet: „Das alles käme von der menschenunwürdigen Behandlung der in verschiedenen Gefängnissen des Landes einsitzenden Mitglieder der Opposition". Darüber hatten wir in der Tat erschreckende Geschichten gehört. Wie viele genau in den Gefängnissen dahinvegetierten, wusste niemand. Doch wir wussten, dass Dr. Danquah, der frühere Weggefährte von Kwame Nkrumah, in Gefangenschaft gestorben war. Der „Erlöser" Kwame Nkrumah selbst trat in dieser Zeit nach mehreren Attentatsversuchen kaum noch öffentlich in Erscheinung.

Telephone. LANGHAM 0607-8-9.
Telegrams. GHANASTAFF, LONDON, TELEX.
Cables: GHANASTAFF, LONDON.
Teltx. 23125.

My Ref.
Your Ref.

GHANA HIGH COMMISSION,
OFFICE OF THE DIRECTOR OF RECRUITMENT,
248-250, TOTTENHAM COURT ROAD,
LONDON, W. I.
ENGLAND.

16th August, 1960.

TO WHOM IT MAY CONCERN

This is to certify that Miss Hanna M.M. Schreckenbach has been appointed as Architect in the Ghana Civil Service for a period of 18 months and she is due to fly to Ghana on 25th September, 1960.

(J. Nti)
for DIRECTOR OF RECRUITMENT
(Overseas)

Bestätigung der Anstellung als ghanaische Beamtin, 1960

Ankunft in Accra, 26. September 1960

No Time to Die - eine typische Mammy Lorry

Zustand der Straße von Kumasi nach Accra, 1979

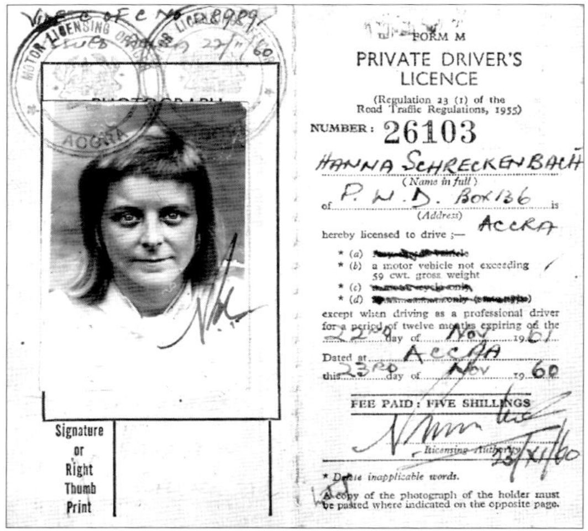

FORM M

PRIVATE DRIVER'S LICENCE

(Regulation 23 (1) of the Road Traffic Regulations, 1955)

NUMBER: 26103

HANNA SCHRECKENBACH
(Name in full)

of P. W. D. BOX 136 is
(Address) ACCRA

hereby licensed to drive ;—

* (a) ~~[struck out]~~
* (b) a motor vehicle not exceeding 59 cwt. gross weight
* (c) ~~[struck out]~~
* (d) ~~[struck out]~~

except when driving as a professional driver for a period of twelve months expiring on the 22ND day of NOV 1961

Dated at ACCRA
this 23RD day of NOV 1960

FEE PAID: FIVE SHILLINGS

Licensing Authority 23/XI/60

* Delete inapplicable words.

A copy of the photograph of the holder must be pasted where indicated on the opposite page.

Signature or Right Thumb Print

Mein Ghana Führerschein, 1960

Unterwegs mit dem Simca auf dem Weg nach Bolgatanga, 1968

Markteinkäufe in Accra, 1961

Yaro mit der erlegten, 2,20 m langen grünen Mamba, Kumasi, 1978

Kofis Frau beim Fufustampfen, 1970

Kofis Familie, 1974

Kofis Frau beim Oware Spiel in Accra, 1965

Bei der Arbeit im PWD-Büro in Accra, 1963

Der Abendkurs für Technische Zeichner, 1962

Antrittsvorlesung bei der Eröffnung des Studienjahres an der Universität in Kumasi, 1975

Entwurfsseminar in den Semesterferien 1980 in der Volta Region

Bürogebäude des Public Works Departments in Accra, 1960

Fertiger Umbau des Parlament Hauses in Accra, 1972

Dorf an der Straße nach Tamale mit Blitzableiterbaum, 1962

Yamsfeld in der Nähe von Tamale, 1962

Ein großer Baobab bei Bolgatanga, 1962

Durbar – ein Treffen der Häuptlinge in Mampong

Verzierung der Lehmarchitektur in einem Nankanse Hof, 1972

Im Hof des Frafra Häuptlings in Zuarungu, 1970

Adinkra Drucker in Ntonso bei Kumasi, 1970

Ashanti Goldgewicht

Bei den Sargtischlern in Teshie, 1970

Neues Einbaumkanu, transportiert in einer Mammy Lorry, 1974

Schiedsrichtern beim Polo auf Maikuni, 1970

Mein erster Silberbecher nach dem Gewinn des Lady Bagge

Tests mit einem Luftschiff in Kumasi, 1976

Flug mit dem Luftschiff über Anloga vor Kumasi, 1976

Badeküste bei Ada, 1964

Morgendliche Begegnung in den Bergen bei Amedzofe, Weihnachten 1980

Einige Jahre später, nach dem ersten Militärputsch und dem Sturz des Präsidenten, erlebte Ghana drei tektonische Erdbeben. Da wohnte ich bereits in meiner letzten Accra-Wohnung in der Nähe vom Flughafen. Die sehr kräftigen und beim zweiten Beben über zehn Sekunden lang andauernden Erdstöße waren furchterregend. Ich war mitten in den Urlaubsvorbereitungen. Meine Freundin Eike, die während meiner Abwesenheit die Wohnung hüten wollte, war bereits zu mir gezogen. Sie hatte noch nie ein Erdbeben erlebt, war kreidebleich und zitterte noch lange danach am ganzen Körper. Mein größter Schreck war dieses Mal jedoch, dass der Käfig mit Eikes Graupapagei „Simon" von der Balkonbrüstung gefallen und der Vogel aus dem Käfig in den Garten nach unten geflattert war, wo er kreischend und pfeifend auf dem Rasen hockte. Für mich hieß es jetzt, so schnell wie möglich nach unten laufen, damit ich eher bei ihm war, als meine beiden Katzen. Beim Versuch, den völlig verschreckten Vogel einzufangen, wurde ich natürlich von ihm gebissen. Aber der Papagei, der so schön sprechen und sogar die tackernden Geräusche von Eikes Nähmaschine perfekt nachahmen konnte, war gerettet und lebte. Ich auch, mit blutendem und schmerzendem Finger. Die Narbe kann ich heute noch vorzeigen!

Beim ersten Erdstoß war ich noch im Büro gewesen und telefonierte gerade. Das Beben dauerte nur wenige Sekunden, aber ich stand plötzlich mit dem Hörer in der Hand mutterseelenallein da. Alle anderen waren nach draußen gerannt, wohin ich ihnen dann aber schleunigst folgte. Erst danach bin ich nach Hause gefahren und erlebte dort das zweite Beben. Wir alle hatten Angst, dass in der folgenden Nacht Nachbeben kommen würden, aber es war nur ein

kleiner Stoß, der uns am Abend nochmals aus dem Haus trieb. In unserem Gebäude zeigte sich nur ein Riss in der Treppenhausstützwand, der bald neu verputzt werden konnte. In Accra gab es jedoch beachtliche Schäden an verschiedenen Bauten, vor allem im alten Stadtteil Nima.

Der Grund für die Erdbeben beruht auf der Tatsache, dass die Verlängerung der Akwapim-Togo-Bergkette bei Accra bis an die Küste heranreicht und hier von mächtigen Verwerfungen gegen die ozeanische Kruste abgeschnitten wird. So entstand eine Ost-West-Bruchlinie, an der sich Verschiebungen ereignen, die tektonische Erdbeben erzeugen können. Hin und wieder wackelt es also in Ghana!

Doch das letzte große und fatale Erdbeben liegt schon lange zurück. Es hatte Ghana und Togo im Jahr 1906 erschüttert und richtete sehr große Schäden in Accra an. Ich jedenfalls war froh, dass ich keine weiteren Erdbeben während meiner Zeit dort erleben musste.

ÜBER PARADIESE UND REISEN GEN HIMMEL

Das Herz sieht weiter als das Auge
(Sprichwort aus Ghana)

Das Meer, die Brandung und Boote, die sie überwinden, weißer Sand an der Küste und schattenspendende Palmen, die Kunst des Baus von Särgen für das Lebensende und die Reise in den Himmel – mein Auge sah die Schönheit der Natur und erkannte die Symbolik für den letzten Abschied. Mein Herz erfasste die Tiefe des dahinter liegenden Unbekannten.

Accra war mit schnell erreichbaren Küstenabschnitten gesegnet, die an den Wochenenden zum Ausruhen einluden und zum Baden und Surfen im Meer, wenn die Brandung es erlaubte. Weite weiße Sandstrände sind charakteristisch für Ghanas Küste. Unsere Lieblingsorte lagen bei der Meile 13 westlich von Accra, bei Prampram und an der Paradies Küste in der Nähe der Hafenstadt Tema, alle nur wenige Kilometer von Accra entfernt. Die unvergesslichsten Erlebnisse hatte ich jedoch im Delta des Volta-Flusses bei Ada, einem Küstenort nahe der togolesischen Grenze. Mein erster Osterausflug führte mich 1961 dorthin, in Begleitung von John, dem britischen Chefarchitekten. Die Dänen hatten hier 1783 ein Fort erbaut, um ihren Handel zu schützen. Auch die Basler Mission eröffnete 1867 eine Station an diesem Ort. In der damaligen Gold-

küste konzentrierte sich die Basler Missionstätigkeit auf die Ausbildung junger Ghanaer zu Katechisten, Lehrern und Handwerkern. Ada wurde zu einem wichtigen Handelszentrum, leider auch für den Sklavenhandel.

Es gab wunderschöne Sandstrände im Flussdelta des Volta auf den kleinen sich dort gebildeten Inseln, die – bis auf Fischer mit ihren Kanus – oft menschenleer waren. Um die Inseln im Delta zu erreichen, brauchte man allerdings ein Boot. Erst zwei Jahre später bin ich mit Kenneth Scott, seiner Frau Mary und ihren Kindern an einem Wochenende im März zum ersten Mal im Volta Delta auf einer der Inseln gewesen. Wir übernachteten in Ada in einem Haus, das Kenneth dort gemietet hatte. Im Hafen lag sein kleines Motorboot. Von da an wurden meine Besuche in Ada und auf der Insel im Delta zu Höhepunkten an den Wochenenden. Mit Schweizer Freunden hatten wir dann auch die Möglichkeit, Wasserski zu fahren. Es hat lange gedauert, bis ich das auf den zwei Skibrettern einigermaßen gut beherrschte. Die heutigen modernen Surfski gab es damals noch nicht. Bei unseren Besuchen fuhren wir frühmorgens auch immer zum Angeln ins Flussdelta. An der langen Angelschnur wurden *wobbler* angebracht. Das sind unterschiedlich große Fischattrappen, die aus Einzelteilen oder lose zusammengefügten Gliedern aus Leichtholz oder Metall bestehen und das Schwimmen eines Fisches nachahmen. Die Schnur wird bei langsamer Fahrt mitgeschleppt. Wir angelten uns auf diese Weise oft unser Mittagessen. Barrakudas oder Schnapper bissen häufig an. Wenn wir großes Angelglück hatten, tauschten wir in Ada unsere Fische gegen Hummer ein, die die Einheimischen nicht aßen. An einem Wochenende mit meinen Schweizer

Küste bei Biriwa

Freunden zog ich sogar einen zehn Pfund schweren Barrakuda ins Boot. Dieser große Fisch war den Fischern in Ada zehn Hummer wert. Das tollste Erlebnis war mein fast dreiviertelstündiger Kampf mit einem am Angelhaken hängenden Roten Schnapper, der knappe drei Kilo wog. Kein ungefährlicher Kampf, denn diese Fische haben „schnappende“ Zähne und Rasierklingen scharfe Rückenflossen.

Wir hatten alles, was man zum Essen und Trinken benötigte, in großen Kühlboxen dabei. Jugendliche aus Ada begleiteten uns immer und halfen hinterher beim Aufräumen. Kenneth kannte mehrere Familien in Ada und auch den Häuptling. Er war dort ein stets gern gesehener Gast.

Aber auch die anderen Küstenorte besuchten wir an den Sonntagen. Viele der in der Nähe unserer Badeorte lebenden Fischer hatten kleine Parzellen unter den hohen Kokospalmen abgesteckt, die man mieten konnte.

Betreuung, Aufräumen und Reinigung durch die Kinder der Fischer waren im Mietpreis mit inbegriffen. Die Kinder passten dann auch auf unsere Autos und Sachen auf, während wir lustig im Wasser plantschten oder surften. Ich wanderte oft stundenlang am Strand entlang, der an manchen Stellen völlig menschenleer war. Die Brandung war meistens sehr stark. Vorsehen musste man sich beim Schwimmen vor dem Sog hinaus ins Meer besonders bei Ebbe. Geriet man in einen solchen Sog, hieß es, Ruhe bewahren und sich von der Brandung auf dem Rücken liegend, einfach treiben zu lassen. Man kam dann manchmal erst etliche Kilometer weiter entfernt ans Ufer zurück. Wer das nicht wusste, geriet oft in Panik. Mir ging es am Anfang auch so. Aber ich vermied es danach, bei Ebbe im Meer zu schwimmen. In der Nähe der Paradise Beach befand sich ein kleines Fischerdorf, das umgeben war von riesigen Kakteen und Kokospalmen. Die dicken Kokosnüsse wurden uns meistens von den Kindern angeboten, die sie wiesel-

flink von den Bäumen herunterholten. Saft und Fleisch der Nüsse waren immer eine herrliche Erfrischung. In der See auf dem Wasser liegend, blickte man in den wolkenlosen blauen Himmel über sich und wurde dabei sanft auf und ab geschaukelt. Manchmal berührte einen die kalte Seite eines flüchtenden Fisches. Ich konnte durch das grünblaue Meerwasser bis auf den algenumwehten Grund sehen. Was war das für eine aufregende, bewegende und wunderschöne Welt!

Wer in den Sechzigerjahren des vergangenen Jahrhunderts auf Ghanas Straßen viel unterwegs war, dem sind sie begegnet: Mammy Lorries auf dem Weg aus dem Wald an die Küste zu den Fischern, beladen mit einem aus dem Stamm des leichten Wawa-Hartholz-Baumes geschlagenen rohen Einbaumkanu. Als die zur großen Akan-Familie gehörenden Fantis im 13. Jahrhundert aus dem alten Königreich Gana kommend die Küste an der Bucht von Guinea besiedelten, brachten sie die Kunstfertigkeit der Holzverarbeitung mit sich. In Westafrika erstreckten sich zu jener Zeit die Regenwälder viel weiter als heute. An der Küste lebten damals schon Ethnien, die vor der beginnenden Islamisierung aus dem alten Benin (Teil des heutigen Nigeria) auf ihren einfachen Kanus mit Bambusmasten und Segeln aus Baumrinde geflüchtet waren. Sie brachten das dreizackige Paddel mit. In meinen ersten Jahren in Ghana erlebte ich, wie die Küstenfischerei, die von den Einbaumkanus abhing, immer größeren Problemen ausgesetzt war. Nach der Unabhängigkeit 1957 begann eine übereilte Industrialisierung des Landes, die auf Kosten der traditionell gewachsenen Strukturen und Handwerke

ging. Das galt auch für den Fischfang entlang der Küste. Das Fischen mit Trawlern reduzierte die Fischschwärme in Ghanas Hoheitsgewässern im Laufe der Jahre immer mehr. An der Küste entstanden japanische und russische Fischfabriken. 1970 gab es an Ghanas Küste noch an die 9.000 Kanus, mit denen ungefähr 67.000 Fischer die traditionelle Küstenfischerei betrieben. Etwa 10.000 Frauen verkauften oder verwerteten den gefangenen Fisch, meistens Sardinen. 1962 hatten nur 19% der Einbaumkanus einen Außenbordmotor, 1971 waren es bereits über 80%. Mit einem solchen Motor ausgestattet, konnte ein Kanu auch im tieferen Wasser mit Schleppangeln fischen. In der Hauptsaison von Juni bis August holten die Kanus zu der Zeit 70% des gesamten Fischfangs aus dem Atlantik. Aber die Umstellung auf effizientere Fangmethoden ging trotz der Einrichtung von Fischereigenossenschaften und -schulen zu langsam voran. Die verschiedenen Militärputsche mit der darauf folgenden wirtschaftlichen Misere im Land verhinderten eine Verbesserung der Fischereiindustrie und letztlich den Fortbestand der Küstenfischerei. So ging auch hier langsam eine Ära zu Ende. Und damit verschwand ein weiterer Teil der Kultur des Landes.

Ähnlich wie bei den Mammy Lorries verzierten die Eigentümer ihre traditionellen Einbaumkanus mit unterschiedlichen Motiven, die aus Symbolen, Sprichwörtern und Namen bestanden, die an den Bootsseiten eingeschnitzt und mit Farbe ausgemalt wurden. Die meisten der abstrakten Symbole drückten Symmetrie, Harmonie und Balance aus. Das waren unabdingbare Voraussetzungen für das Fischen in einem solchen Kanu. Das Hauptmotiv befand sich immer in der Mitte. Oft erschien dort das Herz

als Zeichen der Liebe. Es ist außerdem das Symbol für Ausdauer und Geduld. Die Schlange und fliegende Vögel sind Zeichen für Geschwindigkeit. Mond und Sterne sind heilig für die Fischer, die sich in der Dunkelheit an den Gestirnen orientieren. Der Stern ist Gottes Kind. Sein Leuchten ist der Widerschein Gottes. Und der Stern liebt den Mond, so steht es in einem alten Akan-Gedicht. Ein Stern im Halbmond ist das Akan-Symbol für Treue. Das abstrahierte Kreuz in verschiedenen Motiven ist das Symbol für ewiges Leben.

Die Sprichwörter waren fast ausschließlich in der lokalen Sprache der Fischer geschrieben. Häufig wurden darin Gott gelobt und die von ihm verheißene Unsterblichkeit oder, ähnlich der Aufschriften auf den Mammy Lorries, andere Weisheiten zum Ausdruck gebracht: „Geduld ist gut", „Ein armer Mann isst keine Steine", „Alles wird gut", „Gott sei gelobt" und „Gott ist mein Hirte". Und es gab natürlich auch den „Lucky Boy" und Aufforderungen wie „Kämpfe!"

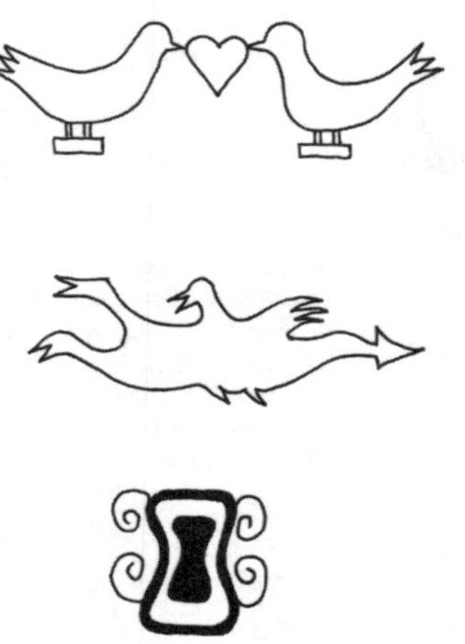

"ANO NA ANO": MÄNNLICHE UND WEIBLICHE TAUBE HALTEN MIT IHREN SCHNÄBELN EIN HERZ ALS SYMBOL DER LIEBE ("WO 2 LIPPEN SICH TREFFEN, DA HERRSCHT KEIN MISSVERSTÄNDNIS" – AKAN SPRICHWORT)

2 SEEMÖVEN IM FLUG, DAS ZEICHEN FÜR SCHNELLIGKEIT, OFT AUCH MIT DER SCHLANGE DARGESTELLT

"TAMFO BEBRE": ÜBERSETZT HEISST DAS: MEINE FEINDE SIND SCHAUMSCHLÄGER. SIE KÖNNEN NICHTS GEGEN MICH AUSRICHTEN; DENN WEM GOTT HILFT, DEN KANN KEIN MENSCHEN SCHADEN!

Mit den Außenbordmotoren verschwanden die dreizackigen Paddel, die ebenfalls zu den Kunstwerken der Schnitzer gehörten. Die Zahl „3“ hatte einen hohen Stellenwert in den Gebräuchen der Akan. Möglicherweise war sie aber auch Sinnbild der Hand, denn in den ganz alten Zeiten war mit den Händen gepaddelt worden. Die älteren dreizackigen Paddel waren wunderschön bemalt mit abstrakten Mustern oder nur schlicht in drei Farben gehalten. Meist war die Spitze rot, stellvertretend für das Blut der Ahnen, darunter kam weiß für Frieden und gelb für die Sonne.

Wie schön war es doch immer, frühmorgens an Ghanas Küsten die Sonne, den warmen Sand und die Palmen genießen zu können und dabei den Fischern zuzusehen, wie sie mit ihren Kanus durch die wilde Brandung hinauspaddelten und weit draußen das große Fangnetz auswarfen. Wenn der Tag sich neigte, kamen sie zurück. Und dann

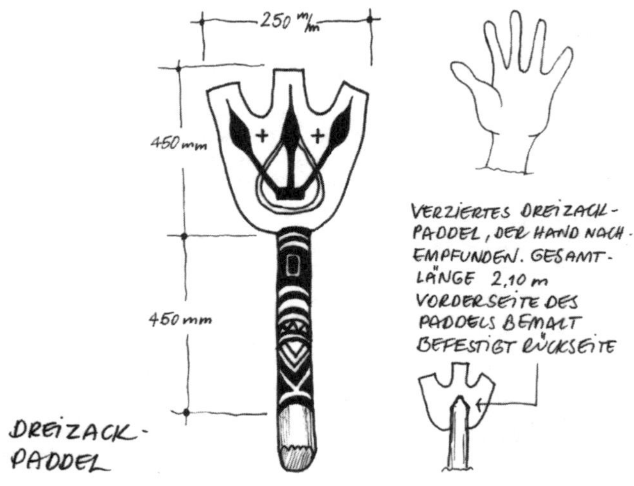

wurde das Netz vom Ufer aus eingezogen. Oft habe ich dabei mitgeholfen und viel Gelächter geerntet, wenn mir die Arme schon nach wenigen Minuten zu schwer wurden und ich meinen Platz in der „Ziehschlange“ dankbar einem Jungen überließ, der sich voll ins Zeug legte. Wenn ich dann einen schönen Barsch oder einen Barrakuda, die mit ins Netz gegangen waren, kaufen konnte, hatte ich mein Abendbrot frisch aus dem Atlantik. Mir stehen diese Szenen deutlich vor meinem inneren Auge, wenn ich beim Schreiben an die Kanus mit ihren Verzierungen und deren tiefe Bedeutung für die Fischer denke, die mit diesen Booten die Wellen bezwangen.

Auf meinen Fahrten zur Baustelle der Marine Hochschule in Nungua fuhr ich jedes Mal durch Teshie. Das war damals ein kleiner, nur einige Kilometer östlich von Accra gelegener Ort an der Küste. Dort reihte sich Werkstatt an Werkstatt. Hier wurden Särge hergestellt. Ich hatte beim Vorbeifahren schon die eigenartigsten Sargtypen gesehen, einschließlich solcher in Form langer Häuser, Kakaobohnen und natürlich auch einen „Mercedes Benz“. Aber ich habe nie die Zeit gefunden, mich näher mit diesem Handwerkszweig und vor allem mit diesem wichtigen Teil der Kultur des Ga-Volkes zu befassen. 1970 besuchte mich Frank, der Chefelektriker der „Aureol“ (eines der britischen Schiffe, mit denen ich in den Jahren meiner Aerophobie in den Heimaturlaub fuhr) für ein paar Tage, und ich nahm ihn mit nach Nungua zu einem Baustellenbesuch, um ihm mein Projekt zu zeigen. Wir fuhren an einem frühen Morgen los. Diesmal hatte ich einen Stopp in Teshie geplant. Ich wollte meinem Besucher unbedingt die Sargtischle-

reien zeigen. Während Frank von Tischlerei zu Tischlerei wanderte und völlig fasziniert die teilweise sehr großen Särge fotografierte, unterhielt ich mich mit den Sargbauern. Denn die Geschichte der ghanaischen Sargmacher ist äußerst interessant. Es ist kaum zu glauben, aber in der Zwischenzeit sind die „Designer-Särge“ aus Ghana weltberühmt geworden. Bestellungen kommen nun zuhauf, vor allem mit den Vereinigten Staaten von Amerika blüht der Handel. und auch mit Europa.

Vor allem in der Ga-Ethnie in und um Accra ist das Begräbnis eines Menschen von großer Bedeutung. Und in diesem Zusammenhang besonders der Sarg für den Toten, beides sollte zuallererst die Lebensarbeit des Verstorbenen würdigen. Für die Reise in den Himmel waren daher schon immer künstlerisch gestaltete Särge sehr beliebt. Eine Ga-Beerdigung ist nicht nur ein Anlass der Trauer, sondern auch ein Freudenfest. Wenn die Verstorbenen in ihr jensei-

tiges Leben eintreten, sollen sie das nach dem Glauben der Ga festlich tun. Ihr Status im Jenseits hängt nach Meinung dieser Ethnie vom Ausmaß der Bestattungsfeier und der Exklusivität ihrer Särge ab. Ein alter Sargtischler erzählte mir, wie die Gestaltung figürlicher Särge entstanden ist. Der 1992 verstorbene Kane Kwei sei der erste Sargbauer gewesen, der in Teshie mit dieser Art Sargkunst begonnen habe. In der Zwischenzeit seien weitere berühmte Künstler, wie Ataa Oko Addo, Kudjoe Affutu, Eric Adjetey Anang, Paa Joe, Eric Kpakpo und Daniel Mensah (genannt „*Hello*") hinzugekommen. Und obwohl der kulturelle Reiz dort vermutlich ein anderer ist, ist das „Sarggeschäft" längst über die Grenzen Ghanas hinausgewachsen. Figürliche Ga-Särge wurden sogar schon auf internationalen Kunstausstellungen in Europa und Amerika gezeigt.

Die meisten Särge, die wir in Teshie bewunderten, ähnelten großen Skulpturen in Form von Früchten, Tieren – vor allem Fischen und Vögeln –, Kanus und Schiffen, ja sogar besonders eleganten Schuhen, darunter auch Fußball- oder Sportschuhe von Adidas und Nike. Wir sahen Bier- und Coca-Cola-Flaschen oder Statussymbole, wie den bereits erwähnten Mercedes Benz, und beliebte amerikanische „Schlitten". All diese Särge wurden nach dem Wunsch der Verstorbenen oder Hinterbliebenen angefertigt. Auch ich solle doch unbedingt einen Sarg für mich kaufen, wurde mir geraten. Schnell zeigte er mir einen langen „Haus-Sarg", der zu meinem Beruf passe. Das Angebot, darin einmal Probe zu liegen, lehnte ich dann aber doch dankend ab.

SPORTLICHES – POLO

Ereignisse folgen einander wie die Tage der Woche (Sprichwort aus Tanzania)

Reiten war für mich immer ein Ereignis, denn ich liebe Pferde. Ich konnte reiten. Aber in Ghana lernte ich einen Sport kennen, der für mich in Deutschland völlig unerreichbar gewesen wäre, der hier jedoch etwas Alltägliches wurde: Polo, ein Treibballspiel zu Pferd.

Freund André, Geschäftsmann in Accra und Mitglied im Klub, war ein hervorragender Polospieler. Er besorgte mir mein erstes eigenes Pferd, einen kleinen rotbraunen Hengst. Von Tony, einem griechischen Freund, der für André arbeitete und in Liberia eine neue Zweigstelle eröffnet hatte, erhielt ich dessen wunderbar eingerittenen englischen Sattel und das Zaumzeug dazu. So begann meine „Polokarriere", die nach den ersten Muskelkatern über zehn Jahre lang für meine guten Bein-, Oberschenkel- und Armmuskeln sorgte, von den Sitzmuskeln ganz zu schweigen. Im Poloklub vergrößerte sich mein Freundeskreis sehr schnell. Ich traf auf eine internationale Mitgliedschaft bestehend aus Vertretern der Geschäftswelt, aus Diplomaten, Staatsangestellten und Offizieren des ghanaischen Militärs. Die aktiven Spieler waren eine bunt gewürfelte Truppe – Engländer, Iren, Amerikaner, Kanadier, Ghanaer, Libanesen, Inder, Schweizer, Holländer und ich als einzige

Deutsche. Dort lernte ich auch den Architekten Kenneth Scott kennen, mit dessen Familie ich bis in die heutige Zeit eng befreundet geblieben bin. Kenneth war bis zu seinem plötzlichen Tod 1982 ein sehr guter Polospieler und jahrelang Kapitän des Klubs gewesen. Von ihm habe ich das Polospielen gelernt. Ein Polopferd zu besitzen, bedeutete nicht nur, auf seinem Rücken Polo zu spielen. Diese ziemlich wilden und feurigen Hengste mussten auch regelmäßig ausgeritten werden, damit sie auf dem Polofeld nicht über die Stränge schlugen. Das Klubgelände mit seinem riesigen Feld, den Ställen, den Quartieren für die Pferdebetreuer, dem Klubgebäude mit Bar und großer Veranda, Umkleideräumen, Duschen und WCs grenzte damals noch unmittelbar an die große Küstenebene, sodass wir nahezu ungehindert in freier Natur bis fast nach Tema, der im Bau befindlichen Hafenstadt, galoppieren konnten. Auf diesen Reitausflügen durften sich unsere Pferde dann so richtig austoben. Die Ausritte waren so unglaublich schön, dass sie für mich in meiner Freizeit fast noch wichtiger wurden als das Schwimmen und Surfen im Meer.

Der Sport kommt ursprünglich aus Persien, wo das Polospiel bereits um 600 v. Chr. Nationalsport wurde. Von dort breitete er sich im Zuge der islamischen Expansion nach Arabien und Indien aus sowie später nach England und Lateinamerika. Die besten Polopferde kommen heute aus Argentinien. Und von 1900 bis 1930 war diese Reitsportart sogar mal olympische Disziplin.

Am Neujahrsmorgen 1963 spielte ich früh um 6 Uhr zum ersten Mal mit beim *early morning* Polo, eine für besondere Sonn- und Feiertage im Klub eingeführte sportliche

„Morgenübung". Sie endete meistens bei einem der Mitspieler, häufig bei Kenneth Scott, mit einem Sektfrühstück. Wir konnten den kleinen Ball allerdings schon während des Spiels kaum noch erkennen, denn Zoe aus Irland, die zweite weibliche Polospielerin, hatte in Rum eingelegte Backpflaumen als „Vorspeise" mitgebracht. Sie war genauso verrückt wie ihr Pferd Blacky, ein Rappe, der sich beim Galoppieren schwerlich zu einem Richtungswechsel

bewegen ließ. Nur ihr gelang das, aber auch nicht immer. Wir haben uns bei diversen Zusammenstößen mit ihrem sturen, wilden Ross viele Blessuren zugezogen. Wenn ich heute die Briefe an meine Mutter lese, in denen ich ihr davon berichte, muss ich immer wieder lachen bei der Vorstellung, was sie dabei wohl für Bemerkungen von sich gegeben hat. Inzwischen hatte ich mir aber eine komplette

Poloausrüstung zugelegt, zu der auch Stiefel, Knieschützer und Helm gehörten, und war also auf alle „Eventualitäten“ vorbereitet.

Polo, ein Treibballspiel zu Pferd, ist ein sehr schneller Mannschaftssport, bei dem immer vier Spieler pro Seite gegeneinander antreten und dabei versuchen, mit einem langen Schläger aus Holz einen kleinen, aus den Knorren der Weide gefertigten Ball ins gegnerische Tor zu schießen. Man brauchte als Spieler zwei Pferde, um vier „chukkas“ – so werden die einzelnen Spielabschnitte genannt – zu absolvieren. Deshalb konnte ich zu Beginn meiner „Karriere“ mit meinem kleinen Braunen immer nur zwei Runden mitspielen. Polo setzt reiterliches Können voraus und eine gute Kondition sowohl beim Pferd als auch beim Reiter. Ein Polopferd muss so trainiert werden, dass es im Team „mitarbeitet“ und selbst auf leichte Zügelvorgaben augenblicklich reagiert. Aus einem Geradeausgalopp kann nach einer Vollbremsung in Sekundenbruchteilen eine Kehrtwendung erforderlich sein. Außerdem darf ein gutes Pferd nicht bissig werden, wenn man „abreitet“, d.h. einen Spieler des gegnerischen Teams aus der „Schusslinie“ drücken möchte. Und das alles natürlich immer in vollem Galopp! Als Rechtshänder zügelt man das Pferd mit der linken Hand, um mit dem Schläger in der rechten dem Ball nachzujagen. Das muss man zu beiden Seiten des Pferdes beherrschen, was gar nicht einfach ist! Dabei bewegt man den Ball mit dem Schläger nach vorn oder spielt ihn rückwärts schlagend nach hinten dem eigenen Team zu. Spezialisten schaffen das in vollem Galopp auch quer unter dem Pferd hindurch. Das Wichtigste dabei ist jedoch, nicht vom Pferd zu fallen. Ich übte fleißig und

erarbeitete mir bald den Ruf einer guten Zuspielerin, d. h. man setzte mich gerne vorne ein. Von dort aus konnte ich die Gegner abbremsen oder Bälle nach hinten spielen, bzw. die von meinem Team nach vorne gespielten Bälle wenn möglich ins gegnerische Tor schlagen. Zoe, die Blacky-Eigentümerin, und ich waren die beiden einzigen aktiven Frauen in diesem absoluten Männersport, doch ich fand das völlig normal. Bei Turnieren mit ausländischen Teams

(vor allem aus Nigeria) spielten wir allerdings nicht mit. Wenn die Gäste ihre Pferde nicht mitbringen konnten, stellten wir ihnen unsere Hengste zur Verfügung. Wobei ich diejenigen Spieler, die auf Blacky aufsaßen, nicht beneidete. Nie gelang es einem der Gastreiter, Blacky zu etwas anderem als seinem sturen Geradeausgalopp zu bewegen – mit allen Folgen, die das bekanntlich hatte. Unsere Pferde

kamen damals fast alle aus Nigeria, wo es in Kano, Katsina, Kaduna und Sokoto im islamischen Norden des Landes, von den dortigen Emiren unterstützt, sowie in Lagos und Ibadan im Süden sehr aktive Poloklubs gab.

Unser Klub besaß verschiedene sehr schöne Pokale, um die einmal jährlich gespielt wurde. Das Siegerteam erhielt den Cup, der als „Wanderpokal" aber im Klubhaus blieb. Die Spieler bekamen stattdessen Silber- oder Zinnbecher, auf denen der Name des Cups und die jeweilige Jahreszahl eingraviert waren. Ich besitze davon sieben Stück – es fällt mir im Laufe der Jahre zwar immer schwerer, sie zu putzen, aber sie wecken die Erinnerungen an eine völlig unbeschwerte und glückliche, oftmals auch etwas verrückte Zeit.

Im Laufe meiner Polo-Jahre hatte ich verschiedene Pferde. Den rotbraunen Hengst gab ich André schon nach einem Jahr zurück. Da er etwas zu klein war, hatte er sich für das Polospiel doch als ungeeignet erwiesen. Ich erhielt einen großen weißgrauen Schecken von einem Tierarzt aus Israel, der in ein anderes Land versetzt wurde. *Longback* war ein ausgezeichnetes und schnelles Polopferd. Der Hengst hatte tatsächlich einen langen Rücken. Später kam noch *Micky Mouse* dazu, auch ein etwas kleinerer Hengst, aber oho! Vom ersten Moment an war er wendig und „mitspielend". Es war anstrengend, beide Pferde an einem Tag ausreichend zu bewegen, bei meiner beruflichen Belastung erforderte dies eine sorgfältige Zeitplanung. Aber die Begeisterung für diesen tollen Sport wog es allemal auf!

Mit dem Beginn der jährlichen Regenzeiten fielen die Polonachmittage häufig aus. Unsere Pferdebetreuer über-

nahmen dann auch das Ausreiten und veranstalteten dabei ihre privaten Rennen. Wir säten in der Regenzeit immer tüchtig Gras aus, das auch schnell zu sprießen begann. Nach einer Aussaat wuchsen mit dem Gras auf dem riesigen Feld plötzlich auch jede Menge Pilze, die wie Champignons aussahen und genauso lecker schmeckten. Ich hatte zwar den Eindruck, alle warteten nur darauf, dass ich nach dem Genuss der gebratenen Pilze tot umfallen würde, aber den Gefallen tat ich ihnen nicht! Denn die Pilze waren von einem „Kenner" als Wiesenchampignons identifiziert

worden. Später begannen auch andere Klubmitglieder, sich gütlich an ihnen zu tun. Mein Pferdepfleger Amadou sammelte mir daraufhin immer eine „Tagesration", wenn er wusste, dass ich zum Klub kommen würde. So hatte ich in dieser Zeit oft Rührei mit Pilzen zum Abendbrot oder zum Frühstück am Tag darauf.

Am Ende jeder Polosaison gab es einen Abschlussball. Anstatt in Reiterkluft erschienen wir Frauen dazu im langen Kleid und die Männer im Smoking. Es war jedes Mal eine wunderbare Feier, bei der auch fleißig getanzt wurde – ich natürlich mit „schwingenden" Hüften!

Doch auch diese schöne Zeit fand ein Ende. Nach einem ziemlich heftigen Sturz vom Pferd verordnete mir der Doktor eine längere Polo-Pause. Außerdem hatte die Arbeit auf meinen verschiedenen Baustellen derartig zugenommen, dass ich meistens zu spät zum Polo anrollte. Deshalb entschloss ich mich, eines meiner beiden Pferde abzugeben und statt der vier nur noch zwei Runden zu spielen. Dann verabschiedete sich 1970 unser amerikanischer Schiedsrichter, dessen Dienstperiode in der US-Botschaft abgelaufen war. Ich übernahm das Schiedsrichteramt, bis ich für den Umbau des Parlament-Hauses verantwortlich war. Mit Beginn dieses Projektes war meine aktive Polo-Zeit vorbei. Ich bin danach in Ghana nie wieder auf ein Pferd gestiegen. Vom Polo und vom Reiten hatte ich Abschied genommen.

NO TIME TO DIE

Spotte nicht über die Fortbewegungsweise der Kröte; wenn du dreimal gehüpft bist, weißt du, was sie leistet (Sprichwort aus Mali)

Als ich die alten, auch „Holzschaukeln" genannten Mammy Lorries zum ersten Mal gesehen habe, war mir gleich klar, das sind absolut auf die lokalen Gegebenheiten angepasste Transporter für den Nahverkehr. Sie haben länger gehalten als so mancher moderner, importierter, später auch in Ghana produzierter Lastwagen oder Bus. Schon wegen der Symbolik in ihren Slogans sind sie zu einem nicht mehr wegzudenkenden Teil der ghanaischen Kultur geworden, über die niemand die Nase rümpfen sollte.

Als ich 1962 am Ende meines ersten Besuches in Tamale nach Accra zurückfuhr, unterbrach ich meine Fahrt in Kumasi. Dort benutzte ich den Aufenthalt zu einem längeren Stadtrundgang in der alten Hauptstadt des Ashanti-Königreiches. Und sah mich vor allem auf den Märkten um und bei den vielen Mammy Lorry „Haltestellen". Auf der Fahrt aus dem trockenen Norden hatte ich die mir entgegenkommenden oder von mir überholten Mammy Lorries erstmals bewusst wahrgenommen. Die Lorries waren alle mit verschiedenen Sprichwörtern, Namen, Gebeten oder mit lustigen Sprüchen versehen. Nun sah

ich sie mir in Kumasi auf ihren Parkplätzen genauer an. Bereitwillig beantworteten die Fahrer dabei meine vielen Fragen zu ihren Transportern. Die Sprüche, oft verziert mit Ranken und Blumen, waren wunderschöne kleine Kunstwerke und meistens über der Fahrerkabine, an den Seiten oder hinten am Wagen aufgemalt. Ich erfuhr, dass bis 1960 fast der gesamte „Nahverkehr ohne Fahrplan“ von Stadt zu Stadt, Markt zu Markt, Dorf zu Dorf noch immer mit englischen Bedford, Morris oder Austin Kleinlastern abgewickelt worden war. Von denen wurden die Fahrgestelle mit Rädern, Steuerung, Motorraum, Motor und Fahrerkabine importiert. In Tema war ein Werk errichtet worden, in dem der Oberbau eines solchen Chassis mitsamt Boden und Dach sowie den Sitzbänken für die Passagiere von extra dafür ausgebildeten Tischlern aus solidem Tropenholz gebaut wurde.

Bis Mitte der Sechzigerjahre konnte man den „Bushtaxis“ oder „Holzschaukeln“ genannten Mammy Lorries noch überall begegnen. Erst nach dem ersten Militärputsch 1966 wurden die Einfuhr und der Zusammenbau dieser Transporter eingestellt. MAN, Mercedes und später Toyota und Datsun brachten Kombis, Kleinbusse und Lastwagen ins Land, Volkswagen den Bully. Mit dem Bau des Neoplan-Werkes kamen deren große Busse auf die ghanaischen Straßen. Aber die alten Holzschaukeln starben noch lange nicht aus. Jedenfalls nicht in all den Jahren, in denen ich kreuz und quer durch das Land gefahren bin. Während meiner gesamten Ghana-Zeit habe ich sie erlebt – beladen und häufig überladen – mit Marktfrauen, Bananen, Orangen, Mais- und Hirsesäcken, Yams, Hühnern, Kleinvieh, Fischen und Holzkohle. Und wenn die Kolbenringe dringend erneuert werden mussten, wurden die hinter ihnen Fahrenden in schwarze Wolken gehüllt. Sehr treffend war dann das auf der Rückseite einer solchen Lorry schön gemalte *God help me* („Gott hilf mir“). Allerdings ist nur ein Teil der ghanaischen Transportkultur mit den alten Mammy Lorries verschwunden. Geblieben sind die kunstvollen Verzierungen der Wagen mit den Slogans, sozusagen den „Kennzeichen“ der Kleinlaster. Die spiegeln nämlich auf eine ganz besondere Weise den humorvollen und liebenswerten Charakter der Ghanaer wider. Natürlich hatten die Buschtaxis offizielle Autokennzeichen. Aber ihre Besitzer, oft zugleich die Fahrer der Wagen, identifizierten sich mit den Sprichwörtern und Namen, die ihr Motto, ihre Werbung, ihr Vorbild, ihre Wunschvorstellungen oder auch nur ihren Dank an Gott oder Allah, an die Mutter oder den guten Onkel für den Kauf ihrer Lorry zum

Ausdruck brachten. Die kunstvoll gemalten und verzierten Bezeichnungen waren daher immer sehr persönlich. Sie wurden in Englisch oder in einer der vielen Lokalsprachen geschrieben.

Ab 1962 begann ich, die Sprüche an den Holzschaukeln zu sammeln, und war zu diesem Zweck in jeder Stadt, in der ich mich während meiner Dienstreisen aufhielt, zu den dortigen Parkplätzen oder Busbahnhöfen gefahren, um die Sprüche und Namen auf den Wagen zu fotografieren oder zu zeichnen und deren Fahrer zu interviewen.

Kojo, einer meiner ghanaischen Kollegen im PWD-Büro, hatte bereits mehrere kleine Bücher mit seinen wunderschönen Gedichten veröffentlicht. Ich konnte ihn für meine Idee begeistern, den Mammy Lorries ein Denkmal zu setzen, indem wir gemeinsam ein Buch über dieses typisch ghanaische Transportmittel verfassen und herausgeben. Er stimmte sofort zu. Anfang der Siebzigerjahre begannen wir mit den Vorbereitungen. Und stellten da bereits fest, dass schon einige der älteren Weisheiten verschwunden waren, so wie *Sea never dry* („Das Meer trocknet nie aus") oder *Cemetery is not for play* („Auf dem Friedhof wird nicht gespielt"). Solche alten Sprüche haben wir an den Buschtaxis nicht mehr gefunden, aber an vielen der ehemaligen Straßenkioske, die inzwischen aber auch den Stadtsäuberungsaktionen in Ghana zum Opfer gefal-

len sind. Wundersame Wiederauferstehungen der Sprichwörter hat es auch an Friseursalons, Nagelstudios, kleinen Werkstätten wie „Batteriedoktoren“ und Schneidereien, oder Bars gegeben.

Querverbindungen zu „Samson“, „Uncle Sam“ und „Chicago Boy“ müssen nicht erläutert werden. Die Namen sind selbsterklärend. Damals war der Direktflug der Lufthansa von Frankfurt nach Accra in 6 ½ Stunden in Ghana sehr beliebt. So wurde auch die „Lufthansa“ auf den Holzschaukeln verewigt. Und den Nonstop-Flug von und nach London mit der neuen britischen Vickers VC 10 der *British Aircraft Corporation* (*BAC*) fanden die Ghanaer ebenfalls toll. Dem Fahrer, der seinen Kleinlaster „VC 9 ¾“ taufte, sollte man wegen seiner Bescheidenheit eigentlich einen Orden verleihen!

Kollege Kojo hatte nun begonnen, zu den gesammelten und von mir fotografierten und skizzierten Mammy Lorries passende Gedichte zu schreiben. Er begleitete mich oft, wenn ich zu meinen verschiedenen Baustellen fuhr. Dann suchten wir häufig Haltestationen von Kleinlastern in der Nähe meiner Projekte auf. Kojo interviewte die Fahrer, ich fotografierte oder zeichnete. Irgendwann fing ich an, ein Konzept für unser geplantes Buch zu entwickeln. Kojos Gedichte zu den ersten Slogans fand ich umwerfend und vor allem sehr passend und typisch für den ghanaischen Humor. Die Reaktionen verschiedener Verleger, denen ich Leseproben geschickt hatte, waren hingegen eher ernüchternd. Als dann noch ein ziemlich dubi-

oser Freund eines Verlegers bei mir im Büro auftauchte und mir unbedingt einige meiner Fotos und Skizzen „abkaufen“ wollte, um mit dem Verleger gemeinsam ein auf den „Tourismusmarkt“ zugeschnittenes Buch daraus zu machen, merkten wir sehr bald, dass man uns beide als Autoren über den Tisch ziehen wollte.

Wir beschlossen daraufhin, unser mit dem Titel *No Time to Die* geplantes Buch in Eigenregie herauszugeben und fanden in der Katholischen Druckerei in Accra ein dafür geeignetes Unternehmen. Dort war zwischenzeitlich die erste Ausgabe des Journals vom „Ghana Institute of Architects“ zur vollsten Zufriedenheit unserer Kammer gedruckt worden. Um das Projekt zu finanzieren, besorgte ich uns einen Bankkredit. Wir einigten uns darauf, das Buch in Schwarz-Weiß herauszugeben trotz meiner schönen Farbfotos. Ich gestaltete das Layout und produzierte mithilfe des Leiters der Druckerei eine sogenannte *Dummy Copy* (eine „Scheinkopie“ des Buches) und Kojo übernahm das Korrigieren der Druckfahne. Jetzt machte es einfach nur noch Spaß zuzusehen, wie unser Werk Gestalt annahm. Wenigstens einmal am Tag, oft sogar zweimal, war ich in der Druckerei, um zu sehen, wie es vorangeht. Nicht alles lief auf Anhieb gut. Immer wieder waren Korrekturen nötig. Doch die Anstrengung hat sich gelohnt. Das Buch wurde noch vor meinem Umzug nach Kumasi fertig. Im September 1975 feierten wir anlässlich seiner offiziellen Präsentation eine Party, zu der sogar unser eingeladener Minister erschienen war. Das Echo auf unser Buch war durchweg positiv.

Nach der dritten Auflage gingen leider bei einem Brand in der Druckerei die Druckplatten verloren. Weitere Aufla-

gen wurden einfach vom Buch kopiert. Da hatte ich Ghana bereits verlassen und versuchte, mich in der alten Bundesrepublik wieder zurechtzufinden und zu integrieren. Kojo hatte in seinem Heimatort die Häuptlingswürde angenommen. Wir hatten nur noch selten Kontakt zueinander. Unser *No Time to Die* gibt es leider nicht mehr. Der Titelspruch traf auf das Buch nicht zu. Und auch die ganz alten Mammy Lorries gibt es nicht mehr. Aber ich trage diesen Teil der ghanaischen Kultur noch immer in meinem Herzen, hatte ich doch selbst erlebt, wie wahr die Sprichwörter sein können, z. B. *Half a loaf of bread is better than nothing* – „Ein halbes Brot ist besser als gar keins". Selbst nachdem das Buch auf dem Markt war, konnte ich das Sammeln der Sprüche nicht lassen. Bei jeder Fahrt durch Ghana kamen neue hinzu. Als mich 1974 mein Cousin Helmut besuchte und mit mir unterwegs war, klapperten wir in jedem Ort, wo wir anhielten, die Haltestellen der Mammy Lorries ab, um nach Sprüchen und Namen zu suchen, die ich noch nicht in meiner Sammlung hatte. Denn ich wusste, dass diese alten Marktfrauentransporter dem Ende ihrer Zeit entgegenfuhren.

Als ich auf einer meiner letzten Fahrten von Kumasi nach Accra unterwegs war und gerade einen vor mir fahrenden Kleinbus überholen wollte, las ich, was über seinem Rückfenster stand: *Kill 20* („20 tot") – wunderschön gemalt. Ich wurde sehr neugierig und fuhr hinter dem Wagen her, bis er in einem nahen Dorf anhielt. Mein Gespräch mit dem

Fahrer wurde bald, wie immer bei derartigen Unterhaltungen zwischen Weiß und Schwarz, von vielen interessierten „Schaulustigen“, deren Kreis immer größer wurde, belauscht. Der ältere Fahrer, der auch der Eigentümer des Busses war, meinte, dass die 20-Sitzer, wenn sie zu forsch gefahren würden, dazu tendierten, sich beim plötzlichen Bremsen auf den miserablen Straßen zu überschlagen. Das ginge für die Passagiere meistens tödlich aus. Mit dem Zustand der Straßen hatte er absolut recht. Denn nach vier Militärputschen waren sowohl die Wirtschaft als auch der Lebensstandard in Ghana auf einem absoluten Tiefpunkt angelangt. Und dass sein Slogan nicht gerade einladend war, spielte für den Busbesitzer offenbar keine Rolle. Er sagte zum Abschied, dass er mit seinem Bus und den Fahrgästen immer gut umgehen und entsprechend rücksichtsvoll fahren würde. Die Zuhörer klatschen Beifall.

STATIK FÜR ARCHITEKTEN

Gott schuf das Meer, wir das Schiff;
Gott schuf den Wind, wir die Segel;
Gott schuf die Windstille, wir das Ruder
(Sprichwort aus Senegal)

1975 begannen sieben Jahre der Lehre für mich. Meine Erlebnisse, mein Wissen, meine Erfahrungen gab ich an junge Menschen weiter, die lernen wollten, wie man „rudert", um vorwärtszukommen. Das Ruder des Architekten ist die Tragwerkstruktur der von ihm entworfenen Gebäude, die länger als ein Leben Wind und Wetter standhalten und Schutz bieten sollen.

Die Universität in Kumasi hatte mir Ende 1974 eine Lehrtätigkeit an der Architekturfakultät angeboten. Nach meinen intensiven Entwurfs- und Baujahren in Accra und anderen Regionen Ghanas sah ich in einer solchen Dozentur eine neue Herausforderung. Ich unterschrieb einen 4-Jahresvertrag als „Senior Lecturer" – das entsprach einer außerordentlichen Professur hierzulande – mit der Option, den Vertrag jederzeit verlängern zu können. Von der Regierung Ghanas wurde bestätigt, dass ich meinen Beamtenstatus behalten würde. Die weitere finanzielle Unterstützung als integrierte Fachkraft durch die Bundesregierung wurde mir von der Botschaft zugesichert. Es war außerdem geplant, dass meine Lehrtätigkeit gegen Ende der

Verträge parallel zu einem, von der damaligen GTZ unterstützten Forschungsprojekt mit der Universität weiterlaufen sollte. In diesem Vorhaben sollte ich ein Lehrbuch für Baukonstruktion in einem tropischen Entwicklungsland am Beispiel Ghanas verfassen, dessen Herausgabe von der Bundesrepublik finanziert würde.

Meine ghanaischen Kollegen und Mitarbeiter äußerten ihr Verständnis für meine Entscheidung und beglückwünschten mich dazu. Sie sagten, dass sie mich sehr vermissen würden. Das gab mir viel Kraft, denn die letzten Wochen in Accra waren für mich nicht einfach. Der bevorstehende Abschied, verbunden mit dem „Neuanfang" in Kumasi – das ließ sich dann doch nicht so leicht wegstecken. Die mit dem Umzug verbundenen Arbeiten nahmen viel Zeit in Anspruch. Ich hatte aber viele Helfer. Dann feierte ich Abschied von meinen Kolleginnen und Kollegen im Büro und vom Freundeskreis. Freund Christian wollte mich, sooft es seine Anwaltspraxis zuließ, in Kumasi besuchen. Bei der Abschiedsfete goss es in Strömen. Ich nahm das als gutes Omen für mein „neues Leben". Der Umzugslaster brachte meinen Hausrat sicher nach Kumasi in meine dort bereits von meinen Hausgeistern hergerichtete Bleibe. Sogar meine Orchideen überlebten die rumplige Fahrt auf der löchrigen Straße und schienen das Klima in der Ashanti-Hauptstadt mehr zu lieben als das bisherige in Accra. Sie blühten förmlich auf in meinem Garten und erfreuten mein Auge und meine Seele bis zum Ende meiner Ghana-Zeit.

Meine Tätigkeit an der Architekturfakultät der Universität begann mit Vorlesungen im Entwerfen, in Baukonstruktion und Gebäudetechnik sowie mit der Studio-

betreuung für das vierte und fünfte Studienjahr. Noch galt an der Universität die britische Semesterstruktur. Es gab ein aus jeweils drei Trimestern bestehendes Studienjahr. Daran musste ich mich erst gewöhnen. Die langen Semesterferien dauerten von Juli bis Oktober. Davon waren drei Wochen für Entwurfsseminare in ländlichen und urbanen Bereichen vorgesehen. Die anderen Ferien waren kürzer. Für mich war mein Arbeitsalltag, der in erster Linie aus Vorlesungen und deren Vorbereitung, der Studioarbeit und Diplomandenbetreuung bestand, weniger anstrengend und aufreibend als meine bisherige Entwurfstätigkeit in Accra. Das erste Mal hatte ich in Ghana mehr Zeit, um mich mit Kollegen und Kolleginnen und vor allem mit den Studenten im Dialog und in vielen persönlichen Gesprächen auszutauschen. Außerdem konnte ich in fast jedem Jahr während der langen Ferien nach Hause fliegen.

Pro Studienjahr hatten wir im Durchschnitt 20 Studenten mit einem hohen Schulabschlussniveau. Das waren sehr aufgeweckte, interessierte und kritische junge Menschen. Mir war mein Ruf als „strenge" Lehrerin vorausgeeilt, ich legte nun mal bei allen Arbeiten eine ziemlich hohe Messlatte an. Aber schon nach einem Jahr war mein Verhältnis zu den Studenten ein sehr kameradschaftliches geworden. Besonders nach den letzten beiden Militärputschen und den daraus resultierenden katastrophalen Verhältnissen, die an allen Universitäten im Land zu spüren waren. Ich war zu der Zeit schon Sekretärin des UST-Lehrerverbandes geworden und wurde so zum Sprachrohr für die Angelegenheiten der Lehrenden. Die *University Teachers Association of Ghana* (UTAG) setzte sich aber nicht nur für die Belange der Dozenten, sondern

ebenfalls für das Wohl der Studenten ein. Das führte häufig zu harten Auseinandersetzungen mit den Militärregierungen, besonders als die Studenten anfingen, gegen die grassierende Korruption zu streiken und zu demonstrieren. Am Anfang meiner Dozententätigkeit bestand die Lehrerschaft in der Fakultät aus zwölf Ghanaern und vier Ausländern. Die ersten Monate in Kumasi vergingen für mich wie im Fluge. Ich nutzte jede freie Zeit, um mich mit der ganzen Campus-Anlage vertraut zu machen.

Die *University of Science and Technology – UST* (Universität der Wissenschaft und Technologie), später die „Kwame Nkrumah Universität“, wurde 1960 gegründet. Zu der Architekturfakultät gehörten außer der Architekturabteilung noch die Abteilungen für Stadt- und Siedlungsplanung und Bautechnologie. Zur Letzteren habe ich vor allem während des Verfassens der Baukonstruktionslehre enge Kontakte gepflegt. Nach einer späteren Neustruktu-

Dorfhäuser in Taviefe

rierung im Jahr 2005 bestand die Universität aus sieben Fachhochschulen. Das heutige *College of Architecture and Planning* ist eine davon. Das damals flächenmäßig etwa 16 km^2 große Campus-Areal erstreckte sich auf hügeligem Land. Auf den höchsten Erhebungen befanden sich die Hauptgebäude der Universität: die große Halle, Bibliothek, Verwaltung und die meisten Fakultätsgebäude. Reste vom einstigen Regenwald umschlossen die in den Sechzigerjahren in internationaler moderner Architektur errichteten Gebäude in einem großen, breiten Ring. In diesem naturbelassenen Grünstreifen befanden sich die Hochhäuser der Studentenwohnheime, genannt *Halls of Residence*, das Klubhaus der Dozenten, die Wohnhäuser der Lehrer und der Angestellten sowie Kindergärten, Grundschule, Sportanlagen und die Kirche. Die Universität hatte zu meiner Zeit ein immer noch aktives *Development Office*, sozusagen ein eigenes Architekturbüro, in dem alle benötigten Entwürfe für Neubauten beauftragt oder angefertigt wurden. Zwischenzeitlich ist der Campus weiter angewachsen. Neue Fakultäts- und andere Gebäude sind hinzugekommen. Ich würde die Universität heute wahrscheinlich nicht mehr wiedererkennen, so wie es mir wohl auch mit Accra gehen würde. Schon damals empfand ich den Campus als sehr groß. Man betrat ihn durch das, einem Ashanti-Häuptlingsstuhl nachempfundene, große Tor von Osten her.

Zu meinen Lehraufgaben gehörte außer den Vorlesungen und der Beratung von Studenten im Studio auch die Betreuung der Diplomanden bei ihren Abschlussarbeiten. Die Architekturstudenten hatten viel zu tun. Im fünften Studienjahr mussten sie je einen Hauptentwurf und drei Stehgreifentwürfe in den drei Trimestern anfertigen. Das

6. Studienjahr hatte, als ich mit meiner Tätigkeit begann, vierzehn Studenten (darunter vier Ausländer). Am Ende des Jahres fand die Hauptprüfung für das Diplom statt. Die Diplomarbeit musste vorgestellt und verteidigt werden. Daran nahmen zu meiner Zeit in der Regel internationale Prüfer aus Commonwealth Universitäten teil. Ich war überwältigt, als ich die Anzahl der für die Prüfung abgelieferten Zeichnungen der beiden ersten, von mir betreuten Studenten sah. Mein erster Diplomand kam aus Kamerun und hatte eine Technische Hochschule für sein Land entworfen. Er stellte seine Arbeit bei der Prüfung auf 101 Zeichnungen locker und gekonnt vor. Seine Arbeit wurde mit „Ausgezeichnet" bewertet. Der zweite kam aus Nigeria und hatte eine neue Bibliothek für unsere Universität entworfen. Auch er präsentierte eine große Anzahl perfekt angefertigter Zeichnungen und erhielt dafür die Bewertung „Sehr gut". Ich war unglaublich stolz auf die beiden.

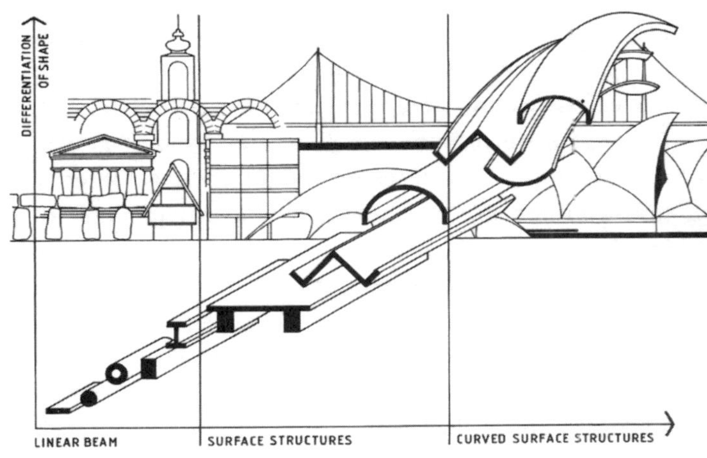

Baustrukturen aus dem Konstruktionslehrbuch

Am Ende des 4. Studienjahres fanden die Vordiplomprüfungen statt. Ich beteiligte mich zum ersten Mal an der Analyse der bei einigen Studenten aufgetretenen Schwächen und konnte meine Vorlesungen, vor allem die in „Baukonstruktion" entsprechend anpassen. Bei den schriftlichen Prüfungen in Statik waren etliche unserer Studenten durchgefallen. Zu den Statikvorlesungen gingen sie in die Bauingenieurfakultät. So ähnlich war das auch bei meinem eigenen Studium an der Technischen Hochschule in Dresden gewesen. Auch dort hatten wir Architekturstudenten die Statik-, Festigkeitslehre- und Stahlbetonvorlesungen zusammen mit den Bauingenieuren. Meine Studenten in Kumasi hatten mir schon am Anfang meiner Tätigkeit anvertraut, dass sie Statik hassten und den Vorlesungen bei den Bauingenieuren nicht richtig folgen könnten. Es würde zu wenig erklärt und

nur gerechnet. Statik sei für sie wie Chinesisch – ganz einfach unverständlich. Da musste sich also etwas ändern. Ich hatte schon einige Jahre zuvor Kontakte zur Hochschule für Architektur und Bauwesen in Weimar geknüpft. Das war im Rahmen des von der DDR erlaubten „wissenschaftlichen Austauschs mit nichtsozialistischen Bruderländern" möglich, zu denen Ghana glücklicherweise gehörte. So kannte ich die Arbeiten von Oskar Büttner und Erhard Hampe über das Tragwerk und die Tragstruktur in Bauwerken. In ihren höchst interessanten Veröffentlichungen verglichen die beiden ostdeutschen Experten unter anderem Tragwerke der natürlichen Umwelt – Bionik als Brücke zwischen Natur und Technik – mit Tragwerken der gebauten Umwelt. Büttner und Hampe bezeichnen das als „die Wissenschaft von Systemen, die nach der Art oder in der Art oder ähnlich der Art lebender Systeme arbeiten". Ihre leicht verständlichen Erklärungen nahm ich in meinen Vorlesungen auf. Diese „andere Statik" wurde sofort von den Studenten begriffen. Nach jeder Statikvorlesung bei den Bauingenieuren gestaltete ich im Studio daraus „begreifbare Statik für Architekten" anhand von Tragstruktur-Beispielen, die wir mit ähnlichen in der Natur verglichen. Dadurch wurde es einfacher für die Studenten, die erforderliche Bewehrung für zug- oder druckbeanspruchte Tragwerke zu verstehen. Das betraf alle Skelettstrukturen: Faltwerke, Kragbalken, eingespannte Kragarme, Strebebögen. Meine ganzheitliche Herangehensweise an ein Tragwerk basierte auf dem Verständnis für die Aufgabe und dementsprechende Beschaffenheit aller Einzelteile der Gesamtstruktur. Ich habe versucht, meinen Studenten zu vermitteln, wie ich auf diese Weise Bewehrungsstärken

berechnen kann und dann wüsste, wo die Bewehrungen im Tragwerk anzuordnen sind. Von da an fielen weniger Studenten bei den Statikprüfungen durch.

Die Entwurfsseminare während der langen Ferien zwischen den Studienjahren wurden immer für zwei Studienjahrgänge geplant. Für Studenten des 2. Studienjahres mit der Untersuchung einer ländlichen Gemeinde, für die des 4. Studienjahres mit der Untersuchung einer städtischen Siedlung oder eines Stadtzentrums. Während der Untersuchung der Dorfstruktur sollten Probleme in der gebauten Umwelt von den Studenten identifiziert und mögliche Lösungen dafür gemeinsam mit den Dorfältesten besprochen werden. Die Bauaufnahmen dienten den Studenten dann im folgenden Semester als Grundlage für die Erarbeitung realisierbarer Verbesserungsvorschläge für die Dorfgemeinschaft. Das gleiche Vorgehen galt für Studenten

Ländliche Dorfstruktur in der Volta Region

des 4. Studienjahres bei ihrer Untersuchung und Bauaufnahme einer urbanen Siedlung oder eines Zentrums. Hier sollte die erkannte Problematik sowie mögliche Lösungsansätze entsprechend mit den zuständigen Stadträten, Bürgermeistern, Gemeindeverwaltern und Bewohnern diskutiert werden.

Wegen der unsicheren Situation im Land wurden während meiner Zeit in Kumasi nur zwei solcher Entwurfsseminare durchgeführt. Das erste fand im Norden Ghanas statt. Daran konnte ich leider nicht teilnehmen. Das zweite, im August 1980 in der Volta Region, war ein sehr erfolgreiches Seminar, dessen Planung und Organisation dadurch begünstigt wurde, dass in der Zwischenzeit eine gewählte Zivilregierung die vorangegangene Militärregierung abgelöst hatte. Diese drei Wochen intensiver und sehr profitabler „Feldarbeit“ wurden für mich und meine Studenten ein unvergessliches Erlebnis. Wir befanden uns in einem gebirgigen Naturparadies nahe der Grenze zu Togo und wurden sowohl in dem für das Seminar auserwählten Dorf als auch im ausgesuchten Stadtteil der Regionalhauptstadt Ho mit großer Gastfreundschaft empfangen. Ich hatte mich schon vor dem Seminar mit Nelson, dem damaligen „Landesfürst“ (*Regional Commissioner*) für die Volta Region, angefreundet. Er kannte die ganze Region wie seine Hosentasche und zeigte großes Interesse an unserer Arbeit. Nelson hat uns häufig besucht und auch bei unserer Unterbringung und Versorgung sehr geholfen. Bei mehreren Besuchen in der Volta Region nach dem Seminar und vor allem bei der Präsentation der Studentenarbeiten haben wir durch ihn außerordentlich viel über die Geschichte seiner Ethnie, den Ewes, gelernt.

Im Oktober des Jahres 1980 war ich zu der ersten Präsentation der Studentenarbeiten nach Ho gefahren. Ich hatte Accra am späten Nachmittag verlassen, mit der Sonne im Südwesten hinter mir. Die zweite Regenzeit bescherte uns hin und wieder noch Gewitter mit den gefürchteten Wolkenbrüchen. Zwei solcher gewaltigen Tropengewitter hatten sich vor mir aufgebaut. Eines direkt über mir und das andere in der Ferne, im Osten. Als ich über die Volta Brücke fuhr, spannte sich plötzlich ein fantastisch großer, doppelter Regenbogen über den Fluss. Ich durchfuhr den von der Nachmittagssonne beleuchteten farbenprächtigen Doppelbogen, der untere sehr kräftig, der obere etwas schwächer, und nahm dieses Naturwunder als „Begrüßung" entgegen. Es begann zu regnen. Die Sonne schien nun auf die immer schwärzer werdende Wolkenwand vor mir. Nicht weit von Ho entfernt, hatte ich das zweite Gewitter erreicht und durchfuhr einen weiteren Regenbogen. Für die Ewes bedeutet ein solches Naturereignis einen großen Segen „von oben". Das hatte mir Nelson erklärt, als er mir vom Glauben der Ewes erzählte. Ich war also doppelt gesegnet worden. Und nahm das göttliche Geschenk dann auch so auf. Bei jedem Besuch in Ho hatte ich das Gefühl, als ob mich all die Menschen, die ich bei diesem Seminar getroffen und kennengelernt hatte, festhalten wollten. Noch war ich aber im Land der Ashantis tätig. Von ihrer sehr reichen Kultur soll auch noch erzählt werden.

DIE ADINKRA SYMBOLIK

Derjenige, der weiß, wo er herkommt,
weiß auch, wo er hingeht
(Sprichwort aus Ghana)

In Kumasi war ich umgeben von der reichen Ashanti-Kultur. Hier fand ich Adinkra, eine uralte Symbolsprache, die – wie auch die Verzierungen an den Lehmwänden in den Gehöften der Savanne im Norden Ghanas – der Kommunikation diente.

Die Adinkra Symbolsprache kommt aus der Ashanti Region Ghanas und hat ihren Ursprung im frühen 19. Jahrhundert. Die Symbole haben eine tiefe religiöse Bedeutung und wurden ursprünglich nur von Königen und Häuptlingen verwendet. Das beeinflusste ihre Wahl beim Druck auf die Stoffe und deren Farbe für die Kleidung. Später wurden sie auch im traditionellen Alltag auf Stoff gedruckt sowie auf den Wänden der Fetischhäuser und auch auf Töpferwaren angebracht. Den vielerlei Motiven liegen Sprichwörter, Redensarten, Ratschläge und Lebensweisheiten zugrunde, ähnlich wie bei den Mammy Lorries, Einbaumkanus und den bemalten Lehmwänden in den Gehöften im Norden Ghanas. Ein Hauptmotiv der Adinkra Symbolsprache ist das Zeichen für den König, dargestellt durch den Kreis und die Sonne. Weitere bekannte Darstellungen, die heutzutage auch gerne auf Schmuck verwendet werden, stehen für die Allmacht Gottes („Gott allein“), für die

Hoffnung („Gott, es gibt etwas im Himmel, lass mich daran teilhaben“) und für das Sich-ändern-können („Viele Rollen spielen“). So wurden mir die Weisheiten von meinem ghanaischen Freund Ablade Glover erklärt, einem ehemaligen Professor an der Kunsthochschule der Universität in Kumasi. Wir beide sind gleichaltrig und haben auf dem Campus viele schöne Stunden miteinander geteilt und uns in den schweren Zeiten gegenseitig gestützt und geholfen. Ablade ist noch immer ein begnadeter Maler mit eigener Galerie in der Nähe von Accra, der sich sehr intensiv mit der Adinkra Symbolsprache befasst hat. Er übersetzte eines der bedeutendsten Symbole für mich: *Sankofa.* Das bedeutet: „Aus der Vergangenheit lernen“ oder variiert: „Es ist gut zurückzublicken“. Dieses Symbol drückt auch das kulturelle Wiedererwachen aus. Ablade selbst und viele ghanaische Künstler, allen voran Kofi Antubam, verwenden die Symbolsprache in der modernen bildenden Kunst. Zwei von Antubams wunderschönen Skulpturen erinnern an ihn im Parlament Haus. Als das umgebaute Haus 1971 eröffnet wurde, begrüßten zwei seiner Holzstatuen die Parlamentarier in der Eingangshalle.

König Adinkra - Hauptmotiv der Adinkra Symbole

Variation zum Symbol für Sicherheit, Geborgenheit

Symbol für Kenntnis und Weisheit

Symbol für Größe

„Adinkra“ wird häufig mit dem

Wort *„nkra"* für „Abschied" in der Akan-Sprachgruppe in Verbindung gebracht. Denn die mit den Symbolen bedruckten Tücher wurden hauptsächlich zum Ausdruck der Trauer um einen Verstorbenen getragen, zumeist in Tiefblau, Tiefrot und Braun. Hellere Tücher wurden zu besonderen, festlichen Anlässen gewählt. Männer umschlingen sich mit dem etwa vier Meter langen und zwei Meter breiten Tuch wie mit einer Toga. Darunter tragen sie ein Seidenhemd zu passender Hose, ebenfalls aus Seide. Die Tücher bestehen aus etwa 30 bis 40 cm breiten Baumwollstoffstreifen, die mithilfe bunter Stickereistreifen, ähnlich den Kente-Webstreifen, zusammengefügt werden. Zum Drucken wurden sie dann auf einer ebenen Unterlage straff gespannt, damit der Drucker mit seiner Arbeit beginnen konnte. Mit dünnen, hölzernen Linienstäben und Federn zog er vor dem eigentlichen Drucken der Symbole vertikale und horizontale Trennlinien. Die Druckerfarbe bestand aus der gestampften und ausgekochten Rinde des *Badie*-Baumes und wurde mit Eisenschlacke vermischt. Die Stempel, mit denen die durch die Trennlinien entstandenen Felder bedruckt wurden, sind ungefähr 7 cm im Durchmesser. Sie werden aus den Bruchstücken einer Kalebasse geschnitzt und mit kleinen Holzstäben zu einem Griff verbunden. Heute werden die Tücher bereits industriell gefertigt und sind zu einem wichtigen Bestandteil der Modebranche in Ghana

Adinkra Druckstempel

geworden. Es ist zu hoffen, dass der traditionelle Handdruck, der erheblich teurer ist, nicht untergeht.

Die Dörfer der Adinkra Drucker liegen nicht allzu weit entfernt von Kumasi, der Hauptstadt der Ashanti Region. Ich bin oft dorthin gefahren, um bei der Herstellung der Tücher zuzusehen. Außerdem findet der Besucher hier in der Nähe auch die Dörfer der Korbmacher, und von dort ist es nicht weit bis zu den Orten der Stuhlschnitzer, der Trommelbauer und der Glasperlenhersteller. Man fuhr sozusagen von einer großen Kunstwerkstatt zur anderen, denn zu meiner Zeit konnte man in dieser Gegend auch noch den Webern der Kente-Tücher und den Gelbgussgießern der Goldgewichte bei ihrer Arbeit zusehen. Die großartige Vielfalt der Ashanti-Kultur hat mich von Anbeginn meiner Tätigkeit in Kumasi zutiefst beeindruckt und fasziniert. Mithilfe meiner Freunde im Arts College, die mich bei meinen Entdeckungsreisen ins Ashanti-Land häufig begleiteten, erhielt ich so einen tiefen Einblick in eine einzigartige Kultur und ein damit verbundenes vielseitiges künstlerisches Handwerk.

GOLD AUS DER TIEFE

Schöne Dinge wachsen inmitten der Dornen
(Sprichwort aus dem Kongo)

Ghana hat eine lange Tradition des Goldbergbaus. Aber der Weg bis hin zum schönen Gold in der Hand ist voller Dornen.

1695 gründete Osei Tutu, der damalige König der Asante, die Stadt Kumasi. Der „Goldene Stuhl", der Legende nach vom Himmel heruntergekommen, wurde zum Sinnbild, Ahnenschrein und Herrschaftssymbol seines Stammes. Es ist ein mit Goldblech überzogener, aus einem Stück Holz geschnitzter Schemel, der den wesentlichen Teil der goldorientierten Staatskultur der Ashantis unter der Herrschaft ihres Häuptlings, des Asantehene, versinnbildlicht. Bevor ich nach Kumasi umgezogen bin, um meine Lehrtätigkeit an der Universität dort aufzunehmen, hatte ich schon öfter an *Durbars* teilgenommen. Nicht nur in der Ashanti Region, sondern auch in anderen Regionen Ghanas. Durbars sind öffentliche Treffen der Häuptlinge zu einem Fest an besonderen Feiertagen oder zu einem Empfang. Jedes Mal war ich dabei von der zur Schau gestellten Pracht des Goldschmucks der verschiedenen Würdenträger überwältigt. Das Gold überstrahlte die farbenfrohen Kente- und Adinkra-Tücher, in die sich die Beteiligten gekleidet hatten. Vor allem die Häuptlinge trugen die schönsten und wertvollsten, oft auch mit Goldfäden verzierten Tücher.

Hinzu kamen noch die großen bunten Schirme, die im Takt der Trommeln gedreht wurden, um den darunter in Sänften getragenen oder dahinschreitenden Häuptlingen Luft zuzufächeln. Gold war überall: im Schmuck, den die Chiefs trugen, und in ihren mitgeführten Regalien; in den mit Goldblatt überzogenen Figuren auf den Stäben der Linguisten und in den Ketten und Ringen der Würdenträger.

Die Sonne verkörpert die göttliche Lebenskraft und Gold ist als Symbol der Sonne heute noch immer tief in der Ashanti-Kultur verankert. Die Goldschmiede an den Höfen der Häuptlinge waren daher sehr hoch angesehen. Denn sie fertigten nicht nur den Schmuck und die mit Goldblech versehenen Regalien, sondern auch die zum Wiegen und Aufbewahren des Goldstaubes und der aus den Flüssen gewaschenen Goldnuggets benötigten Gewichte und Behälter. Die Goldschmiede hatten ihre eigene Zunft. Der Beruf ging vom Vater auf den Sohn über und blieb so in der Familie. Über die Jahrhunderte hinweg entstanden so allein aus dem Zubehör eines Goldschmieds kleine Schätze: geometrische und figürliche Goldgewichte aus Bronze, kleine Kästchen, in denen der Goldstaub aufbewahrt wurde, Goldstaubwaagen, verschiedene Löffel und kleine Schaufeln. Darunter auch verzierte Gefäße mit Deckeln aus Gelbmetall, ebenfalls zur Aufbewahrung von Goldstaub. Die Gewichte, Behälter und anderes Zubehör wurden von Gelbgussgießern im verlorenen Wachsprozess hergestellt. Händler, von denen ich in den Anfangsjahren in Accra viele afrikanische Volkskunstgegenstände gekauft habe, boten auch alte Goldgewichte an. Einige davon habe ich erhandeln können, auch Schmuck aus

Ghana-Gold, als das noch möglich war. Den hüte ich und trage ihn nur zu festlichen Anlässen mit großem Respekt und in dankbarer Erinnerung. Denn ich habe selbst gesehen, wie mühsam das Gold in Ghana aus der Tiefe der Erde dem Gestein abgerungen wird.

Um zu erfahren, woher dieses Gold kommt, hatte mein Freund Christian einen Besuch für mich in der Goldmine in Obuasi arrangiert. Ich war einen Tag vor dem verabredeten Termin nach Kumasi gekommen und bin am nächsten Morgen sehr früh, nur mit einer Tasse Tee im Magen, aufgebrochen. In Obuasi wurde ich erst einmal zu einem opulenten Frühstück im Klubhaus der „Ashanti Goldfields Corporation" eingeladen. Danach ging es zum Umkleiden. Ich erhielt einen Overall, Socken, Gummistiefel und einen Schutzhelm. Zu Beginn wurden mir die Einrichtungen über Tage gezeigt. Dann folgte eine abenteuerliche Abfahrt mit einem Servicelift hinunter in den Förderschacht, zunächst bis zur 29. und 30. Sohle. In verschiedenen Schächten wurde mir nahezu alles demonstriert, vor allem

Ashanti-Goldgewichte

die Belüftungs- und Wasserversorgungsanlagen vor Ort. Anschließend ging es weiter runter bis zur 32. Sohle auf einer Tiefe von fast 1.000 Metern zum 3 Meter hohen und 6 Meter breiten „Adansi Schacht“. Dort liefen wir dann zu Fuß bis zum Abbau des am Vortag gesprengten Gesteins. Es war extrem heiß hier unten bei fast 100%iger Luftfeuchtigkeit. Meine beiden Begleiter hatten gleich mehrere Kühlbehälter mit Limonen-Saft mitgenommen, den ich sehr dankbar in großen Mengen trank, denn ich schwitzte wirklich unglaublich.

Es wurde mir erklärt, dass die damalige Ausbeute von 2½ Unzen (ca. 77 Gramm) pures Gold aus einer Tonne Gestein als „wirtschaftlich“ eingestuft wird. Nach zweieinhalb Stunden Aufenthalt in der heißen Tiefe ging es langsam und in Etappen wieder hinauf ans Tageslicht. Dabei wurde ich dick eingehüllt in einen gefütterten Anorak mit Kapuze, damit ich nach der extremen Hitze zurück an der Erdoberfläche keinen „Kälteschock“ erlitt! Nach einer schier endlos dauernden Dusche, die nötig war, um mich von Schweiß und Staub zu befreien, wurde ich noch zum Mittagessen gebeten. Mit den Unmengen Schweiß hatte ich wohl auch an Gewicht verloren, denn ich langte ordentlich zu. Was war das für ein aufregendes Erlebnis gewesen! Wenn ich an diesen Besuch denke, fällt mir immer die Geschichte ein, die einer meiner beiden Begleiter erzählte, von dem Tag, an dem sie nach einer Sprengung auf eine solide, dicke Goldader im Gestein gestoßen waren. Für das Herauslösen dieser „Goldschwemme“ wurden gigantische Sicherheitsvorkehrungen getroffen, damit aber auch nicht das kleinste Fitzelchen Gold von dem Segen verloren ging. Ich habe nach der Besichtigung dieser Mine beim Anblick

von Goldschmuck immer die harten Bedingungen vor Augen, unter denen in Ghana noch heute in der tiefsten Erde gearbeitet wird, um das goldhaltige Gestein zu gewinnen.

Goldstaub war früher ein Zahlungsmittel in ganz Westafrika. Er wurde im Handel, zur Erstattung von Steuern und bei religiösen Zeremonien verwendet. Der Schatzmeister eines Ashanti-Häuptlings verwaltete die Gewichte mit allem Zubehör und verwahrte sie – sorgfältig eingewickelt in einem weißen Tuch und in unterschiedlichen Tierfellen, von einer Antilope, einer Zibetkatze, einem Affen oder auch eines Schafes – in einem speziell dafür vorgesehenen Behälter. Ungefähr zwei Drittel eines solchen Schatzbehälters bestehen aus verschieden großen geometrischen Gewichten, quadratisch, rechteckig, rund, drei- oder mehreckig in der Grundform, die entweder flach, abgestuft, pyramiden- oder kugelförmig gestaltet ist. Viele sind verziert mit orientalischen und nordafrikanischen Motiven oder mit traditionellen Mustern wie Spiralen, die das weibliche Prinzip Gottes verkörpern, Wellenlinien, die Wasser bedeuten, oder Sonnenstrahlen, die die göttliche Lebenskraft symbolisieren, und kleinen Strichen, die Regen zeigen. Die geometrischen Gewichte sind die ältesten. Viele von ihnen datieren von 1400 bis etwa 1700. Das andere Drittel der Gewichte besteht aus Gegenständen und Figuren, die Dinge aus Leben und Alltag darstellen: Gonggongs, Zeremonienschwerter, Schilde, Dolche und andere Häuptlingsregalien, Musikinstrumente und Schemel sowie Früchte aller Art oder Tierdarstellungen von Fischen, Käfern, Schnecken, Vögeln, Schlangen und gekreuzten Krokodilen. Zu den Reptilien gehört das Akan-

Sprichwort „Zwei gekreuzte Krokodile haben nur einen Magen – trotzdem streiten sie um Futter“.

Ein erster europäischer Einfluss schlug sich nieder mit der Darstellung von Pistolen, Kanonen, Gewehren, Patronengürteln oder Handelsgütern wie Stühle, Schlüssel, Schlösser und Gürtelschnallen.

Die älteren menschlichen Figuren sind durchschnittlich 4,5 bis 5cm hoch. Sie stellen meist Szenen aus dem alltäglichen Leben der Menschen dar oder versinnbildlichen afrikanische Weisheiten, von denen die Ashantis sehr viele geprägt haben. Beliebt war die Darstellung des Pfeifenrauchers, der ein Pulverfässchen auf dem Kopf oder in einer Hand trägt. Das Sprichwort dazu lautet: „Man raucht nicht, wenn man Schießpulver trägt“. Oder der unentschlossene Selbstmörder, über den man sagt: „Wenn du hängst, ist es zu spät.“ Jedes Goldgewicht ist ein wertvolles Unikat, das in seiner Einmaligkeit zur Kulturgeschichte Ghanas gehört. Nachdem der Goldstaub in der britischen Kolonie 1889 als Zahlungsmittel außer Kraft gesetzt wurde, verloren die Goldgewichte allerdings an Bedeutung. Heut-

Goldgewicht – Mutter mit zwei Kindern

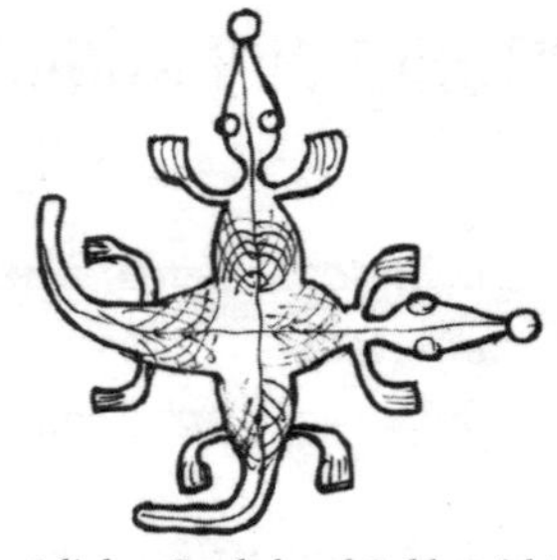

Gekreuzte Krokodile – Adinkra-Symbol und Goldgewicht

zutage versucht man, neu gegossene Goldgewichte für Touristen zu vermarkten. Dabei werden häufig leider sehr schlechte Kopien, hauptsächlich von figürlichen Gewichten, hergestellt. Aber vielleicht erlebt ja der Gelbguss, der einst so wunderschöne Kleinstfiguren aus Bronze hervorgebracht hat, auf diese Weise in Ghana eine Wiedergeburt als Kunstform.

Die Goldgewinnung Ghanas ist nach wie vor ein sehr wichtiger Wirtschaftszweig. Der Goldexport hat gegenwärtig einen Anteil von etwa 32 % der Gesamtausfuhr und bleibt so das wichtigste Exportgut des Landes. Durch meine jahrelangen Kontakte zum „Geological Survey Department" wusste ich schon damals, dass das Land noch über eine Vielzahl anderer wertvoller Bodenschätze verfügt, deren Gewinnung kostspielige Investitionen erfordern würde. In der Zwischenzeit haben größere Minengesellschaften und private (meist illegale) Goldschürfer – auch als *Galamsey* bekannt – durch den Einsatz von Quecksilber und Zyanid leider immense Umweltschäden angerichtet; Böden und Flüsse sind verseucht. Mit der Lösung der damit verbundenen Probleme wird Ghana noch sehr lange zu tun haben.

STÜHLE FÜR KÖNIGE

Nicht das Sitzen auf einem großen Stuhl macht einen zum König
(Sprichwort aus Togo)

Viele Zivilisationen haben in alten Zeiten ihre Ahnen und die Geister angebetet und mit ihnen auf unterschiedliche Art und Weise kommuniziert, aber nie mithilfe eines Mediums in Form eines Schemels. Das geschah nur durch die Akan-Völker Westafrikas und ist daher einzigartig.

Die aus einem Stück edlem, tropischem Hartholz geschnitzten Ahnenschemel, die auch „Stuhl" – nach dem englischen *stool* – genannt werden, sind ein wesentlicher Bestandteil der Kultur und des spirituellen Lebens der Akan-Völker, zu denen die Ashantis gehören. Die Schemel sind dreigeteilt: Auf dem oft verzierten, meist rechteckigen Fuß befindet sich der zentrale Mittelteil, an dem die symbolische Bedeutung und der soziale Status des Eigentümers zu erkennen sind. Die rechteckige Sitzfläche darüber ist an beiden schmalen Seiten etwas nach oben gebogen. Die Krümmung des Sitzes wird auch als Umarmung der Mut-

Links der Stuhl für die Königinmutter

ter bezeichnet. Königs- und Häuptlingsstühle sind heilige Gegenstände, die immer mit der Würde ihres Eigentümers verbunden sind. Ashanti-Stühle sind nicht groß. Die Sitzfläche variiert zwischen 50 bis 60 cm Länge und 40 cm Breite. Die Höhe des Stuhles beträgt etwa 40 cm bis zur Oberkante der Krümmung. Der Schemelfuß ist kleiner. Die Schnitzer der Ashanti-Stühle waren, wie auch die Gelbgießer der Goldgewichte, die Adinkra-Drucker und Kente-Weber hoch angesehene Handwerker ihres Gewerbes.

Der bekannteste Schemel ist der mit Goldblech beschlagene, heilige Goldene Stuhl, das Symbol des gesamten Ashanti-Volkes. Er wird mit großem Sicherheitsaufwand bewacht und nur bei ganz seltenen, außerordentlich wichtigen Gelegenheiten in der Öffentlichkeit präsentiert. Ich habe ihn einmal bei der Einführung eines neuen Ashanti-Königs gesehen, als er vor der Königssänfte von einer nur dafür auserlesenen Gruppe von „Stuhlwächtern" getragen wurde, die ihn zugleich von den Zuschauern abschirmten. Nach dem Glauben der Ashantis darf der Goldene Stuhl niemals den Boden berühren, und er hat auch einen eigenen Schirm. Nach dem Tod des vorherigen Königs war Opoku Ware II. 1970 als 15. Asantehene bestimmt worden. Das geschah in der für die Wahl des Nachfolgers vorgeschriebenen Zeit, nachdem Nana Sir Osei Agyeman Prempreh II. verstorben war, an dessen Todeswache ich als einer der wenigen ausländischen Gäste teilnehmen durfte. Die-

Links der Königsstuhl für den Asantehene

sen großartigen Menschen hatte ich in unserer Botschaft kennengelernt, als er nach einem Krankenhausaufenthalt aus der Bundesrepublik nach Ghana zurückgekehrt war. Prempreh II. hat als 14. Ashanti-König von 1935 bis 1970 regiert. Seinen Nachfolger lernte ich bei einem Rechtsanwaltstreffen in Kumasi kennen. Mein Freund Christian stellte mich Opoku Ware II. vor, der zum Empfang eingeladen hatte. Zu jedem Häuptling gehört außer dem Stuhl auch ein sogenannter Linguist, ein „Sprecher", der die Gedanken des Häuptlings in passende Worte fasst. Er trägt einen besonderen Stab, ein anderes wesentliches Element der Ashanti-Kultur. Dieser hölzerne Stab, dessen oberes Ende häufig mit Goldblatt bedeckt ist, drückt die Verbindung vom Häuptling zu seinem Volk aus. Der Stab ist oben stets mit einer kleinen vergoldeten Symbolfigur versehen, die eine der vielen Akan-Weisheiten zum Ausdruck bringt.

Ashanti-Stühle sind über die Jahre zu beliebten Souvenirs für Touristen und Besucher Ghanas geworden. Auch ich habe mir bei meiner Rückkehr aus Kumasi einen Königsstuhl und den einer Königin mit nach Hause genommen. Beide sind wunderschöne, aus Mahagoniholz geschnitzte Schemel. An einem solchen Stuhl hat der Schnitzer bis zu sechs Wochen gearbeitet. Der Mittelteil des Stuhls für einen König ist immer rund und mit Symbolen verziert; der für eine Königin ist gerade. Jeder neu etablierte König oder Häuptling besitzt einen eigenen Stuhl mit einem für seine Regentschaft ausgewählten Symbol.

Meine beiden Stühle stehen in meinem Schlafzimmer. Wann immer ich einen Blick auf sie werfe, verbinden sie mich mit der Heimat meines Herzens. Ich bin davon überzeugt, dass sie auf geheimnisvolle Weise meinen Schlaf bewachen.

IM LUFTSCHIFF ÜBER KUMASI

Keine Zunge ist besser als die eigenen Augen (Sprichwort aus Äthiopien)

Wenn Neues auftaucht, muss man es sehen und erleben, um es verstehen zu können, ehe man klug darüber reden kann.

So ging es mir bisher immer mit vielen neuen Dingen, die von schlauen Menschen erfunden oder entwickelt wurden. Oftmals tauchten solche Entdecker als „Heilsbringer" in Entwicklungsländern auf, um ihre großartig angekündigten, für Afrika doch wie geschaffenen Ideen an den Mann – oder die Frau – zu bringen. Wie auch die für den Schwerlastentransport in entlegene Gegenden mit dafür geeigneten Cargo-Luftschiffen. Ein Exemplar so eines halbstarren Zeppelin NT („Neue Technologie") Luftschiffes tauchte im August 1976 plötzlich über Kumasi auf. Vom Campus aus bestaunten wir das leise über uns hinwegschwebende Fluggerät. Ich wollte mehr darüber erfahren und rief unsere Botschaft an. Ja, das seien Flugversuche für den Passagiertransport oder leichtere Frachttransporte in entlegene oder infrastrukturell noch nicht erschlossene Gebiete. Das Luftschiff würde im Rahmen eines Forschungsprojektes einige Tage lang vom Flughafen Kumasi aus getestet.

Ich habe als kleines Kind noch die großen Zeppeline gesehen und bewundert, die Deutschland in den Dreißigerjahren überflogen. Das erste, von Graf von Zeppelin

entworfene „Luftschiff Zeppelin“ (LZ1) wurde 1898 gebaut. Von 1900 bis 1940 wurden die sogenannten „Starrluftschiffe“ zur Personenbeförderung und im ersten Weltkrieg auch militärisch genutzt. Ab 1928 begann die „Blütezeit“ der Zeppelin-Luftfahrt mit regelmäßigem Passagierverkehr. Als jedoch das Luftschiff LZ 129 „Hindenburg“ 1937 bei der Landung im amerikanischen Lakehurst verunglückte und abbrannte, läutete dies das Ende der Passagier-Luftfahrt mit Zeppelinen noch vor dem Zweiten Weltkrieg ein. Danach gab es nur noch Testflüge mit Luftschiffen neuer Technologie, wie den Zeppelinen NT. Kleinere, billigere und vor allem flexiblere Prallluftschiffe wurden für leichtere Frachten, weniger Passagiere oder für Werbung eingesetzt.

Das in Kumasi für Probeflüge verwendete Luftschiff war ein halbstarrer Zeppelin NT zur Personenbeförderung. Zwölf Passagiere passten in seine Gondel. Ich war natürlich sehr neugierig und habe mich damals sofort auf den Weg zum Flughafen gemacht, um herauszufinden, ob es eine Möglichkeit gab, im Luftschiff mitgenommen zu werden. Das wurde sofort arrangiert, nachdem ich dort mit dem Leiter des „Zeppelin Projektes“ gesprochen hatte.

Ich wollte wissen, wie dieses große Fluggerät abheben kann, und wurde darüber aufgeklärt, dass Luftschiffe einen statischen Auftrieb haben und durch Ruder gesteuert werden, die an den Leitwerken und kleinen Flügeln angebracht sind. Der Zeppelin sei mit Traggas gefüllt, das im Inneren erhalten bleibe, ohne dass Energie zugeführt werden müsse.

Zunächst sah ich mir vom Boden aus an, wie die Passagiere an Bord des Luftschiffes gingen und es abflog. Am

hinteren Ende der Kabine waren rechts und links die beiden Propeller angebracht. Zwei lange Seile, die am Bug des Luftschiffes festgemacht waren, wurden von jeweils drei starken Männern in einem große „V" auseinandergehalten. Damit wurde das Luftschiff, das auf zwei kleinen Rädern rollte, ausbalanciert. Von zwei Seilen stabilisiert, war der Zeppelin auch von den Masten geholt worden, an denen er „geparkt" worden war. Eins der Räder befand sich unter der Kabine. Ein zweites, kleineres entdeckte ich beim Abheben am unteren Leitwerk. Am Heck befanden sich zwei kleine Flügel und die beiden Leitwerke, eins oben, das andere unten. Alle hatten Ruder, mit denen das Schiff gesteuert wurde. Ich war überrascht, wie leise die Propeller waren. Langsam begann das Luftschiff zu rollen. Die Männer liefen, die Seile immer noch straff gespannt haltend, ein Stück mit, bis der Zeppelin abhob, langsam an Höhe gewann und nach oben flog. Während des Fluges hingen die Seile in der Luft. Nach den vorangegangenen Erklärungen konnte ich mir nun vorstellen, wie das Luftschiff „flog" im Vergleich zu einem Ballon, der „fährt". Die Landung verlangte einiges Geschick, denn da mussten die „Halteposten" die Seile schnell fangen und wieder v-förmig auseinanderhalten, um das Luftschiff auszubalancieren. Der Zeppelin war sicher gelandet.

Nun verfrachtete mich der Leiter des Forschungsprojektes zusammen mit ein paar anderen Mitfliegern in die Passagierkabine und platzierte mich auf dem vordersten Sitz mit der besten Aussicht. Ich hatte ihm bei unserem Gespräch erzählt, dass meine Studenten sich gerade mit einigen Stadtteilen in Kumasi beschäftigen, und gefragt,

ob es möglich sei, diese zu überfliegen, damit ich sie aus der Luft fotografieren könne. Denn keiner meiner Studenten oder Kollegen hätte sich getraut, zum Zeppelin-Fliegen mitzukommen. Denen war das Luftschiff nicht geheuer. Wir beugten uns über den Stadtplan und der Pilot erstellte eine Rundflug-Route nach meinen Wünschen. So konnte ich wunderschöne Aufnahmen von oben machen, nachdem wir eine Höhe von etwa 100 bis150 Metern erreicht hatten, und durfte den Piloten neben mir zu all den Punkten hindirigieren, die mich für meine Arbeit in der Fakultät interessierten. Langsam glitt das Luftschiff dahin. Unter uns breitete sich ein Wunder nach dem anderen aus. Gleich nach dem Start überflogen wir die Universität und die Dörfer davor mit ihren quadratisch um einen großen Innenhof herum gebauten Häusern. Eine ganz typische Bauweise für diese Gegend. Bräunlich rot oder grau leuchteten die Blechdächer im leider etwas spärlichen Sonnenlicht.

Dann überflogen wir den nördlich von der Universität gelegenen Ort Anloga. Ich erhielt aus der Vogelperspektive einen ganz anderen Eindruck von diesem Teil der großen Stadt Kumasi als bei meinem ersten Besuch zu Fuß durch das ehemalige riesige Dorf. Anloga war zu der Zeit vor allem bekannt durch seine holzverarbeitenden kleinindustriellen Betriebe, die alle zum informellen Industriesektor gehörten. Der zählte auch in Kumasi zu den Einkommen schöpfenden Bereichen, die das Überleben vieler Menschen in den Notzeiten des Landes gesichert haben. Beim Weiterflug konnten wir sehen, wie viel Grün – Gärten und Parks – es in Kumasi gab. Ich war auch vom Blick auf die Altstadt, die wir danach überflogen, begeistert. Sie bestand damals aus überwiegend eingeschossigen, gelegentlich

schon zweigeschossigen Häusern mit quadratischen Innenhöfen. Dann lag das große Regionalkrankenhaus unter uns, danach der Palast des Ashanti-Königs und das alte wiederaufgebaute Fort. Und schließlich der Zentralmarkt. Selbst aus der Luft war das ganze Ausmaß dieses riesigen und größten Marktes von Ghana nicht zu erfassen. Es war für mich sehr aufregend, diese Ansammlung von Hunderten von Verkaufsständen und Hallen sowie die offenen Flächen u. a. für Kleinvieh, Holz und Holzkohle aus der Höhe zu sehen. Nach dieser großen Runde flogen wir langsam wieder zurück und beendeten den Flug mit einer perfekten Landung.

Ich war sehr glücklich, so etwas erlebt zu haben, für mich war dieser Ausflug ein überwältigendes Erlebnis. Im Unterricht habe ich sehr davon profitiert und meine Studenten, die ich zum Mitfliegen nicht hatte bewegen können, ebenfalls.

WENN SOLDATEN REGIEREN

Der Gesetzgeber fällt leicht unter sein eigenes Gesetz (Sprichwort aus Kamerun)

Viermal stürzte das Militär demokratisch gewählte Regierungen in Ghana. Flight-Lieutenant Jerry Rawlings, der letzte Putschist, räumte ohne zu zögern 1979 und 1981 gewaltig auf und regierte von da an bis 2001. Erst ab 1992 begann sich die katastrophale Lage in Ghana langsam zu verbessern, nachdem er dem Land eine neue Verfassung gegeben hatte.

Afrika hat leider eine traurige „Berühmtheit" erreicht durch seine vielen militärischen Umstürze. Hier soll nicht über solche Vertreter des Militärs geredet werden, die während ihrer Herrschaft weltweit Kopfschütteln und Entsetzen hervorgerufen haben wie Colonel Jean-Bédel Bokassa, der sich nach seinem Putsch in der Zentralafrikanischen Republik 1966 zum „Kaiser" krönen ließ, oder wie Major-General Idi Amin, der nach seinem Umsturz in Uganda 1971 zum „Sinnbild des brutalen afrikanischen Gewaltherrschers" (Wikipedia) wurde.

Bevor ich nach Ghana gekommen war, hatte ich noch nie einen militärischen Umsturz erlebt. Aber schon 1960, im Jahr meiner Ankunft, gab es bereits den ersten afrikanischen Militärputsch im Kongo-Kinshasa, als General Mobutu die Macht an sich riss. Danach folgten elf weitere

Umstürze in unterschiedlichen Ländern Afrikas, bevor das Militär im Februar 1966 in Ghana den ersten Putsch vollzog. Zu der Zeit ahnte ich noch nicht, dass diesem ersten Coup d' État drei weitere in meinem neuen Heimatland folgen würden, die jedes Mal bestätigten, dass Soldaten besser die Hände vom Regieren lassen sollten.

Ende der ersten Republik: Der „National Liberation Council" – 1966

Die Umwälzungen in Ghana begannen am 24. Februar 1966 mit dem Sturz des ersten Präsidenten Kwame Nkrumah. Er hatte sich zwischenzeitlich selbst zum Präsident auf Lebenszeit ernannt. Der Putsch der Armee wurde von der Polizei unterstützt. Nkrumah befand sich gerade auf einer Auslandsreise, die ihn nach Nordvietnam und China führte. Ich war in der Nacht von Schüssen und Explosionen in Accra geweckt worden und hörte am frühen Morgen im Radio in den Nachrichten der BBC, was geschehen war. Hohe Armeeoffiziere hatten gemeinsam mit der Polizei die Regierung gestürzt. Sie rechtfertigten ihr Handeln mit der notwendigen Befreiung der Nation von der Diktatur Nkrumahs und der korrupten Verwaltung des Landes durch seine Minister und Parteigänger der CPP, seiner Partei, die das Land in ein politisches und wirtschaftliches Chaos geführt hätten. Seine sozialistischen Ambitionen und sein Eintreten gegen jedwede Form von Neokolonialismus und wirtschaftlicher Ausbeutung, die er besonders den transnationalen Konzernen anlastete, waren wohl auch der Grund, weshalb sein Sturz außerhalb des Landes begrüßt und unterstützt wurde. Vor allem vom amerika-

nischen CIA, wie wir hörten. Ich hing an meinem kleinen Transistorradio und versuchte, über andere Sender Hintergrundinformationen zum Putsch zu erhalten, während in Accra Tausende Menschen jubelnd und mit Freudengesängen und „Lange lebe Ghana"-Rufen durch die Straßen zogen. An meine Mutter schrieb ich wenige Tage danach:

„Beim Sturz der Regierung wurden alle Minister, Parteibonzen und „Nkrumahisten" verhaftet. Es war ein äußerst schneller und präzise organisierter Putsch. Nur an einzelnen Punkten, darunter hauptsächlich um das Flagstaff-Haus herum in Accra (Büro und Residenz des Präsidenten), wurde anscheinend einige Tage lang erbittert gekämpft. Dort hatte sich seine in China ausgebildete Leibgarde zusammen mit einigen sowjetischen Beratern verschanzt. Der russische Botschafter ist bereits außer Landes. Politische Häftlinge sind unter großer Anteilnahme der Bevölkerung aus den Gefängnissen befreit worden. Die meisten von ihnen waren in einem bejammernswerten Zustand. Der vom Militär eingesetzte „Nationale Befreiungsrat" steht nun vor der gewiss nicht leichten Aufgabe, das fast bankrotte Land wieder wirtschaftlich gesunden zu lassen. Alle Ghanaer jubeln. Ich bin sehr beeindruckt von der Ordnung, mit der alles vonstatten geht. Statuen, Bilder und Straßenschilder von Nkrumah sind aus den Büros und dem Stadtbild verschwunden. Es wird bereits überall wieder gearbeitet, und die Geschäfte sind alle geöffnet."

Bis zum Putsch hatte Ghana sich hoch verschuldet bei laufend steigender Inflationsrate. Die Entwicklungspläne von Nkrumah waren zu ehrgeizig gewesen. Sie wurden obendrein vom wirtschaftlichen Missmanagement der

Verantwortlichen durchkreuzt. Die neue Währung war überbewertet. Von den bei der Unabhängigkeit von der Kolonialverwaltung übernommenen finanziellen Reserven war kaum noch etwas übrig. Heute wissen wir jedoch auch, dass nach 1966 keine der diesem ersten Umsturz folgenden Militär- oder Zivilregierungen in der Lage war, das von Nkrumah hinterlassene Erbe zu handhaben. Sie trugen eher noch zum weiteren wirtschaftlichen Niedergang bei. Kwame Nkrumah war ein begnadeter Visionär gewesen. Für ihn war Ghanas politische Unabhängigkeit bedeutungslos, wenn ihr nicht die Befreiung der anderen afrikanischen Kolonien folgte (seine berühmten Worte am Tag der Unabhängigkeit). Zu seinen Verdiensten gehörte ohne Zweifel auch der Versuch, Ghana eine nationale Identität zu geben und die unterschwellig noch immer vorherrschende ethnische Definition in der ghanaischen Gesellschaft abzuschaffen zugunsten eines ausdrucksstarken Nationalbewusstseins. Den Militärs und allen Regierenden danach fehlten sowohl Nkrumahs Charisma als auch seine Visionen. Erst viel später zeichneten sich erste Veränderungen ab und da wurden auch die Verdienste des ersten Präsidenten des Landes anerkannt, wie die Realisierung des Volta-Staudamm-Projektes, welches Ghana heute mit Strom versorgt, die Modernisierung und Industrialisierung des Landes mit allen damit zu bewältigenden Problemen sowie die Einführung der Schulpflicht, die Gründung eines Sozial- und Gesundheitswesens und den Ausbau der Infrastruktur.

Jetzt begann der Exodus der Russen, die alle das Land verlassen mussten. Den Weggang der russischen Lehrer, von denen ich viele bei meinen Arbeitsbesuchen im Nor-

den des Landes kennen- und schätzen gelernt habe, bedauerte ich sehr. Außerdem wurden zahlreiche Chinesen und einige DDR-Deutsche außer Landes geschickt. Auch die Westdeutsche Hanna Reitsch wurde zusammen mit ihren deutschen Helfern aus der Segelflugschule und des Landes verwiesen. Kwame Nkrumah hatte diese Schule sehr unterstützt, wurden hier doch einheimische Segelfluglehrer ausgebildet, die danach meistens in der Luftwaffe dienten. Ich hatte sie bei einem Besuch der Segelflugschule im ca. 30 km östlich von Accra gelegenen Afienya kennengelernt. Die Gebäude der Schule waren ein Projekt unserer Schulbauabteilung gewesen. Hanna Reitsch war eine kleine, eher zart gebaute Frau mit durchdringendem Blick, die genau wusste, was sie wollte, und die zu den Deutschen im Lande gehörte, um die ich lieber einen Bogen machte. Doch bei dem schnellen „Rauswurf", bei dem sie ihre Flugzeuge und

einen Teil ihrer persönlichen Habe im Land zurücklassen musste, bedauerte ich sie. Vor dem Putsch war sie von den Diplomaten der bundesrepublikanischen Botschaft immer unterstützt worden, da diese sich gerne ihres „guten Drahtes" zur Regierung Nkrumahs bedient hatten.

Fathia, die ägyptische Ehefrau von Nkrumah, verließ Ghana unverletzt zusammen mit ihren drei Kindern. Dafür hatte der damalige ägyptische Präsident Nasser gesorgt. Nkrumah selbst ging nach seiner Rückkehr aus Asien zunächst nach Conakry in Guinea ins Exil und später nach Rumänien, wo er 1972 starb. Er wurde in seinem Geburtsort Nkroful in Ghana begraben. Jerry Rawlings, der „letzte Putschist" ließ ihn während seiner Regentschaft nach Accra überführen, wo seine Gebeine heute im „Kwame Nkrumah Memorial" ruhen. Auch Fathia Nkrumah wurde nach ihrem Tod dort beerdigt. Ich schrieb an meine Mutter:

„Niemand kann leugnen, dass Kwame Nkrumah sehr viel für sein Land getan hat, so bitter auch für manche Weggefährten und Oppositionelle die persönlichen Erinnerungen an ihn und seine Regierung sein mögen. Keiner der nach ihm Regierenden kann Ähnliches aufweisen wie er: kostenlose Schulbildung, den neuen Hafen und die neue Stadt Tema, den Akosombo Damm, viele neue Straßen, den neuen Flughafen, die vielen neuen Krankenhäuser, Universitäten und Schulen. Stets versuchte er, bei seinen Landsleuten Nationalbewusstsein und Nationalstolz zu wecken und Stammesgrenzen zu überwinden. In seinem Dorf Nkroful gibt es keinen Palast, und es ist auch kein eigenes Haus zu finden. Nkrumah, ein Mensch mit großen Visionen, ist als armer Mann gestorben."

Ende der zweiten Republik: Oberst Acheampong und der „National Redemption Council" – 1972

Am 13. Januar 1972 fegte der nächste Militärputsch die Zweite Republik in Ghana hinweg. Früh am Morgen übernahm die Armee unter der Führung von Oberst Ignatius Kutu Acheampong das Ruder der Regierung. Dieser Umsturz war bestens vorbereitet und daher fast unblutig verlaufen. Präsident Edward Akufo-Addo und Premierminister Dr. Kofi Abrefa Busia sowie alle Minister wurden ihres Amtes enthoben, die Parteien verboten und das Parlament geschlossen. Die gestürzte Regierung hatte sich durch eine drastische Abwertung der Landeswährung mit fatalen wirtschaftlichen Folgen und Belastungen für die Bevölkerung unpopulär gemacht. Ich wohnte zu der Zeit in meiner letzten Wohnung in Accra in der Nähe vom Flughafen. Das „Burma Camp", die Hauptkaserne der ghanaischen Armee, lag nicht weit entfernt. Ich hörte zwar Schießereien, kannte aber nicht den Grund dafür. Auch diesmal verließ ich mich auf mein Radio, denn wie beim ersten Coup wurde das Gebäude des ghanaischen Rundfunks bei diesem Umsturz sofort gestürmt, um die Benachrichtigung der Bevölkerung sicherzustellen. Die Junta richtete einen „Nationalen Erlösungsrat" ein mit Acheampong als Vorsitzenden und Staatsoberhaupt. Er beförderte sich später selbst zum General.

Als erste Maßnahme nahm die Militärregierung die Abwertung der Landeswährung zurück. Außerdem wurde verkündet, dass Ghana keine Auslandsschulden mehr

bedienen würde. Die meisten Ghanaer nahmen die Veränderungen zwar positiv, aber weniger begeistert auf, als die nach dem ersten Putsch. Ich hatte das Gefühl, man wollte erst mal abwarten und sehen, was passiert. Ich tat das übrigens auch. Denn ich durfte zunächst mein Büro im Parlament Haus weiter nutzen. Es waren noch einige Arbeiten am Umbau-Projekt zu verrichten. Alle Bauverträge müssten erfüllt werden, hieß es, auch die allerletzten noch ausstehenden, zumeist externen Arbeiten sowie die sechsmonatige Haftungszeit danach sollten berücksichtigt werden. Eine Kerngruppe für die Verwaltung und der Hausmeister blieben ebenfalls im Parlament Haus. Und auch mein Freund Christian konnte weiterhin in seinem Büro dort arbeiten. Mit Sorge nahmen wir jedoch alle zur Kenntnis, dass bereits nach kurzer Zeit die Korruption in den von den Militärs verwalteten Ministerien in hohem Maße zunahm. Es wurde zwar versucht, einige Programme zur Verbesserung der Infrastruktur und des Ausbildungswesens durchzuführen, aber die meisten Planungen kamen nicht voran. Ein neuer Begriff machte die Runde: *Kalabule.* So wurde das Sich-Bereichern auf Kosten anderer ausgedrückt. Als auch jahrelang nach dem Putsch keine Ansätze für die Ablösung der Junta durch eine demokratisch gewählte Regierung zu erkennen waren, wurde die Opposition zur Militärregierung immer stärker.

Demonstrationen gegen das Militär – 1978

Seit September 1975 arbeitete ich an der Universität in Kumasi und erlebte dort die große Unzufriedenheit unter den Studenten und dem Lehrpersonal auf dem Campus

mit. 1977 demonstrierten unsere Studenten gegen die Korruption. Die hatte sich unter den Putschisten, allen voran General Acheampong, sichtbar ausgebreitet. Die gesamte Industrie und das Transportwesen litten außerdem unter der Energiekrise, die Anfang der Siebzigerjahre weltweit ihre Auswirkungen zeigte. Eine Restrukturierung des sogenannten Nationalen Erlösungsrates in einen „Obersten Militärrat“ führte 1975 zur Besetzung aller Ministerpositionen im Land mit höheren Offizieren. Die unteren Ränge übernahmen die Verwaltungsposten in sämtlichen Regierungsbüros. Man glaubte tatsächlich, dass alle Probleme mit militärischer Ordnung besser zu bewältigen seien. Dagegen und gegen die grassierende Korruption in Verbindung mit der rapide ansteigenden Inflation rannten die Studenten aller ghanaischen Universitäten mittlerweile Sturm und entschlossen sich zu streiken. Die Bevölkerung, die auf baldige Wahlen für eine konstitutionelle Zivilregierung gehofft hatte, demonstrierte in den Städten gegen den Militärrat. Die Junta ging sehr brutal dagegen vor und ließ die Universitäten schließen.

Im März 1978 gab es ein nationales Referendum zur Entscheidung über eine sogenannte Einheitsregierung, die sich aus ausgewählten Zivilisten und Offizieren zusammensetzen sollte. Mit knapper Mehrheit entschied sich die Bevölkerung für diese neue Regierungsform. Aber die Demonstrationen ließen nicht nach und wurden weiterhin niedergeschlagen. Auf dem Campus wurde es ungemütlich, nachdem bei einer friedlichen, lediglich sehr lautstarken Demonstration einer der beteiligten Studenten erschossen und viele andere verletzt worden waren. Auch

unsere Universität befand sich nach der Schließung in einem Schwebezustand. Weil viele unserer Studenten verhaftet worden waren, demonstrierten die auf dem Campus verbliebenen weiter. Selbst als der regierende Militärrat Acheampong zum Abdanken gezwungen und die Junta ihn durch General Frederick Akuffo ersetzt hatte, beruhigte sich die Lage nicht. Die Inflation nahm immer weiter zu. Die schlechte Versorgung mit Lebensmitteln führte landesweit zu Streiks. Die Kakaoproduktion fiel auf die Hälfte der Menge aus dem Jahr 1964 zurück. Ghanas Infrastruktur war in einem katastrophalen Zustand. Anfang 1979 entschied sich der Militärrat endlich, Parteien wieder zuzulassen. Es gab eine neue Verfassung. Nach den Wahlen sollten die Regierungsgeschäfte an eine demokratisch gewählte Zivilregierung übergeben werden.

Der erste Putsch durch Jerry Rawlings – Juni 1979

Bevor die Militärregierung jedoch von einer gewählten Zivilregierung abgelöst werden konnte, stürzte eine Gruppe junger Offiziere unter ihrem Anführer Leutnant Jerry Rawlings den Obersten Militärrat. Das gelang zwar erst im „zweiten Anlauf", aber danach wurde auf eine Art und Weise durchgegriffen, die niemand erwartet hatte. Ein neues, mit Blut getränktes Blatt wurde im ghanaischen Geschichtsbuch aufgeschlagen. Der „Revolutionäre Militärrat" (*Armed Forces Revolutionary Council*) verkündete die öffentliche standrechtliche Erschießung der vorherigen Militärherrscher Acheampong und Akuffo sowie weiterer hoher Offiziere des ersten Putsches von 1966. Nach diesem Putsch, bei dem Präsident Nkrumah gestürzt worden war, hatte es einen „Gegenumsturz" gegeben, bei dem versucht worden war, wieder zu den alten Verhältnissen zurückzukehren. Dabei war der in Ghana damals sehr beliebte General Emmanuel Kwasi Kotoka getötet worden. Accras Flughafen trug seitdem seinen Namen. Die „Gegenputschisten" kamen vor ein Militärgericht, wurden zum Tode verurteilt und hingerichtet. Etliche der zu den ersten Putschisten gehörenden hohen Offiziere, von denen ich einige während meiner Arbeit in Accra persönlich kennenlernte, hatten nach dem Umsturz 1966 begonnen, sich zu bereichern. Das wurde erst nach und nach bekannt und verschaffte einigen dieser hohen Offiziere nun einen Platz auf der Exekutionsliste des Revolutionären Militärrats. Insgesamt acht Offiziere wurden öffentlich hingerichtet – für die ghanaische Gesellschaft ein unerhörtes Gesche-

hen und ein unvorstellbarer Schock. Ghanaer sind sehr friedliebende Menschen und hatten so etwas nie erwartet. Danach folgte noch eine weitere große „Säuberung". Wie viele Menschen ihr zum Opfer fielen, auch innerhalb der Armee, ist mir nicht bekannt.

Da die standrechtlichen Erschießungen öffentlich waren, wollten auch einige meiner Studenten nach Accra fahren, um sich das anzusehen. Ich versuchte vergebens, sie davon abzuhalten. Einen Toten zu sehen, sei eine Sache. Aber einem Menschen bei seinem durch Gewalt herbeigeführten Sterben zuzusehen, ungeachtet der Schuld, die er auf sich geladen hat, sei etwas ganz anderes. So hatte ich ihnen meine Auffassung darüber dargelegt. Die Studenten fuhren dennoch, um sicherzugehen – so sagten sie – dass die Offiziere tatsächlich erschossen würden. Sie kamen völlig entsetzt zurück und erzählten mir, was sie gesehen hatten. Nur einige der Generäle seien aufrecht und wortlos zum Exekutionspfahl gegangen. Sie hätten wohl auch dem kommenden Tod offen ins Auge geblickt, wenn ihnen nicht die Augen verbunden worden wären. Andere mussten zum Pfahl getragen werden. Es wurde auch gejammert und geschrien. Ich hatte meine Studenten gewarnt. Und wollte nun auch nichts mehr hören von dem, was bei den Erschießungen geschehen war.

In der Zwischenzeit hatte Ghana die zu Beginn der Unruhen geschlossenen Grenzen zu den Nachbarländern wieder geöffnet. Der Militärrat gab bekannt, dass so schnell wie möglich Wahlen für ein neues Parlament und eine Regierung abgehalten würden. Die Soldaten wollten nur so lange regieren, bis das „Großreinemachen" been-

det sei. Und da gäbe es noch allerhand zu tun. Jetzt ging es den Marktfrauen und Händlern an den Kragen. Viele der Mammys hatten, zusammen mit fast allen libanesischen und indischen Händlern, die katastrophale Versorgungslage zu ihrem Vorteil ausgenutzt, indem sie ihre Waren so lange zurückhielten, bis der Preis „stimmte" und sie große Profite erzielen konnten. In Accra hatten Kontrollen durch das Militär riesige Lebensmittellager und andere gehortete Waren zu Tage gebracht, darunter Güter, die jahrelang nicht mehr in den Geschäften oder auf den Märkten zu sehen gewesen waren. Den Händlern wurde jetzt ein Ultimatum gestellt, bis wann sie diese gehorteten Waren zu staatlich kontrollierten Preisen verkaufen mussten. Sie hätten die Notsituation im Land rücksichtslos für sich selbst ausgenutzt. Manche der Händler wurden öffentlich ausgepeitscht. Auch in Kumasi.

In der Vorbereitungszeit bis zu den geplanten Wahlen pochte der Militärrat darauf, dass die zukünftige Regierung Strukturen in der Gesellschaft schaffen sollte, die eine Eigenverantwortung für jede Aktivität eines dafür Zuständigen auf der Basis der neuen Verfassung und im Rahmen bestehender Gesetze voraussetzt. Diese Verantwortung müsse bis in die kleinste Dorfstruktur nachprüfbar sein. Das waren andere Töne als die, die man nach den bisherigen Umstürzen gehört hatte. Auf dem Campus kehrte langsam wieder Ruhe ein. Unsere Arbeit verlief ohne Störungen. Am Wahltag für eine neue Regierung feierte ich mein siebenundvierzigstes Wiegenfest bei Kaffee und Kuchen zusammen mit meinen Kollegen aus der Fakultät. Später kamen noch einige Studenten dazu. Den Kuchen hatte ich mit nachbarschaftlicher Hilfe aus allen

möglichen Resten fabriziert. Freund Christian kam zur Feier des Tages aus Accra und erzählte uns, was dort alles passiert sei. Auch er war noch zutiefst schockiert von den Erschießungen. Wir alle hofften nun inständig, dass eine Zivilregierung bald wieder geregelte Verhältnisse im Land schaffen würde.

Die „Zwischenregierung" unter Dr. Hilla Limann

Hilla Limann, ein Nordghanaer aus Gwollu im Nordwesten des Landes, wurde am 18. Juni 1979 mit deutlicher Mehrheit gewählt. Er trat das Amt als Präsident und Oberkommandierender der Streitkräfte des Landes an. Die Verfassung der Dritten Republik trat mit einigen Neuerungen ab September 1979 in Kraft. Mit der Teilung der nördlichsten Region in eine „Obere Ostregion" und eine „Obere Westregion" hatte Ghana nun neun Regionen. Präsident Limann erhielt durch seinen moderaten Regierungskurs vor allem die Unterstützung der Geschäftswelt. Leider war seine Partei, die „People's National Party" (Nationale Volkspartei) sehr zerstritten. In unserer Arbeit auf dem Campus merkten wir zunächst wenig von den Entwicklungen. Wirtschaftlich und finanziell war die Lage im Land immer noch kritisch. Die Unzufriedenheit in der Bevölkerung, auch bei den Dozenten und Studenten auf dem Campus, nahm langsam wieder zu. Es fehlte an allem. Benzin wurde rationiert und mit „Marken" verteilt, abwechselnd nach geraden und ungeraden Autonummern. Da es kein Mehl gab, gab es auch tagelang kein Brot, bis endlich Getreide-Hilfslieferungen aus dem Ausland eintrafen, auch aus der Bundesrepublik. Die Stromversorgung auf

dem Campus wurde ein großes Problem. Die Erklärung für die laufenden Unterbrechungen, die bei uns ja immer mit einer Wassernot einhergingen, war, dass die für die Reparaturen notwendigen Ersatzteile fehlten. Die Inflationsrate kletterte wieder nach oben. Generell wurde die Limann Regierung als „inaktiv" wahrgenommen.

Ein für Ghana gefährlicher *Brain Drain* begann. Ghanaische Handwerker wurden zu begehrten „Gastarbeitern" in anderen afrikanischen Ländern. Viele Dozenten wanderten aus und suchten ihr Glück in Übersee. 1980 musste an der Universität in Kumasi die Zahl der neu aufgenommenen Studenten reduziert werden, weil es zu wenig Lehrpersonal gab. Wir Ausländer waren auf dem Campus vor allem vom Poststreik sehr stark betroffen. Selbst Postsortierer wanderten nach Nigeria aus. Die Misswirtschaft

im Land nahm zu. Straßen, die durch die neue Regierung zunächst repariert worden waren, gingen schnell wieder kaputt, denn ihre teilweise riesigen Löcher waren mit der Fufu-Methode repariert worden: Es wurde einfach Laterit-Kies in die Löcher gestampft. Aber da die Asphaltdecke darüber fehlte, weil es kein Bitumen mehr gab, wusch der nächste kräftige Regen die Löcher wieder aus. Dann wurde ein Skandal beim Druck von Geldscheinen in Großbritannien für eine neue Währung bekannt. Viele Topleute der Regierung sollen involviert gewesen sein und unvorstellbare Summen als *Kick-back* (sehr passender Begriff für „Provision") erhalten haben. Wir wussten, dass es nur noch eine Frage der Zeit sein konnte, bis der nächste Putsch kam. Und er kam!

Ende der dritten Republik: Zweiter und letzter Putsch von Jerry Rawlings – 31.12.1981/1.1.1982

Dieser blutige Umsturz in der Nacht vom 31. Dezember 1981 auf den 1. Januar 1982 geschah, als die Universitäten noch Weihnachtsferien hatten und geschlossen waren. Die Studenten waren zu Hause. Sofort wurden strikt kontrollierte Ausgangssperren verhängt, Ghanas Grenzen, Häfen und Flughäfen wurden geschlossen. Wir Dozenten fühlten uns auf dem Campus wie abgeschnitten von allem Geschehen außerhalb und wurden nur über das Radio vom ghanaischen Rundfunk über die Vorgänge in Accra informiert. Präsident Limann, sein Vertreter, alle Minister und deren Vertreter wurden entlassen, die Parteien verboten, das Parlament aufgelöst, die Verfassung außer Kraft gesetzt und die Banken geschlossen. Das löste nicht nur

Glücksgefühle bei der Bevölkerung aus, denn nun würde die Militärjunta unter Rawlings wohl bald eine Abwertung der Währung durchsetzen, um die Unterstützung des Internationalen Währungsfonds (IWF) zu erhalten. Die wurde dringend für die Sanierung der maroden Wirtschaft benötigt. Doch die Junta machte keinerlei Versprechungen. Sie versuchte den Ghanaern klarzumachen, dass es keine „Wundertüte" gebe, aus der man eine gesunde Wirtschaft hervorzaubern könne. Ohne Aufopferung und harte Arbeit ginge in Zukunft nichts mehr. Außerdem müsse das in Ghana herrschende System von „Kaufen und Verkaufen" in eine produktive Lebensweise umgewandelt werden. Jeder Einzelne müsse von nun an Rechenschaft ablegen über die Erfüllung der ihm übertragenen Aufgaben. Verantwortungsbewusstsein würde von jedem erwartet, in welcher Position auch immer.

Das Land wurde in den ersten Monaten von einem „Provisorischen Nationalen Verteidigungsrat" regiert, der aus Offizieren und Zivilisten bestand. Die Neubesetzung der Ministerien erfolgte mit Zivilisten. Mit einigen von ihnen hatte ich in der Vergangenheit zu tun gehabt. Ich kannte sie. Es waren durchweg gute und vor allem integre Fachleute. Bei mir keimte wieder Hoffnung auf. In der Zwischenzeit waren sogenannte Volksgerichtshöfe eingerichtet worden. Hier sollten diejenigen abgeurteilt werden, die sich in den letzten Jahren durch Bestechung oder andere unsaubere Methoden bereichert hatten. In den Betrieben und an anderen Arbeitsstätten wurden „Verteidigungsgruppen" gebildet aus Mitarbeitern, die dabei helfen sollten, jedwede Korruptionsversuche schon im Keime zu ersticken. Hehre Ziele. Für die Studenten aller ghanaischen Universitäten

wurde auf die Schnelle ein „Nationaler Einsatz" angeordnet. Sie mussten dort helfen, wo dringend Arbeitskräfte benötigt wurden. Wie zum Beispiel beim Transport von Kakao aus entlegenen Gegenden, der wegen Treibstoffmangels in den Häfen liegen geblieben war. Oder beim Dienst an den wieder eröffneten Grenzen, um den Kakaoschmuggel in die Nachbarländer zu unterbinden. Außerdem arbeiteten sie bei der Müllabfuhr, die auch wegen des Treibstoffmangels nicht mehr funktionierte. Ende April 1982 kehrten die Studenten als „Revolutionshelden" vom Einsatz zurück. Die Universitäten wurden wieder geöffnet.

Ich hatte unterdessen unbehelligt in meinem Haus auf dem Campus gesessen und gemeinsam mit meinem Helfer Kojo ohne Unterbrechung an einer Baukonstruktionslehre für ein tropisches Entwicklungsland gearbeitet.

ZWISCHEN EHRUNG UND VERLEUMDUNG

Es gibt keine Süße ohne Bitternis
(Sprichwort aus Ghana)

Als sich der Abschied aus meiner zweiten Heimat am Horizont abzeichnete, erhielt die Süße meiner Ghana Erlebnisse am Ende noch einen bitteren Beigeschmack.

1980 und 1981 – das waren für mich zwei Jahre voller Arbeit, unerwarteter Erlebnisse und bewegender Ereignisse. Der Antrag auf Unterstützung der Universität in Kumasi für ein zweijähriges Forschungsprojekt zum Verfassen und Herausgeben einer Baukonstruktionslehre für ein tropisches Entwicklungsland war vom Entwicklungsministerium der Bundesrepublik (BMZ) genehmigt worden. Ich konnte so meine Lehrtätigkeit bis zum Ende des Vertrages mit der Universität ausüben und mich gleichzeitig auf das geplante Forschungsprojekt vorbereiten, das bis Ende 1982 lief. Glücklicherweise hatte ich bereits Jahre zuvor die Struktur für ein solches Lehrbuch, das mir schon immer vorschwebte, entwickelt. Einige Texte waren in den Notizen und Unterlagen für meine Vorlesungen schon vorhanden, da ich mir die gemachten Erfahrungen beim Bau meiner vielen PWD-Projekte aufgeschrieben hatte. Nun konnte ich endlich auch meine Untersuchungen der traditionellen Bauweisen in Ghana – allen voran mit Lehm – sowie die zu lokal vorhandenen Rohstoffen, aus

denen Baumaterialien vor Ort produziert werden könnten, mit einbeziehen. Was noch fehlte, waren detaillierte Zeichnungen, in denen die einzelnen Bauteile und Bauvorgänge beschrieben wurden.

Von der Architekturfakultät sollte ich für das Vorhaben jede benötigte Hilfe erhalten, besonders personelle. Ich hoffte, dass dafür einer meiner Diplomanden infrage käme, der auf diese Weise seinen einjährigen „Nationalen Dienst" nach dem Diplom bei mir absolvieren könnte. Notwendige Entscheidungen über die Unterstützung durch die Fakultät wurden jedoch immer wieder auf die lange Bank geschoben. Es dauerte Monate, bis mein Diplomand zu mir kommen konnte. Zu mehr Hilfe sei man leider nicht in der Lage, wurde mir erklärt. Das war sehr enttäuschend, denn das Lehrbuch war ja gerade für die Arbeit an der Fakultät und für die Studenten bestimmt und wurde dringend benötigt. Gedrucktes Lehrmaterial, vor allem neueren Datums, war an der Universität absolute Mangelware oder wenn vorhanden, total veraltet. Außerdem hatten die meisten ghanaischen Lehrkräfte notgedrungen Nebenbeschäftigungen, die ihnen das Überleben sicherten. Für eigene Veröffentlichungen fehlten ihnen sowohl die Zeit als auch die dafür benötigten finanziellen Mittel. Jetzt wurde ich plötzlich zum ersten Mal in meinen Ghana-Jahren mit Ablehnung und Missgunst konfrontiert. Das hatte ich hier am allerwenigsten erwartet bei meinen bisher doch sehr guten und freundschaftlichen Beziehungen zum Kollegenkreis in der Architekturabteilung der Fakultät. Wir hatten stets in vertrauensvoller Offenheit über unsere Pläne gesprochen und uns gegenseitig da, wo es möglich war, unterstützt und geholfen. Meine Ideen

für ein Buch über Baukonstruktion und Baustoffe waren allen bekannt und dass ich dafür schon seit einigen Jahren externe Unterstützung gesucht hatte, ebenfalls.

In einer sehr bewegenden Feierstunde wurde mir im Mai 1981 in unserer Botschaft in Accra für meine Arbeit in Ghana das Bundesverdienstkreuz am Bande verliehen. Ich war von dieser großen Ehre total überwältigt. Zurück auf dem Campus feierte ich das Ereignis mit vielen Kolleginnen und Kollegen und dem engsten Freundeskreis in meinem Haus, darunter auch Freund Ablade aus der Kunsthochschule der Universität. Er hatte nach einer schweren Erkrankung gerade wieder mit dem Malen begonnen. Meine engen Kontakte zu den Lehrkräften des Arts College hatte ich schon bei meinen Arbeiten für den Umbau und die Erweiterungen des Parlament Hauses geknüpft. Vorhänge, Gardinen, besonderes Geschirr und Skulpturen hatte ich 1971 aus den verschiedenen Abteilungen des Colleges verwenden können und besuchte die Künstler aus diesem Grund sehr häufig. Die Kunsthochschule war für mich mit ihren Professoren, allen voran dem Maler Ablade, mit dem ich noch immer freundschaftlich verbunden bin, zu einem Ort der Ruhe und Besinnung geworden in den schwierigen Jahren auf dem Campus. Der bekannte ghanaische Gitarrist Ko Nimo spielte dort sehr oft mit seiner Band. Er hat mir die Herstellung und Funktion aller in Ghana verwendeten Trommeln erklärt. Im Arts College wurden unter anderem zu meiner Zeit auch Trommeln hergestellt.

1980 hatte uns Freund Nelson, damaliger Regionalminister der Volta Region, mit seiner großartigen Unter-

stützung und Hilfe ein unvergessliches Entwicklungsseminar in den langen Semesterferien beschert. Ich hatte zu der Zeit gerade zaghaft begonnen, an eine Besserung der Bedingungen im Land zu glauben. Mit Menschen wie Nelson konnte ich mir ein neues Ghana gut vorstellen.

Im selben Jahr waren in unserer Fakultät die Ergebnisse fast aller Semesterentwürfe, der Diplomprüfungen und Diplomarbeiten mit „sehr gut" und „ausgezeichnet" bewertet worden. Für mich bedeutete dieses Resultat die Bestätigung meines eigenen Einsatzes nach all den schwierigen Jahren mit der miserablen Versorgungslage und den korrupten Regierungen in meiner zweiten Heimat

Ghana. So empfand ich die Prüfungsergebnisse und die Beurteilungen der Diplomarbeiten für mich persönlich als großes Geschenk, besonders nachdem ich mit den Vorbereitungen für das Verfassen der Baukonstruktionslehre begonnen hatte und einige „Querschießer“ unter meinen Kollegen mir plötzlich die kalte Schulter zeigten.

Als ich 1981 mit den Arbeiten am Forschungsprojekt für das Lehrbuch begann, richtete ich mir ein Festfrequenzradio ein mit der Antenne hoch oben zwischen zwei großen Bäumen im Garten. Mit dem Radio konnte ich sowohl das GTZ-Büro in Accra erreichen als auch unsere Botschaft kontaktieren. Die GTZ unterstützte im Norden zu der Zeit ein großes landwirtschaftliches Entwicklungsprogramm mit vielen Mitarbeitern. Die Kommunikation per Telefon, bzw. Fax und der gesamte Postverkehr waren inzwischen nahezu im ganzen Land zum Erliegen gekommen. Ich hatte die Fakultät über den „Radiodienst“ informiert und auch die Universitätsverwaltung von dessen Notwendigkeit überzeugt. Es gab keinerlei Einwände. Meinem Verbleib in dem mir bei Arbeitsantritt zugewiesenen Haus war in der Vereinbarung für das Forschungsvorhaben zwischen dem BMZ und der Universität auch zugestimmt worden. Ich musste in der für mich schwierigsten Zeit in Ghana für regelmäßige Kontakte zum GTZ-Büro und der Botschaft in Accra sorgen. Mit dem Radio war das gewährleistet, früh an jedem Morgen kontaktierte ich die GTZ-Projekte im Norden sowie das GTZ-Büro und die Botschaft in Accra. Die Projektmitarbeiter wussten das sehr zu schätzen, hatten sie so doch die Möglichkeit, ihre Sorgen und Nöte mit jemandem zu teilen. Hilfe von der GTZ oder der Botschaft

konnte in kurzer Zeit arrangiert werden. Der Radiokontakt half uns besonders nach dem letzten Umsturz durch das Militär in der Nacht der Jahreswende von 1981 auf 1982.

Einige Monate nach dem Putsch flog ich nach Frankfurt, beladen mit Manuskriptseiten für das Lehrbuch sowie Zeichnungen und Fotos, um in der Druckerei die Drucklegung zu besprechen, die erste Druckfahne zu korrigieren und mit den für das Projekt Zuständigen in der GTZ das weitere Vorgehen zu klären. Als ich von dieser Reise zurückkehrte, eröffnete mir Yaro, der das Haus gehütet hatte, dass mein Radio „verhaftet" worden sei. Ich könne es mir im Hauptquartier der Armee in Kumasi aber wieder abholen. Ich fuhr gleich am nächsten Tag mit meinem Mofa hin und wurde dort sehr höflich vom Chef, einem Captain, empfangen und mit Tee und Cookies versorgt. Man entschuldigte sich sehr wortreich für die Panne, die ihnen bei der ganzen Angelegenheit unterlaufen sei. Man habe ihnen gesagt, ich sei eine Spionin und würde jeden Tag der deutschen Botschaft unwahre Dinge über die Situation in Kumasi und im Norden Ghanas berichten. Ich war fassungslos. Der Captain erklärte mir aber sofort, dass man in der Zwischenzeit sowohl über mich als auch über den „Berichterstatter" Erkundigungen eingezogen habe. Da sei mir wohl jemand in meiner Fakultät auf dem Campus nicht „wohlgesonnen". Dazu äußerte ich mich nicht, sondern bat

um eine schriftliche Erklärung für meine Botschaft, die ich bereits über die Angelegenheit informiert hätte. Ein englischer Kollege hatte einen nach meiner Ankunft eiligst geschriebenen Brief über den Vorfall nach Accra mitgenommen und bei der Botschaft abgeliefert. Wie mir später berichtet wurde, war man an „höchster Stelle" in der Armee gar nicht erbaut von der Sache. Denn zu der Bundesrepublik hatte man ja sehr gute Beziehungen. Der Captain versprach, die Botschaft zu informieren. Das Radio würde man mir so schnell wie möglich zurückbringen. Er sei sehr beeindruckt von unserem Treffen, das sagte er mir noch am Ende unseres Gesprächs. Seine offensichtlich gute Laune teilte ich jedoch nicht. Einen Tag später kam er donnernd auf einem Motorrad mit Begleiter zu mir auf den Campus. Sein Feuerstuhl hörte sich an wie eine „Harley", war aber keine, sondern eine frisierte BMW. Der Captain brachte mir das Radio persönlich zurück, zusammen mit einer schriftlichen Entschuldigung.

So war ich wieder halbwegs mit der ghanaischen Welt versöhnt und versah weiterhin jeden Morgen meinen Radiodienst. Ob derjenige, der mich angezeigt hatte, von irgendjemandem zur Rechenschaft gezogen worden war für seine Lügen, interessierte mich nicht mehr. Ich ignorierte die ganze Angelegenheit einfach, meine Arbeit war mir wichtiger. Das Lehrbuch nahm langsam Gestalt an. Wir beide, mein Helfer Kojo und ich, haben wie die Weltmeister gezeichnet. Alles mit der Hand, auch die Erläuterungen der Zeichnungen mit unterschiedlichen Schriftschablonen. Insgesamt waren auf diese Weise 120 DIN A3-Bögen zusammengekommen. Wenn ich bedenke, wie schnell so etwas Ähnliches heutzutage mit der entspre-

chenden Computersoftware erledigt wird, kann ich fast nicht glauben, dass wir das damals in doch so verhältnismäßig kurzer Zeit mit unseren Händen geschafft haben. Wir hätten eigentlich beide einen ghanaischen Orden dafür verdient! Die Originale sind noch immer in meinem Besitz. Vom nächsten Kurzbesuch bei der GTZ brachte ich die ersten gedruckten Buchteile mit. Auf dem Einband und der Titelseite wurde Kojo, mein ehemaliger Diplomand und frischgebackener Architekt, als Koautor aufgeführt. Das war meine Reaktion auf die Denunziation.

ATEMPAUSE IM PARADIES

Ein Vogel, der nicht fliegt, weiß nicht,
wo reife Früchte sind
(Sprichwort aus Burundi)

Oft bin ich wie ein Vogel „geflogen“ und habe dabei herrliche, reife Früchte entdeckt. Zum Abschluss meiner Ghana-Zeit lernte ich ein kleines Paradies kennen und begegnete Menschen, bei denen das Unterwegssein zum Alltagsgeschäft gehört.

1980, während der Vorbereitungen für das in der Volta Region geplante Entwurfsseminar in den Semesterferien, lernte ich Nelson kennen, zu der Zeit amtierender Regionalminister. Eines Tages fragte er mich, ob ich schon mal in Amedzofe gewesen sei. Ich verneinte, denn ich kannte die östlichen Gebiete Ghanas bis zur togolesischen Grenze nicht. Von dieser Region waren mir bis dahin nur der nördlichste Teil bekannt, den ich während meiner Lehmbau-Forschungen schon besucht hatte, und die Küstengegend bis zum Grenzübergang von Aflao in Ghana nach Lomé in Togo. Nelson bot mir daraufhin einen Aufenthalt im Gästehaus der Regierung in Amedzofe an, wann immer ich einen erholsamen Urlaub in Ghana bräuchte. Das war dann im Dezember 1980 der Fall. Der Monat hatte nach einem Vorlesungsboykott durch die Studenten mit der Schließung der Universität begonnen. Studenten aller ghanaischen Universitäten hatten gegen

die katastrophale Versorgungslage im Land demonstriert. Und wir Dozenten sympathisierten mit ihnen. Zu einem der verschiedenen Treffen der Universitätsleitung und der Lehrerschaft mit den Studentenvertretern war damals sogar der regierende Präsident Limann erschienen, der um Geduld und Verständnis bat für die Bemühungen seiner Regierung. Sie würden ihr Möglichstes tun, um die Zustände zu verbessern. Davon merkten wir allerdings sehr wenig. Nachdem die Universität wieder geöffnet worden war, herrschte nach wie vor eine sehr aufgewühlte und unzufriedene Stimmung. Ich hatte nur noch einen Wunsch: weg aus Kumasi. Nelson sorgte dafür, dass ich im Gästehaus in Amedzofe untergebracht wurde. Dort wollte ich die bedrückende Atmosphäre auf dem Campus über Weihnachten hinter mir lassen. Nach Nelsons Beschreibungen erschien es mir ein sehr geeigneter Ort zu sein für meinen Wunsch, das Weihnachtsfest in aller Stille allein verbringen zu können, um Ruhe zu finden, zur Besinnung zu kommen und Kräfte zu schöpfen für die mir verbleibenden Jahre in Ghana.

Nelson hatte in der Zwischenzeit das Landwirtschaftsministerium übernommen und meldete sich während meines Aufenthaltes in Amedzofe telefonisch; denn, oh Wunder, das Telefon im Gästehaus funktionierte! Bei meiner Ankunft dort hatte mich ein älterer, schon weißhaariger Mann sehr höflich begrüßt. Es war der Hausmeister. Er und sein Team, bestehend aus der Putztruppe, dem Gärtner und den Wächtern, kümmerten sich rührend um mich. Ich hatte mich zur Selbstversorgung gut eingedeckt mit Lebensmitteln und Getränken. Das alte Haus, schlicht und vollständig aus Holz gebaut, war einfach möbliert und

sehr sauber. Es hatte mehrere Schlafzimmer, Toiletten, Bad und Dusche, einen großen Wohnraum und eine Küche. Auf der überdachten Veranda konnte ich mich, wenn ich nicht in der Gegend umherwanderte, ausruhen, lesen oder einfach nur die überwältigend schöne Aussicht genießen. Allerdings war es am Ankunftstag etwas diesig, denn der Harmattan war wohl auch hier noch nicht ganz vorüber. Aber schon am nächsten Morgen eröffnete sich mir ein Panorama, das mich verstummen ließ vor Glück.

Mein erster Blick fiel immer auf den Mount Gemi oberhalb von Amedzofe. Er ist mit 720 Metern die höchste Erhebung in Ghana. Dahinter lagen die anderen Berge des Gebirgszuges, der zur Avatime-Togo-Bergkette gehört. In der Ferne sah ich den Volta-Stausee, der sich über den gesamten Horizont erstreckte. Ich konnte das alte, eiserne Gipfelkreuz auf dem Gemi erkennen, das 1880 von Mit-

Berg Gemi bei Amedzofe

gliedern der Norddeutschen Missionsgesellschaft dort errichtet worden war, die die von der Basler Missionsgesellschaft in Amedzofe eingerichtete Missionsstation übernommen hatte. Für mich stand sofort fest: Hier werde ich mehr skizzieren und weniger fotografieren. Die Schönheit dieser Landschaft wollte ich zeichnend festhalten. Ich hatte mich vor meinem Besuch über die Stadt, ihre Menschen und deren interessante Geschichte informiert. Amedzofe war zu der Zeit mit seinen etwa 3.000 Einwohnern der am höchsten gelegene Ort in Ghana. Die Kleinstadt gehörte mit ihrer Umgebung ab 1884 ursprünglich zur deutschen Kolonie Togo. Nach dem Ersten Weltkrieg wurde Togo geteilt in einen englischen und einen französischen Teil. Ab 1957 wurde der ehemalige britische Teil dem unabhängigen Ghana übertragen, aus dem französischen Teil wurde das unabhängige Togo.

Amedzofe und der Berg Gemi haben eine tiefe religiöse Bedeutung. Die Gegend wird als „Seelenheimat" bezeichnet und Amedzofe als „Menschenentstehungsort". Für die Avatime, die Ureinwohner, ist es die Heimat der Menschheit. Nachdem ich mich am ersten Tag meines Aufenthaltes etwas umgesehen hatte, bestieg ich den Berg allein ohne Führer und nahm vom großen Metallkreuz aus, still auf einem Felsen sitzend, die einmalig schöne Aussicht in mich auf. In den folgenden Tagen wanderte ich zeichnend durch das Gebirge, die Täler und Wälder um Amedzofe herum. Ich hatte dabei viele interessante Begegnungen, besonders in den frühen Morgenstunden, wenn der Nebeldunst aus den Büschen und Bäumen aufstieg. Ob mit einer Bäuerin, die eine große Schale voller geerntetem Maniok auf dem Kopf trug, oder mit dem Bauer, der mit seinen

Kindern zusammen Bananen schleppte, oder anderen „Frühaufstehern". Immer wurde ich herzlich begrüßt. Und wenn ich ihnen erzählte, dass ich schon sehr lange in ihrem Land lebte und mich als Deutsche sehr glücklich fühlte, wollten sie mir alle unbedingt ihr Dorf zeigen. Das wurde mir dann allerdings doch etwas zu viel des Guten, denn hier ging es ordentlich bergauf und bergab und längeres Laufen war ich nicht mehr gewohnt. Nach den bisherigen Wanderungen hatte ich ohnehin schon einen gewaltigen Muskelkater.

Aus der mitgebrachten „Heule", meinem Transistorradio, erklangen am Heiligen Abend die heimatlichen Kirchenglocken und Weihnachtslieder, die von der Deutschen Welle übertragen wurden. Ich hatte mir ein paar Kerzen mitgebracht, die in der Stillen Nacht auf dem Verandatisch flackerten und ihr warmes Licht verbreiteten. Es war fast windstill. Zum Weihnachtsfest hatte mir der Gärtner frisch geerntete Kartoffeln geschenkt. Und einige Frauen, die ich im Ort kennengelernt hatte, bedachten mich mit Perlenarmbändern. Im Gegenzug überreichte ich ihnen eine meiner Skizzen zur Erinnerung an mich. Die Tage im alten Holzhaus vergingen mir viel zu schnell, denn ich kostete die ersehnte Ruhe in vollen Zügen aus. Nur von der Straße weiter unten waren hin und wieder Geräusche zu hören. Einige Vögel piepsten hier und da. Sonst war Stille.

Zum Osterfest 1982 konnte ich das Gästehaus noch einmal mieten. Und wieder bescherten mir die Bewohner Amedzofes einige paradiesische Stunden der besonderen Art in ihrer Mitte. Zu der Zeit war Christian schon nicht mehr in Ghana und Nelson saß nach dem letzten Putsch noch immer im Gefängnis. Man war zwar nicht in

Ausblick vom Gästehaus in Amedzofe

der Lage gewesen, ihm Straftaten nachzuweisen, doch die Mühlen der Säuberung durch Rawlings und seine Mannen mahlten dieses Mal sehr langsam und sehr genau. Ich fühlte mich sehr allein ohne meine besten Freunde. In Amedzofe hatte man jedoch beschlossen, mich zu einem Osterdurbar einzuladen. Die Häuptlinge und Ältesten der Nachbarorte, gekleidet in farbenprächtige Roben, versammelten sich mit all ihren Häuptlingsstühlen und Regalien zu einem Treffen. Bunte Farben, Trommeln, Tanzen, Singen, ein blauer Himmel und eine strahlende Sonne über allem begleiteten diese unvergesslichen Tage. Noch einmal war ich bei diesem Abschiedsfest umgeben von der sattgrünen, überwältigenden Bergwelt. Am Ostermontag ging es zurück nach Kumasi, ich musste meine Arbeit dort beenden.

Da, wo das Gästehaus in Amedzofe gestanden hat, in diesem kleinen Paradies mit seiner märchenhaften Umgebung, befindet sich heute ein modernes Hotel.

ABSCHIED

Lege das Ruder erst aus der Hand, wenn das Boot an Land ist
(Sprichwort aus Gabun)

Die letzten Monate in Ghana waren angebrochen. Noch war ich aber nicht bereit, das Ruder aus der Hand zu legen. Bis ich wieder Land sehen konnte, hielt ich es fest in meiner Hand.

Zum ersten Mal in Ghana war ich erschöpft von meinem Alltag, auch von der Arbeit am Lehrbuch, die dank Kojo, meinem unermüdlichen Helfer, ihrem Ende entgegenging. Ich war so ausgelaugt, dass ich die Tage, die ich in der wunderschönen Umgebung meines Wohnhauses bis dahin doch immer mit Freude und Dankbarkeit verbracht hatte, zunehmend lustlos an mir vorüberziehen ließ. Die „Eiszeit" in der Fakultät mir gegenüber hielt noch immer an, und nach der „Radioaffäre", über die viele meiner Kollegen sehr schockiert gewesen waren, hatte sich die Situation eher verschlechtert. Das belastete mich zunehmend. Dazu kamen die ständigen Unzulänglichkeiten an allen Ecken und Kanten im Alltagsleben, die immer verbunden waren mit der Notwendigkeit endlosen Organisierens. Meine früher fast täglichen Besuche in der Fakultät hatte ich inzwischen auf ein Minimum reduziert. Ich ging allerdings weiter regelmäßig in die Studios und hielt so den Kontakt zu den Studenten aufrecht. Die letzten Druckseiten der

Baukonstruktionslehre hatte ich von einem Kurzbesuch in Frankfurt aus der GTZ mitgebracht. Das Buch würde sehr vielversprechend werden, so war die allgemeine Beurteilung dort gewesen. Die Reaktion in der Fakultät auf die Tatsache, dass ich Kojo als Mitautor aufgeführt hatte und keinen der Vorgesetzten, fiel dagegen ziemlich unfreundlich aus. Damit hatte ich gerechnet, doch niemand aus dem „oberen Führungskreis" hatte sich in irgendeiner Weise an der Entstehung des Buches beteiligt. Was berechtigte sie nun dazu, als Koautoren genannt werden zu wollen? Hinzu kam mein Ignorieren der Verleumdung bei der Armee und der damit verbundenen Radio-Konfiszierung, die mein Hausgehilfe Yaro so treffend als „Verhaftung" bezeichnet hatte. Ich brachte auf diese Weise zum Ausdruck, dass ich auf ein derart widerwärtiges Verhalten mit völliger Missachtung reagiere. Es war mir wichtiger, meinem „echten" Koautor die Möglichkeit eines leichteren Einstiegs in das Berufsleben zu verschaffen. Das ist mir gelungen. Alles andere schüttelte ich einfach ab. Außerdem unterbrachen dann doch noch einige unerwartete Ereignisse meinen ziemlich trist gewordenen Universitätsalltag.

Mit dem für die Ashanti Region zuständigen Captain der Armee in Kumasi hatte ich freundschaftliche Beziehungen begonnen, die vor allem sehr nützlich waren bei Vorkommnissen, die deutsche Landsleute betrafen. Der Captain hatte mich eines Tages darüber informiert, dass zwei Deutsche aus der Bundesrepublik im Gefängnis in Kumasi einsäßen. Nicht nur diese Tatsache überraschte mich, sondern auch, dass er plötzlich Deutsch mit mir sprach. Zwar mit leichtem Schweizer Akzent, aber fast

perfekt. Ich muss ihn mit großen Augen angestarrt haben, denn er lachte und eröffnete mir, dass er in der Schweiz studiert habe. Was, darüber ließ er sich nicht weiter aus. Er berichtete, dass es sich bei den deutschen Gefängnisinsassen um zwei besonders interessante Gestalten handeln würde. Tatsächlich kannte ich besagtes Gefängnis bereits von innen sehr gut. Denn einer meiner Studenten hatte als Semesterentwurf ein neues *Prison* für Kumasi gewählt, und ich hatte ihn dorthin begleitet, um ihm den Weg zur Gefängnisverwaltung zu ebnen. Gleich bei unserem ersten Besuch hatten wir eine sehr gute Führung erhalten. Uns wurde alles gezeigt, wir konnten sozusagen einen Blick hinter die Kulissen werfen. Was ich dabei gesehen habe, hätte mich – wäre das nötig gewesen – von jeder Straftat abgehalten! Ein neues Gefängnis wurde zweifellos dringend benötigt. Nur fehlten dafür natürlich die Mittel. Jetzt befanden sich in diesem alten Knast also zwei Deutsche. Einer war in Obuasi mit über hunderttausend nicht deklarierter D-Mark in bar aufgegriffen worden. Er wollte Gold kaufen. Natürlich nicht auf vorgeschriebenem, legalem Wege, sondern auf die „krumme Tour". Der andere, eine echt fiese Type, wollte hübsche Mädchen verführen zum Dienst in seinem Etablissement in der Heimat und war zu diesem Zweck schon einige Wochen lang in der Ashanti Region herumgefahren. Die von mir sofort informierte Botschaft bat mich darum, mich um die beiden Häftlinge zu kümmern und herauszufinden, wie man sie am besten betreuen könnte. Damit hatte man mir allerdings etwas sehr Unangenehmes aufgeladen! Mein erster Rat war, sie einfach hier zu vergessen. Nur wäre das natürlich ein Verstoß gegen jede diplomatische Gepflogenheit

gewesen. Mein nächster Vorschlag bestand darin, sie doch umgehend nach Accra überführen zu lassen. Dort seien die Gefängnisse etwas besser und außerdem könnte die Botschaft die Herren dann direkt betreuen. Ich musste mir noch einige Frechheiten von den beiden anhören, bevor genau das geschah.

Dann wurde ich 50 Jahre alt. Der Geburtstag begann mit Donnergrollen und Regen. Doch im Laufe des Tages klärte sich das Wetter auf. Die Sonne schien wieder, sodass wir an einer langen Tafel auf der Veranda meines Hauses sitzen konnten, mit dem herrlichen Duft regennasser Erde in der Nase und den wie Brillanten glitzernden Regentropfen auf den Blättern der Bäume, Büsche und Blumen vor unseren Augen. Dieser „Segen von oben" war mein schönstes Geburtstagsgeschenk. Der engste Freundeskreis war zu Besuch – meine ghanaischen und einige deutsche Freunde aus den verschiedenen Fakultäten der Universität und aus der Kunsthochschule. Es war mir gelungen, für diese Feier genügend Lebensmittel und Getränke zu importieren. Die Ghanaer brachten Hausgemachtes zum Essen mit, die Deutschen Süßigkeiten und Sekt. Yaro übertraf sich mit der Zubereitung von Snacks und kalten Platten. Unseren Botschafter hatten wir im Gästehaus der Universität untergebracht. Meine anderen Freunde aus der Botschaft konnten leider nicht kommen, beide Kinder hatten Windpocken. Freund Christian war nach den Richtermorden zu Beginn des Jahres und den auch an ihn geschickten Todesdrohungen nach Nigeria geflohen. Er hatte mir vor seiner Flucht einen Abschiedsbrief im GTZ-Büro in Accra hinterlassen, nun, zum Geburtstag, brachte mir meine

Freundin aus dem Büro seinen Glückwunsch mit. Dieser seinem Land so ergebene, ehrliche und bescheidene Mann, der keiner Fliege etwas zuleide tun konnte, fürchtete als Geschäftsführer der ghanaischen Rechtsanwaltskammer um sein Leben.

Nelson war in der Zwischenzeit aus dem Kumasi Prison in das etwas bessere Gefängnis im Jamestown Castle in Accra überführt worden.

All shall pass

Durch die Abwesenheit meiner beiden besten Freunde lag ein Schatten über der Feier. Und nach all den Jahren schwieriger Lebensverhältnisse und militärischer Umstürze waren auch der Frohsinn, die Freude, das Trommeln, das Tanzen und die Liebe verloren gegangen. Es war das letzte Mal in meiner Kumasi-Zeit, dass wir alle so, in Freundschaft verbunden, beieinander waren.

Von dem Architekten Kenneth Scott, einst Kapitän des Poloklubs, unser bester Spieler und mein Pololehrer und guter Freund aus den Sechziger- und Siebzigerjahren, hatte ich in meinem letzten Ghana-Jahr auch Abschied nehmen müssen. Er war plötzlich und unerwartet gestorben. Mary, seine erste Ehefrau, und die gemeinsame Tochter Tamsin traf ich nach vielen Jahren wieder in seinem, von ihm im Bauhausstil entworfenen, schönen Haus in Accra. Dort hatten wir gemeinsam so manche Party gefei-

ert und unsere Sektfrühstücke nach den morgendlichen Polospielen genossen. Hier lag er nun aufgebahrt, sodass wir uns von ihm verabschieden konnten. Schon beim feierlichen Gottesdienst traf ich viele ehemalige Polospieler wieder, auch einige meiner alten Kolleginnen und Kollegen aus dem Bauministerium und den Baubetrieben. Die Kirche war übervoll. Die Türen blieben geöffnet, damit die draußen Versammelten mithören und an der Feier teilhaben konnten. Viele seiner Freunde und alten Kameraden – er hatte mit den Briten in Burma gekämpft – waren aus fernen Ländern angereist. Weit über tausend Menschen gaben ihm auf dem Friedhof in Osu das letzte Geleit. Ich hatte eine Menge Beerdigungen in Ghana miterlebt, aber diese war die größte. Nachdem wir am Grab unsere Gebete für ihn gesprochen hatten, ging es zu seinem Haus zurück zum letzten Trankopfer für seine ungestörte Reise zu den Ahnen.

Eines Tages hatte mich die Botschaft per Radiodienst darüber informiert, dass mich ein deutscher Radfahrer besuchen würde, der mit seinem Fahrrad eine abenteuerliche Reise durch Afrika hinter sich gebracht habe und nun von Ghana aus nach Hause fliegen wolle. Aber vorher beabsichtige er noch, nach Kumasi zu kommen, und würde am liebsten auf dem Universitätscampus untergebracht werden. Und das bei all den Schwierigkeiten, mit denen wir noch immer fast täglich konfrontiert waren! Aber den Mann musste ich kennenlernen, der mit dem Fahrrad durch halb Afrika geradelt war. Sein Gepäck ließ er in der Botschaft. Er kam nur mit einem kleinen Rucksack ausgerüstet bei mir an, nach einer langen Fahrt von Accra nach Kumasi, und das

auf einer schwer passierbaren Straße, die voller Schlaglöcher und aufgeweicht war. Er sagte, das habe ihm nichts ausgemacht. Sein Fahrrad hätte er an den schwierigsten Passagen durch den Schlamm getragen und Gummistiefel angehabt. Die hingen verdreckt am hinteren Gepäckträger des Rades. Im Kongo seien manche Straßen genauso schlecht gewesen. Da stand ein schlaksiger, sehniger und braun gebrannter, sehr sympathischer junger Mann vor mir, den anscheinend nichts aus der Ruhe bringen konnte. Vor der Reise hatte er sein Jurastudium mit Auszeichnung abgeschlossen und wollte noch etwas von der Welt sehen, bevor er sich in den Arbeitsalltag eines Juristen stürzen würde. Afrika mit seinen Problemen hätte ihn mehr gereizt als Asien oder Lateinamerika. Mithilfe einiger Kollegen brachte ich ihn im Gästehaus der Universität unter und wir verpflegten ihn abwechselnd.

Seine Geschichte, die in Kairo begann und ihn radelnd durch ganz Ostafrika bis nach Zambia und von dort durch den Kongo bis nach Kamerun und Ghana geführt hatte, war unglaublich spannend. Was hatte er alles erlebt und durchgemacht! Immer mehr Besucher kamen zu mir, die seinen Geschichten zuhören wollten. Wir hingen an seinen Lippen und vergaßen dabei unsere eigenen Sorgen um die Zukunft Ghanas. Auch ich war für diese Abwechslung sehr dankbar, denn einen solchen „Abenteurer" hatte ich noch nie getroffen.

Während seines Aufenthalts besuchte er nicht nur die Sehenswürdigkeiten in Kumasi, sondern auch einige der Dörfer in der Nähe, um sich dort ebenfalls umzuschauen. Von Kumasi aus ist der junge Jurist schließlich mit einem der wenigen noch funktionierenden Linienbusse nach

Accra zurückgefahren. Wir haben ihn zum Bus-Terminal gebracht. Seine nun sauber geputzten Gummistiefel hingen an seinem Rucksack. Die wollte er zur Erinnerung mitnehmen. Ich hatte ihm sein tolles Raleigh Fahrrad mit allen Ersatzteilen, Schläuchen und Schraubenschlüsseln abgekauft und sofort meinem treuen Yaro geschenkt, der auf dem Campus dafür sorgte, dass die Geschichte vom Deutschen, der durch halb Afrika geradelt war, nicht verloren gegangen ist.

Noch war mein Leben in Ghana nicht zu Ende. Aber Land war in Sicht gekommen. Die Zeit war näher gerückt, in der ich nach 22 Jahren in meiner Herzensheimat das Ruder aus der Hand legen konnte. Das Lehrbuch lag mir als Probekopie vor, der endgültige Druck sollte Anfang 1983 erscheinen, sodass ich die Baukonstruktionslehre spätestens im März des Jahres der Universität in einer von der Botschaft arrangierten feierlichen Zeremonie übergeben konnte. Die gesamte Projektausrüstung des nun beendeten Forschungsvorhabens: Zeichentische, Zeichenmaterial, Dunkelkammereinrichtung mit allen Geräten, Apparaten und Zubehör sowie die Wandklimaanlage wurden der Fakultät übergeben. Den Mercedes und das Radio übernahm das GTZ-Büro, das Mofa und mein Fahrrad bekam Yaro. Bei der Universitätstischlerei hatte ich eine große Umzugskiste in Auftrag gegeben. Alles, was ich vom Hausrat an Geschirr, Bestecken, Töpfen, Pfannen und Wäsche nicht mitnehmen wollte oder bereits verteilt hatte, wurde bei einem „Trödelverkauf" veräußert. Der Erlös ging in Yaros Tomatenfarm. Meine über die Jahre gesammelten Andenken an Afrika und die wichtigsten Bücher wurden in die Fracht-

kiste gepackt. Diese Dinge waren mir sehr wichtig, die wollte ich zu Hause um mich haben, zusammen mit vielen Kunstwerken aus der Kunsthochschule, darunter einige Gemälde von Ablade. Die ganze Packerei war unglaublich anstrengend und wurde immer wieder unterbrochen von Kolleginnen, Kollegen, vielen Studenten und Freunden, die sich von mir verabschieden wollten. Meine Orchideen im Garten fanden bei einem englischen Kollegen aus der Fakultät ein neues Zuhause. Einen großen Strauß erhielten meine Freunde in der Botschaft. Die Fakultät hatte eine Abschiedsfeier für mich glatt vergessen – aber ich hatte auch keine erwartet.

Die Umzugskiste wurde abgeholt und ging von Takoradi aus auf die lange Seereise nach Bremerhaven. Einige Tage später wurde ich von einem GTZ-Projektfahrzeug abgeholt. Yaros Augen waren die letzten, in die ich weinend blickte, als der Fahrer losfuhr. Dann ging es hinaus auf die Straße nach Accra. Für mich war das die letzte Fahrt auf der mir so vertrauten Strecke. Viel habe ich durch meine Tränen von der Umgebung nicht wahrgenommen. In Accra verbrachte ich einige Tage mit meinen Freunden aus der Botschaft und dem GTZ-Büro. Die größte Überraschung bereitete mir dann noch das Bauministerium: Viele meiner ehemaligen Kolleginnen und Kollegen aus dem Public Works Department waren gemeinsam in einem Bus zum Flughafen gekommen, um sich von mir zu verabschieden und mir eine gute Heimkehr zu wünschen, zusammen mit einer kleinen Gruppe von den Maurern, denen ich 1962 in Tamale gezeigt hatte, wie man mit Natursteinen Wände hochziehen kann. Wir hatten damals auf der Baustelle des Motels im Mole Reservat die Außenwände aller Gebäude

aus vor Ort vorhandenen Bruchsteinen gemauert. Dazu war es notwendig gewesen, einen Fetischpriester für ein Trankopfer einzuladen, denn die in den Natursteinen lebenden Geister mussten befriedet werden. Mit solchen Steinen war vorher in dieser Gegend noch nie gebaut worden. Die alten, teilweise schon weißhaarigen Maurer verabschiedeten sich von mir mit Dank für meine Arbeit in ihrem Land. Sie sagten, ich solle nicht weinen, sondern stolz sein auf das, was ich in Ghana erreicht und hinterlassen hätte in all den Jahren meiner Arbeit.

Richtig angekommen in der damaligen Bundesrepublik bin ich nach 22 Ghana-Jahren erst Mitte der Achtzigerjahre. Meine Re-Integration in deutsche Lebensumstände hat sehr lange gedauert. Man könnte diese Jahre mit der „Nachwendezeit" vergleichen, in der die ehemaligen DDR-Bürgerinnen und Bürger sich nach über vierzigjähriger Teilung Deutschlands an die von der Bundesrepublik vorgegebenen Verhältnisse gewöhnen mussten. Damit sind viele bis heute noch nicht fertiggeworden. Und auch mir ist die Rückkehr in das westdeutsche Leben nach meiner langen Zeit in Ghana sehr schwergefallen. Schon allein das Einkaufen der Lebensmittel für die täglichen Mahlzeiten war unvorstellbar belastend für mich. Von allem gab es viel zu viel! Ich kaufte jahrelang nicht in Supermärkten ein, sondern suchte mir Tante-Emma-Läden, in denen das Angebot für mich überschaubar war. Ich hatte niemanden, der mir beim Wiedereingliedern und Eingewöhnen in der Bundesrepublik helfen konnte. Freunden aus meiner Oberschulzeit fehlte sowohl das Verständnis für meine Situation als auch die in Ghana immer erlebte menschli-

che Wärme in der Beziehung. So wie am Anfang in Ghana musste ich auch nach meiner Rückkehr lernen, wie ich mich in der deutschen Gesellschaft richtig verhalte. Ganz wichtig war dabei, meinen Umgang mit der Zeit wieder auf hiesige Gepflogenheiten umzustellen. Es gab kein Treffen ohne Einladung und festgelegten Termin. Die alltägliche Bürokratie und die enorme Wichtigkeit jedes einzelnen Beamten im System ließen mich häufig hilflos dastehen. Allein für die „deutsche Führerscheingeschichte" brauchte ich mehrere Tage, bis ich den zuständigen Beamten in der Darmstädter Führerscheinzentrale endlich davon überzeugen konnte, dass mein ghanaischer Führerschein ein echter sei, der einem deutschen der gleichen Klasse entsprach. Sehr oft passierte es sogar, dass ich in einigen Ämtern gefragt wurde, ob es in Ghana denn schon Schulen gäbe und Ähnliches.

Durch meine Arbeit in der GTZ hatte ich das große Glück, in darauffolgenden Jahren fast in allen anglophonen, also Englisch sprechenden afrikanischen Ländern Projekte betreuen zu können. Darunter auch in Ghana. Meine Dienstreisen in mein zweites Heimatland waren jedes Mal wie ein Heimkommen. Als Deutschland wiedervereinigt wurde, hatte Ghana mit internationaler Hilfe auch die schlimmsten Hinterlassenschaften der vorangegangenen Regierungen überwunden. Die Wirtschaft gesundete langsam und auch die Lebensverhältnisse verbesserten sich. Es wurden keine Regierungen mehr gestürzt. Allerdings hatten noch nicht alle Ghanaer teil an dieser positiven Entwicklung. Es gibt noch immer viele Unzulänglichkeiten und auch weiterhin Korruption. Nur raffinierter und weniger durchschaubar, nicht so offensichtlich wie zu meiner

Zeit. Aber die ghanaische Presse ist frei und es wird demokratisch regiert. Und die Ghanaer sind immer noch so, wie ich sie an meinem ersten Tag im Land kennengelernt habe: liebenswert. Doch es zeigen sich auch einige Dinge und Entwicklungen im Land, die Anlass zur Sorge geben.

QUO VADIS GHANA?
DIE LETZTE STROPHE

Ebbe folgt auf Ebbe, dazwischen ist die Flut
(Sprichwort aus Algerien)

Man sagt, die Hoffnung stirbt zuletzt. Nach dem vorangegangenen drastischen Sauberfegen mit eisernem Besen haben sich jedoch mit den Fluten, die einigen Ebben folgten, wieder alte „Gewohnheiten" eingeschlichen, die eine nachhaltige wirtschaftliche und soziale Entwicklung in Ghana behindern. Die müssen noch weggeputzt werden.

Im März 1983 bin ich zum ersten Mal nach meiner Rückkehr wieder in mein zweites Heimatland geflogen, um das Lehrbuch für Baukonstruktion vorzustellen, sowohl in einer Feierstunde, die das Goetheinstitut mithilfe der Botschaft in Accra dankenswerter Weise organisiert hatte, als auch in der Universität in Kumasi. Nach einer monatelang anhaltenden Dürre hatten außer Kontrolle geratene Brände riesige Wald- und Anbauflächen sowie einen großen Teil der Kakaoernte in Ghana vernichtet. Die Schäden waren immens. Ich war entsetzt über die Zustände an der Universität, wo ich viele meiner alten Kollegen und Kolleginnen traf, die mir von großer Lebensmittelknappheit berichteten. In Ghana wurde gehungert.

Nur sehr langsam hatten die nach dem letzten Militärputsch in der Silvesternacht 1981 auf 1982 mit dem Internationalen Währungsfond IWF ausgehandelten und von der Weltbank empfohlenen Strukturmaßnahmen für die Sanierung der maroden ghanaischen Wirtschaft ihre Wirkung gezeigt. Das Ziel des IWF war klar umrissen: einen wirtschaftlich fungierenden Mittelstand in Ghana zu etablieren. Doch das ist bis heute nicht verwirklicht worden. Offenbar scheinen die dafür vorgesehenen finanziellen Mittel die Zielgruppe nicht zu erreichen. Für die meisten Ghanaer waren die Achtziger- und Neunzigerjahre sehr hart und bitter. Immerhin endete jedoch der Niedergang der Wirtschaft, und nach einer drastischen Abwertung erstarkte auch die nationale Währung, die zuvor merklich an Wert verloren hatte. Mit Beginn der 4. Republik 1993 war eine Verfassung in Kraft getreten und hatte für politische Stabilität gesorgt. Auf dieser Verfassung basiert seither das ghanaische Regierungssystem, eine Präsidialdemokratie, die bis heute funktioniert – zumindest im Vergleich zu den Systemen anderer afrikanischer Staaten.

Die Ära des letzten Putschisten Jerry Rawlings ging 2001 zu Ende. Er hatte dem Land während seiner Regierungszeit eine wahre Rosskur verschrieben: ineffiziente und verschuldete Staatsbetriebe wurden privatisiert, Sozialausgaben und Preiskontrollen abgebaut und ein großer Teil der zumeist leistungsschwachen und korrupten Beamten wurde entlassen. Der IWF spielt „als Krisenmanager“ nach wie vor eine zentrale Rolle in Ghana. Im 2014-„Doing-Business“-Bericht der Weltbank nahm das Land weltweit den 67. Platz ein, in Westafrika hingegen den ersten. So

stand Ghana bald im Ruf, das „Vorzeigeland" Afrikas zu sein. Internationale Entwicklungshilfeorganisationen sowie besonders auch die Bundesrepublik Deutschland unterstützten das Land großzügig mit finanzieller und technischer Hilfe. Das reale Bruttoinlandsprodukt (BIP) steht gegenwärtig bei 6,3% und das ist, wiederum im afrikanischen Vergleich, beachtlich.

Korruption war bereits zu meiner Zeit in Ghana eine Geißel der Entwicklung gewesen, unter der die Bevölkerung enorm gelitten hat. Rawlings hatte es als revolutionärer Haudegen in den Jahren seiner Regierungsführung verstanden, in der Bevölkerung das Bewusstsein für die negativen Auswirkungen der Korruption zu wecken und damit die Ghanaische Zivilgesellschaft gestärkt. Mittlerweile gibt es in Ghana eine Menschenrechtskommission, die auch für die Korruptionsbekämpfung zuständig ist. Ob „Kalabule" im Land allerdings völlig ausgemerzt ist, darüber hüllen sich meine „Ghana-Kontakte" in Schweigen. Vermutlich ist dies nicht der Fall. Seit Rawlings Amtsübernahme gibt es aber Pressefreiheit im Land und ein Gesetz zur Informationsfreiheit ist in Vorbereitung. Gegenwärtig belegt Ghana Platz 23 auf der Rangliste der Pressefreiheit der Nichtregierungsorganisation „Reporter ohne Grenzen" – noch vor Großbritannien, Frankreich und Spanien.

Zehn Jahre lang war der Ghanaer Kofi Annan als Generalsekretär der Vereinten Nationen das Gewissen der Welt. In seiner ausgeglichenen und vermittelnden, aber unbeugsamen Art hat er sich furchtlos mit der Weltmacht USA und mit afrikanischen Diktatoren angelegt. Auf der Agenda

dieses ghanaischen Friedensnobelpreisträgers standen die Versöhnung und die Armutsbekämpfung in der Welt immer an erster Stelle. In Ghana wächst die Bevölkerung jährlich um 2,4%. 24% der knapp 29 Millionen Einwohner des Landes (Stand 2018) sind unter 15 Jahre alt. Nach wie vor lebt fast die Hälfte der Ghanaer in den drei Regionen Ashanti, Accra und in der Eastern Region. Das sind die wirtschaftlich dominierenden Räume im Land. Das bereits in meiner Ghana-Zeit existierende Nord-Süd-Gefälle ist noch immer stark vorhanden. Dieser Trend führt zu einer Entvölkerung der nördlichen Regionen, die Jugendarbeitslosigkeit ist daher besonders im Norden sehr hoch. Aber auch in den anderen Regionen ist die Landflucht ein Problem, was dazu führt, dass in den illegalen Stadtrandsiedlungen ebenfalls eine hohe Arbeitslosigkeit herrscht.

Hinzu kommt, dass in der gegenwärtigen Regierung vermehrt Inkompetenz und überbordende Bürokratie Einzug gehalten haben. Kein Wunder bei einer Regierung, für die ein Wikipedia Autor den Begriff „Elephant Sized Government“ wählte. Das Regierungskabinett besteht derzeit aus 110 Ministern. Mit ihren Stellvertretern und den Staatssekretären zusammen ist das ein unvorstellbar großer Staatsapparat. Das kann auf die Dauer nicht gut gehen: Mit der Mentalität, den Staat als Selbstbedienungsladen zu betrachten, muss das Land auf eine Katastrophe zusteuern. Denn wie soll mit einem derart aufgeblähten Staat eine verantwortungsbewusste Regierungsführung („good governance“) möglich sein? Es dauert nach wie vor viel zu lange, ehe z. B. ein Unternehmen angemeldet werden kann. Es fehlt eine effektive, auf die Zukunft ausgerichtete Verwaltung. Das Gleiche gilt für das ghanaische

Bildungswesen. Diese Mängel sind Hemmnisse für Investitionen, vor allem aus den westlichen Kapitalmärkten. Und solche Investitionen, vor allem in die Infrastruktur, die Wirtschaft und das Bildungswesen, werden in Ghana dringend benötigt. Bisher ist China der einzige Finanzier von Infrastrukturprogrammen.

Über den Mangel an Investitionen sprach auch der gegenwärtige Präsident Ghanas, Nana Akufo-Addo, bei seinem Besuch im Februar 2018 in Deutschland. Allerdings zielen seine Vorstellungen von einer stärkeren Zusammenarbeit mit den „Geberländern" auf eine Abwendung von der klassischen Entwicklungshilfe zugunsten einer zukünftigen Fokussierung seines Landes auf Handel und Investitionen. Denn „Entwicklungshilfe" schafft Abhängigkeit und war für eine nachhaltige Entwicklung in Ghana bisher nicht sehr hilfreich. Dazu muss auch gesagt werden, dass nie überprüft wurde, wie viel von den 1,5 Milliarden US-Dollar, die die Gebergemeinschaft Ghanas jährlich zur Verfügung stellt und mit nur 0,75% Zinsen belegt, tatsächlich bei den jeweiligen Zielgruppen angekommen ist. Es fehlt also ebenso an Transparenz in der Regierungsverwaltung.

Bereits in der von der Konrad-Adenauer-Stiftung in Berlin organisierten „G20-Afrika-Konferenz 2017" hatte Nana Akufo-Addo in einer dort gehaltenen Rede betont, dass er als Staatspräsident sein Land auf eigene Füße stellen möchte. Das Ziel für Ghana sei eine Zukunft jenseits von Entwicklungshilfe. Die „5. Africa Think Tank Summit" der Afrikanischen Union hat diese Aussagen des ghanaischen Präsidenten beim Treffen im April 2018 in Accra bestätigt. Die Jugendarbeitslosigkeit wurde dort als Bombe bezeich-

net, die jederzeit explodieren kann. Präsident Akufo-Addo hat vor allem mit Blick auf die Jugend die Bedingungen für Ghanas Sustainable Development Goals (Nachhaltige Entwicklungsziele) der Agenda 2030 formuliert, um junge Menschen aufgrund ihrer gegenwärtigen Perspektivlosigkeit davon abzuhalten, sich mithilfe krimineller Schleuser auf den selbstmörderischen Weg nach Europa mit dem Hauptziel Deutschland zu begeben.

Wie schon zu meiner Zeit, vor allem nach den beiden letzten Militärputschen, beginnt in Ghana gegenwärtig erneut ein *Brain Drain.* Gut ausgebildete und erfahrene Fachkräfte verlassen das Land und versuchen, sich in den USA, Kanada und Großbritannien eine Zukunft aufzubauen. Sind also die Zukunftsaussichten Ghanas so düster, dass die Intelligenz auswandern muss?

Ghanas Flagge besteht aus drei Farbstreifen: rot, gelb und grün. Der gelbe Streifen trägt in der Mitte einen fünfspitzigen schwarzen Stern. Er ist das Symbol afrikanischer Emanzipation und Einheit im Kampf gegen den Kolonialismus. Das Gelb symbolisiert den Reichtum (vorwiegend das Gold) des Landes, rot ist das im Freiheitskampf vergossene Blut und grün ist Ghanas reiche Vegetation. Der schwarze Stern war und ist für mich immer das Symbol der Freiheit des Landes. Kann Ghana zum „rising star“, einem aufgehenden Stern werden? So, wie Präsident Akufo-Addo sein Land bezeichnet?

Ich bin davon überzeugt – trotz der vielen Hindernisse. Bis dahin wird aber noch viel Wasser den Volta-Fluss hinunterfließen. Es wird außerdem nicht alles so perfekt laufen, wie sich das sogenannte „Entwicklungsexperten“

vorstellen. Ghanas Weg in die Zukunft wird streckenweise sehr holprig sein, voller Unterbrechungen und notwendigen Umwegen. Durch meine afrikanische Brille betrachtet, sage ich: „Gute Dinge brauchen ihre Zeit." In meiner Herzensheimat Ghana wird man sagen: „Das Gras wächst nicht schneller, wenn man daran zieht."

DANK

Am meisten muss ich mich wohl bei meiner 1992 verstorbenen Mutter bedanken. Hätte sie die Briefe, die ich fast wöchentlich aus Ghana an sie schrieb, nicht alle aufbewahrt, hätte ich das Buch nicht schreiben können. Nun bin ich fast so alt wie sie es war, als sie von uns gegangen ist, und ich merke: Das „Danke“ sagen wird bei jedem Rückblick immer wichtiger. Und so möchte ich mich nun bei all denen bedanken, die mir geholfen haben, meine Erinnerungen an die 22 prägenden Lebensjahre in meiner Herzensheimat Ghana aufs Papier zu bringen.

Dazu gehören Nichte Petra und ihr Ehemann Wolf-Dieter Meyer sowie Neffe Thomas und seine Gefährtin Martina aus meiner Familie und meine langjährige Freundin und Schulkameradin Gisela Streiber mit ihrer Familie. Auch meinen bereits verstorbenen Cousin Helmut Schreckenbach und seine Familie schließe ich in diesen Dank mit ein. Helmut hat mich 1974 in Ghana besucht und mich immer ermutigt, über meine langen Jahre dort zu schreiben. Anlässlich der 500-Jahresfeier des dortigen Rathauses sammelte 1976 seine Hauptschulklasse in Uslar mit ihrem Flohmarktstand fast 500,00 DM für einen Tiefbrunnen in den Tongo Bergen in Ghana. Einige Gehöfte der von mir häufig besuchten Talensi haben seitdem gutes Trinkwasser. Ich bedanke mich bei meinen Nachbarn Christina und Dieter Selinger sowie Ria Habekuss für ihre stete Bereitschaft zur Hilfe in meinem Alltag, ohne die ich mein fast

tägliches Arbeiten an diesem Buch nicht hätte schaffen können.

Ganz besonders herzlich bedanke ich mich bei meiner Freundin und Verlegerin Felizitas Peters für ihr kritisches Lesen, ihre vielen Ermutigungen, ihr Verständnis und ihr Zuhören sowie ihre guten Vorschläge, wenn ich drohte stecken zu bleiben. Sie hat es in bewundernswerter Weise geschafft, das Erscheinen des Buches so schnell zu planen und zu verwirklichen, dass mir manchmal geradezu schwindelig wurde. Ähnliches durfte ich schon bei meinem dritten Namibia Buch erleben, das sie mit ihrem Palmato Verlag vor einem Jahr herausgegeben hat. Ich bedanke mich auch bei meiner Lektorin Maren Jessen. Ich konnte sie mit meinen Ghana Geschichten begeistern und sie hat mich begeistert mit ihrem treffsicheren und dabei einfühlsamen Lektorat, durch das ich sehr viel gelernt habe. Ein besonderer Dank geht auch nach Ghana zu meinem guten alten Bekannten und Freund Christian Potyka, der über all die Jahre meine wichtigste und vor allem zuverlässigste Informationsquelle für das heutige Ghana ist und an Ablade Glover, meinen Freund aus den Tagen in Kumasi und einen großen ghanaischen Künstler. Ihm und Mark Kwami danke ich für ihre Bereitschaft, ein paar Worte zu diesem Buch zu schreiben. Auch Mark könnte man ja fast einen Zeugen der Zeit nennen, die ich beschreibe. Denn als ich in Kumasi an der Universität lehrte, war er dort Kind und sein Vater der Vice Chancellor unserer Universität.

Als Autorin im letzten Lebensabschnitt will ich eines auf keinen Fall vergessen: All den Ärzten und Ärztinnen, die

ihr Möglichstes getan haben, mich gesund zu erhalten und die vielerlei altersbedingten Wehwehchen erträglich zu machen, übermittle ich auf diesem Weg ein herzliches Dankeschön. Ich versuche nicht, sie alle zu benennen – so kann niemand vergessen werden. Sie werden sich beim Lesen erkennen, denn oft genug habe ich bei Konsultationen mit ihnen über Ghana gesprochen. Herausheben möchte ich an dieser Stelle nur Lars-Gerald Teubner, meinen Physiotherapeuten. Ohne seine hervorragenden Behandlungsmethoden und seine stete freundschaftliche Unterstützung hätte ich oft nicht weiterschreiben können. Und ich hoffe sehr, ihn auch bei weiteren Buchplänen an meiner Seite zu haben.

MEHR VON HANNAH SCHRECKENBACH

Hannah Schreckenbach

Sehnsuchtsland Namibia

Reiseerlebnisse einer Afrikakennerin

In den Magdeburger Bombennächten des Jahres 1944 beginnt die Sehnsucht eines kleinen Mädchens nach Namibia; ein Buch über eine Kinderfarm im damaligen *Deutsch-Südwest* hilft ihr, den Schrecken um sie herum für einige Momente zu vergessen. Zwar führt ihr Beruf sie zunächst für mehr als zwanzig Jahre nach Westafrika, doch Hannah Schreckenbach verliert ihr Ziel nicht aus den Augen: das Sehnsuchtsland ihrer Kindheit zu bereisen. 1992 ist es zum ersten Mal so weit und in den nächsten zwei Jahrzehnten erforscht die zur „Old Africa Hand" gereifte Architektin, Dozentin und GTZ-Beraterin immer wieder den Wüstenstaat im südlichen Afrika.

In *Sehnsuchtsland Namibia* schildert sie ihre persönlichen Eindrücke und Erlebnisse und kommentiert Gegenwart und Zukunft Namibias vor dem Hintergrund ihrer Erfahrungen in anderen afrikanischen Staaten. Sie beobachtet in Namibia ein afrikanisches Entwicklungsland, mit all seinen Erwartungen, Hoffnungen, Gegensätzen und Schwierigkeiten.

Mehr Informationen unter www.palmato-publishing.com

LESEPROBE

Am nächsten Tag beteiligten wir uns an einem Ausflug zu einem Himba-Dorf, der von der Lodge angeboten wurde. Er begann mit dem frühen Wecken gegen fünf Uhr für einen »very early morning tea«. In zwei vollgestopften Landrovern ging die Tour los. Sie endete für mich zwar mit schmerzendem Rücken und etlichen blauen Flecken, aber auch mit einem Sack voll unvergesslicher Erlebnisse.

Es war noch frisch draußen. Gleich am Anfang konnten wir sehen, dass hier viel Regen gefallen war. Das Land um uns herum leuchtete in wunderschönen Grün- und Gelbschattierungen. Das Auge konnte die bunte Farbpalette, die durch vielerlei Gräser und die Teppiche von Morgensternen am Padrand hervorgerufen wurde, nur erstaunt wahrnehmen und an die Seele weitergeben. Aber die Pad war schlecht und die abgekommenen Riviere an den Furten nur teilweise von Steinen und Schwemmgut geräumt. So wurden wir gehörig durchgeschüttelt. Unser Reiseleiter und Fahrer war wohl der Meinung, man könne bei schnellem Fahren Steine und Geröllbrocken »überfliegen«.

Frühstück gab es am Ufer eines Riviers. Um uns herum lag eine blühende Oase voll süß duftender Honigbäume. Große Mopane-Bäume sowie hellstämmige Moringas

NICHT GERÄUMTES RIVIER MIT MOPANE-BÄUMEN UND "SCHWEMMGUT" 04.03.01

(*Moringa ovalifolia*) und Sterkulien (*Sterculia quinqueloba*) mit ihren fünfspitzigen, bis zu 40 Zentimeter langen Blättern standen in den Felsen auf den nahen Berghängen. Diese Bäume findet man in Namibia vom Kaokoveld bis zur Naukluft. Eine Legende der San wurde uns erzählt: Der Moringa-Baum hatte den Donnergott geärgert und wurde von diesem aus dem Paradies geworfen. Dabei landete der Baum auf seiner Krone, sodass die Wurzeln seit dieser Zeit als Äste in den Himmel ragen. Über den Baobab (*Adansonia digitata*, deutsch: Affenbrotbaum) gibt es eine ähnliche Legende in Ghana, die sich die Eingeborenen im Norden des Landes erzählen, wo dieser mächtige und beein-

druckende Baum zur Savannen-Landschaft gehört: Gott hatte bei der Erschaffung der Flora in der Welt eine gewisse Ordnung eingehalten. Der Baobab war schon halb fertig und sollte nur noch verfeinert werden. Der Baum konnte jedoch nicht warten, quengelte, nörgelte und drängte sich vor. Da nahm ihn der erzürnte Schöpfer und steckte ihn kurzerhand mit der Krone zuerst in die Erde. Wenn er keine Blätter trägt, sieht auch der Affenbrotbaum so aus, als bestünde seine Krone aus dem Wurzelwerk.

Nach langer Fahrt hielten wir hinter einem größeren Himba-Dorf bei einem Gehöft im Veld an. Das war nicht weit entfernt von Opuwo. Ich hatte mir unterwegs Gedanken darüber gemacht, wie diese Halbnomaden unter dem Druck der auch in ihrem Gebiet zunehmenden touristischen Erschließung ihre Eigenständigkeit bewahren könnten. Schon jetzt gehörten vor allem Fotos von barbusigen, hübschen Himba-Frauen mit ihrem traditionellen Schmuck und der roten Körperlotion in jeden Reiseführer und jeden Bildband über Namibia. Ich hatte mich oft gefragt, welche Spuren diese Art der Ausbeutung wohl bei den Menschen hinterlässt, und war sehr neugierig auf die Begegnung mit ihnen.

Ein süßer Duft von vielen blühenden Bäumen lag schwer in der heißen Mittagsluft, als wir den ersten Himba im Gehöft begegneten. Das Blitzlichtgewitter und Knipsen der Kameras begann. Mich stieß es ab, wie hier Menschen zur Schau gestellt wurden und dafür vom Fahrer mitgebrachte Geschenke erhielten: Tabak, Maismehl, Salz und Süßigkeiten für die Kinder. Ich sonderte mich von den wild fotografierenden Mitreisenden ab und sah mir lieber die Behausungen der Himba an, die in vielen Details den traditionellen Hütten der Massai in Kenia ähnelten (dort

»Shambas« genannt), die ich von meinen Dienstreisen in das Land kannte. So kam ich mit dem anderen Fahrer unserer Gruppe, einem Herero, ins Gespräch. Die Himba sind mit den Herero verwandt und sprechen die gleiche Sprache. Er arrangierte für mich den Besuch eines solchen Hauses. Glücklicherweise folgte mir keiner der anderen. Ich stellte mich der jungen Himba-Frau vor, der das Haus gehörte. Sie zeigte mir alles. Der Fahrer übersetzte. Es handelte sich dabei um ein rundes, spitzkuppelförmiges Schlafhaus (»gewohnt« wird im Freien), aus Holzpfosten gebaut, die mit Flechtwerk verbunden waren, das beidseitig mit einem Gemisch aus Lehm und Kuhdung beworfen und glattgestrichen wurde.

Mithilfe des übersetzenden Fahrers konnte ich von der Frau auch einiges über ihr Leben erfahren, was mich sehr interessierte: Im Hof halten sich nur die Frauen mit den kleinen Kindern und den Mädchen auf. Kleinere Jungen hüten in der Nähe des Hofes die Ziegen im Veld, bis sie zur Schule gehen, denn die Regierung versucht Kindern auch in den entlegenen Gegenden eine Schulbildung zu ermöglichen. Die Himba-Männer sind mit ihren Rindern unterwegs, um sie von Weide zu Weide zu führen. Alle Frauen im Hof waren bildhübsch und leuchteten in ihrer roten Fettfarbe. Das Einreiben mit einem Gemisch aus roter

Tonerde, Rindertalg oder Vaseline sei ihre tägliche Verschönerung und zugleich ihr Sonnen- und Mückenschutz, so erzählte mir die Frau. Selbst die Haut alter Frauen war faltenlos glatt. Wir hatten auf dem Weg zum Hof an einem Ort angehalten, wo die rote Tonerde gewonnen wird.

Nach unserem Aufenthalt im Himba-Hof sollte es nun eigentlich zurückgehen zur Lodge. Aber dann trafen wir an einer Kreuzung zur Hauptstraße ein Himba-Mädchen, das darum bat, zu ihrem Dorf »ganz in der Nähe« mitgenommen zu werden. Dieser Umweg wurde zu einer echten Abenteuerfahrt durch abgekommene, nicht geräumte Riviere, auf unvorstellbar schlechten Pads, die man als solche gar nicht mehr erkennen konnte. Es ging praktisch über Stock und Stein. Nach gut einer Stunde trafen wir auf eine Gruppe Himba-Jungen, die eine große Ziegenherde hüteten. Vor ihnen lag ein mächtiger Ziegenbock mit ausgerenktem oder gebrochenem Hüftgelenk auf dem Boden. Sie baten uns, den doch bitte mitzunehmen zu ihrem Dorf, das ebenfalls »ganz in der Nähe« sei, denn der Dorfälteste müsse entscheiden, was nun mit dem Bock geschehen solle. Also wurde auch dieser noch, zusammen mit einem der Jungen, hinten im Kofferabteil unseres Wagens mitgenommen.

Beide Dörfer erreichten wir nach einer weiteren Stunde Fahrt. Mädchen, Junge und der sehr geruchsintensive, aber bereits halbtote Ziegenbock wurden abgeladen. Jetzt konnten wir aber unmöglich gleich weiterfahren. Das war mir sofort klar. Ich hatte oft genug ähnliche Situationen in Ghana und anderen afrikanischen Ländern erlebt! Denn jetzt kam erst mal das Begrüßungszeremoniell mit den Dorfältesten und den Dorfbewohnern dran, danach das Bedanken für das Mitnehmen des Mädchens, ...

MEHR AFRIKA BEI PALMATO

Erika von Wietersheim

Nur 24 Zeilen

Eine wahre Geschichte über den Krieg, die Liebe und den langen Weg zurück nach Afrika

Kapstadt 1939. Am Vorabend des Zweiten Weltkriegs lernt der junge deutsche Austauschlehrer Kurt Falk Hildegard Mereis kennen – und verliebt sich auf den ersten Blick. Nur zwei Tage später reist er Hals über Kopf ab, um der drohenden Internierung zu entkommen. Auf seiner abenteuerlichen Flucht Richtung Norden gerät Kurt jedoch schnell in den Strudel des Krieges: Er wird gefangen genommen, überlebt nur knapp die Torpedierung des Transportschiffs und landet nach vielen Zwischenstationen schließlich in einem australischen Internierungslager, während Hildegard in Kapstadt ihren Weg allein finden muss. Keiner der beiden ahnt, dass es zehn Jahre dauern wird, bis sie sich wiedersehen. Zehn Jahre, in denen sie sich nur Briefe schreiben können.

Die in Namibia geborene Journalistin und Autorin Erika von Wietersheim hat die wahre Geschichte ihrer Eltern aus mehr als hundert erhaltenen Briefen rekonstruiert, in den zeitgeschichtlichen Zusammenhang gestellt und daraus eine spannende und berührende Erzählung verfasst.

LESEPROBE

Das Lager in Freetown ist in einer ehemaligen »Eingeborenenschule«, mitten im Regenwald. Die Männer der *Uhenfels* sind nicht die einzigen, die dort gefangen gehalten werden. Etwa vierzig Deutsche aus verschiedenen britischen Kolonien in Afrika wie Sierra Leone, der Goldküste, der Elfenbeinküste und Nigeria sind ebenfalls unter primitiven Bedingungen dort untergebracht.

Die tropische Hitze, die täglichen Regengüsse und die extrem hohe Luftfeuchtigkeit machen den Lagerinsassen schwer zu schaffen. Doch die Internierung im afrikanischen Regenwald dauert nicht lange. Schon wenige Tage später wird den Kriegsgefangenen mitgeteilt, dass sie nach England transportiert werden sollen. Sie erhalten auch endlich die Erlaubnis, einen Brief zu schreiben – auf einem winzigen Stück Papier. Kurt schreibt sofort nach Kapstadt, auf Englisch und sehr formell, denn jeder Brief wird gelesen und zensiert. Dennoch kommt seine Enttäuschung über das Misslingen seiner Pläne, wenn auch verhalten, zum Ausdruck:

Dear Mucki,
Although I can't write English very well, I prefer to do so, because every letter passes the censor and the chances are that

an English letter reaches you quicker than a letter in German. In my last letter I expressed the hope, that I would be able to write the next letter from home. But now everything has changed. We were caught one day after crossing the equator. Our ship is requisitioned and the whole crew are prisoners of war. I am well, don't be afraid, and always hope for the best. Just now I got the message that we will sail to England. Don't write to me before you will get another letter from me.

(Liebe Mucki,
auch wenn ich nicht gut auf Englisch schreiben kann, ziehe ich es doch vor, denn jeder Brief wird zensiert, und es besteht die Chance, dass Dich ein Brief auf Englisch schneller erreicht als ein Brief auf Deutsch. In meinem letzten Brief sprach ich die Hoffnung aus, dass ich Dir den nächsten Brief von zu Hause schreiben würde. Aber jetzt ist alles anders gekommen. Wir wurden, einen Tag nachdem wir den Äquator überquert hatten, gefangen genommen. Unser Schiff ist beschlagnahmt und die ganze Mannschaft zu Kriegsgefangenen geworden. Mir geht es gut, keine Angst, hoffe immer auf das Beste. Gerade eben bekam ich die Nachricht, dass wir nach England segeln werden. Schreib mir nicht, bevor Du einen weiteren Brief von mir erhalten hast.)

Am Tag bevor sie nach England verschifft werden sollen, ruft ein Zahlmeister der Britischen Marine die deutschen Kriegsgefangenen zusammen und zahlt ihnen tatsächlich »according to the payroll in the British Merchant Marine« eine Heuer in britischen Pfund aus – exakt berechnet für die Tage ab der Beschlagnahmung der *Uhenfels* bis zum Ankerwerfen in Freetown. Dann betritt die ehemalige

Mannschaft der *Uhenfels* das britische Schiff *Athlone Castle*, richtet sich in den engen Mannschaftsräumen im Bug des Schiffes ein und wird im Zickzackkurs, um deutschen U-Booten auszuweichen, nach England gebracht. Von Southampton aus geht es sofort weiter mit dem Zug nach Lingfield, südlich von London. Dort kommen sie in einem Interniertenlager an, im sogenannten Lager D, das man auf einem Pferderennplatz errichtet hat. Mit einer großen Anzahl Englanddeutscher und Emigranten aus Deutschland, die man alle sofort zu Anfang des Kriegs interniert hat, werden sie dort unter Tribünen, in Holzhütten und in Pferdeställen *denkbar einfach* untergebracht.

Am 30. November 1939 schreibt Kurt aus diesem Lager den nächsten Brief an Hildegard. Er hat seit seiner Flucht aus Kapstadt nichts von ihr gehört, weiß nicht, ob sie seine Briefe bekommen hat, und sehnt sich nach einem Lebenszeichen. Offensichtlich ist er weiterhin zuversichtlich und macht das Beste aus der vielen Freizeit, die die Unfreiheit des Lagers mit sich bringt.

Internee No. 7029, Race Course,
Aliens Camp, Lingfield, Surrey

Liebe Mucki!
Inzwischen bin ich wohlbehalten in England angekommen und in einem großen Lager Südenglands untergebracht. Wir haben Pech gehabt und unsere Versuche, die Heimat zu erreichen, sind zerschlagen. Doch habe ich den Mut nicht verloren, mir geht es gut, ich lasse mich nicht unterkriegen. Wir haben viel Zeit im Lager und können Dinge tun und lassen, die uns gefallen.

Seine Gedanken wandern täglich nach Südafrika, wo es jetzt Frühling wird und seine Liebste täglich auf Nachricht von ihm hofft, sowie nach Deutschland, wo seine Mutter, die er so gern zu Weihnachten überrascht hätte, auf ihn wartet. Zu der Zeit glauben die Internierten fest daran, dass sie bald wieder freie Menschen sein werden, denn Deutschland würde nach einem Blitzkrieg den Krieg gewinnen. Während Flugzeuge über ihr Lager fliegen und sie ab und zu Explosionen hören, spielen sie Tennis und Fußball, halten Sprachkurse ab und hören regelmäßig Nachrichten über Radios, die sie in ihren Baracken versteckt haben.

Dann steht Weihnachten vor der Tür. Noch immer gibt es weder aus Südafrika noch aus Deutschland ein Lebenszeichen. Von anderen Lagerinsassen hört Kurt, dass die meisten deutschen Lehrer am Kap inzwischen interniert sind. Am letzten Tag dieses dramatischen ersten Jahres des Zweiten Weltkriegs versuchen die »afrikanischen« Lagerinsassen sogar, sich einen lustigen Abend zu machen, und planen eine Kabarettvorführung. Sie üben afrikanische Tänze ein, Kurt spielt auf irgendeiner Ziehharmonika und sie singen die zahlreichen Lieder, die sie in ihren Wandergruppen gelernt haben.

Doch eigentlich ist den Gefangenen nicht nach Lachen zumute. Die Flucht in die Freiheit ist ihnen misslungen, und das Untätigsein und Warten ohne eine sinnvolle Arbeit fängt an, Kurt aufs Gemüt zu drücken.

Das ist das furchtbare am Lagerleben, schreibt er, *daß man unbeschäftigt in den Tag hineinlebt und nichts tut, was Sinn und Zweck hat. Freiheit und Arbeit sind für mich plötzlich Werte geworden, die ich hinter dem Stacheldraht richtig schätzen lerne. Diese Begriffe werden für mich keine Phrasen mehr sein.*

MEHR AFRIKA BEI PALMATO

Erika von Wietersheim

Aus-Zeit

Mit Mozart und den Buschleuten in der Namib

»Hape Kerkeling sagte einfach: ›Ich bin dann mal weg‹, als er einen Monat durch Spanien pilgerte, auf dem Jakobsweg. Dasselbe sage ich jetzt auch, obwohl ich nicht wandern, sondern an einem Ort bleiben werde. Auf einer Farm in einer menschenleeren Landschaft, in der Nähe des Wüstendorfes Aus, 750 Kilometer südlich von Windhoek. Aus-Zeit. Kein Refugium, kein Martyrium, nur raus aus dem gewohnten Trott und mich einer neuen Erfahrung an einem unbekannten Ort stellen. Der Erfahrung, vier Wochen lang meine Tage zu füllen mit mir selbst, den Geschichten, die ich schreiben will, und dem, was mir in dieser Landschaft begegnen wird ...«

Um die Lebens- und Liebesgeschichte ihrer Eltern zu schreiben, zieht sich Erika von Wietersheim in die Namib zurück. Dort erlebt sie mit allen Sinnen die Stille und Unberührtheit der Gegend und nimmt uns mit auf eine poetische Reise in die Natur, die Vergangenheit und – nicht zuletzt – zum eigenen Ich. *Aus-Zeit* ist eine poetische Liebeserklärung an die Wüste, die Einsamkeit und die Überlieferungen der Ureinwohner, die man immer wieder lesen möchte.

Mehr Informationen unter www.palmato-publishing.com

MEHR AFRIKA BEI PALMATO

Anna Mandus

Licht und Schatten in Namibia

Alltag in einem Traumland

Wer Namibias Herzschlag hören will, muss mit offenen Augen und Ohren durch das Land gehen, denn es bietet mehr als Wüsten, Löwen und Lagerfeuerromantik. Anna Mandus, für die das Traumziel im südlichen Afrika zur zweiten Heimat wurde, öffnet uns den Blick auf das, was die Menschen hier bewegt. Mit viel Kenntnis und Witz schildert sie kleine und große Erlebnisse mit den Menschen, ihren Problemen und Hoffnungen, Traditionen und Träumen. Von überall spannt sie Fäden zu Geschichte, Politik und Kultur Namibias und beleuchtet Details mit dem Licht der eigenen Erfahrung.

Begleiten Sie Anna Mandus in einen Windhoeker Supermarkt, ins Rugbystadion und auf eine Frauenkonferenz. Werfen Sie mit ihr einen Blick in die Schulen und Krankenhäuser. Hören Sie Geschichten aus dem Busch und von der Hundewiese und erfahren Sie etwas von namibischen Gepflogenheiten auf Grillpartys und Campingplätzen. Stellen Sie sich ungewohnten Fragen: Kann es zu viel Regen geben in einem Wüstenstaat? Was machen eigentlich Chinesen in Namibia? Und: Wann ist man ein »richtiger Namibier«?

Hannah Schreckenbach

HERZENSHEIMAT GHANA

AF557539